경쟁과 불확실성의 시대
# 어떻게 승리할 것인가

경쟁과 불확실성의 시대
# 어떻게 승리할 것인가

**초판 1쇄 발행** 2018년 1월 22일

**지은이** 이건호
**펴낸이** 김혜은, 정필규
**홍 보** 김요형
**마케팅** 정필규
**편 집** 김정웅
**디자인** 롬디

**펴낸곳** 피플벨류HS
**출판등록** 2017년 10월 11일 제 2017-000065호
**주 소** (07516) 서울특별시 강서구 양천로1길 117, 202동 705호(방화동, 월드메르디앙)
**문 의** 010-3449-2136
**일반 주문 팩스** 032-567-3119
**납품 주문 팩스** 0504-365-2136
**이메일** haneunfeel@gmail.com

ⓒ 이건호, 2018
ISBN 979-11-962126-0-5 03190
값 15,000원

— 이 책은 피플벨류HS 가 저작권자와의 계약에 따라 발행한 도서이므로, 본사와 저자의 허락 없이는 어떠한 형태나 수단으로도 내용물을 이용할 수 없습니다.
— 피플벨류HS는 티핑포인트의 자매회사입니다.

경쟁과 불확실성의 시대
# 어떻게 승리할 것인가

이건호 지음

프롤로그

# 전략을 가진 자는
# 세상에 지배당하지 않는다

## 4차 산업혁명과 나

악몽을 꾼다. 아침에 출근했는데, 내 자리에 양복을 곱게 차려입은 로봇이 앉아 있다. 첨단 인공지능으로 업그레이드 된 최신 버전이란다. 이 업에서 20년 경력을 쌓은 나보다 업무의 속도와 정확도 면에서 비교가 안 될 정도로 우수하단다. 사장님은 월급을 안 줘도 되고, 4대 보험을 비롯한 복지 비용도 안 들고, 정기적으로 심기 관리를 안 해줘도 되니 일석이조, 아니 일석다조인 셈이라고 싱글벙글한다. 그러다가 식은땀을 흘리면서 잠에서 깬다. 아직도 창밖은 어두운데 잠은 더 오지 않는다.

   4차 산업혁명이라. 1700년대 후반 영국의 제임스 와트인가 하는 사람이 증기기관을 만들어서 시작된 것이 산업혁명이라고 학창시절에 배운 적이 있는데, 그게 벌써 '4차'까지 진행됐단 말인가? 아니 언제 그렇게 차수를 늘린 걸까? 잘 모르겠지만 4차 산업혁명은 인공지능과 로봇 같은 것들에 의해 웬만한 일자리들은 다 빼앗긴다던데, 그럼 인간은 이제 뭘 하면서 살아야 하나? 물려받은 재산도 없고, 대단한 빽도 없고, 골리앗을 단숨에 꺼꾸러뜨린 다윗처럼 남들이 부러워하는 필살기 하나 없는 나는 앞으로 어떤 삶을 살게 될까?

아직도 밖은 깜깜한데, 잠은 안 오고, 머릿속엔 답도 없는 생각만이 난무한다. 누구나 4차 산업혁명이 만들어내게 될 세상이 자못 궁금할 것이다. 그러나 기대가 반이고 걱정도 반이다.

4차 산업혁명은 그 이전의 산업혁명들과 달리 특징을 한마디로 정의하기 힘들 정도로 진행 양상이 다양하다. 그러나 굳이 핵심 키워드를 제시하라면, '초지능화와 초연결화'라고 할 수 있다. 인공지능, 사물인터넷 등의 기술들로 인해 이제는 인간 주변의 사물들이 지능을 가지게 된다. 자동차와 TV, 냉장고, 에어컨— 심지어는 화장실의 변기마저도 —등과 같은 생활밀착형 사물들이 지능을 갖추고 인간의 명령에 따라 스스로 판단하고 움직인다. 인간이 이들에게 자신의 니즈를 전달하는 방식도 과거처럼 리모컨이나 키보드 등을 활용한 기계적인 조작이 아니고, 인간과 인간끼리 의사소통을 하듯 말을 통해서 가능해질 것이다. 그러니 이제는 속담도 바뀌어야 한다. "낮말은 새가 듣고, 밤말은 쥐가 듣는다."가 아니라, "낮말은 드론이 듣고, 밤말은 침대가 듣는다."로 말이다.

두 번째는 이렇게 지능을 가진 사물들이 저희들끼리도 서로 대화를 나눌 수 있다는 것이다. 즉 사물 간에 서로 커뮤니케이션으로 연결이 된다. 바로 '초연결성'이다. 물리적 세계에서 사물과 사물 그리고 사물과 인간 간의 연결성도 커지지만, 더욱 중요한 것은 진짜 세계인 오프라인와 가상의 세계인 온라인이 서로 밀접하게 연결된다. 이것을 'O2O Offline to Online 혁명'이라고 부른다. 따로 명칭을 붙일 만큼 O2O가 인간의 삶에 가져다주는 변화가 크다. 이제 동네 마트에 가서 필요한 생필품을 사는 것부터 큰맘 먹고 명품 핸드백이나 옷을 사는 것 등 인간의 모든 쇼핑 패턴이 달라질 것이다. 아침에 출근하면서 그날 저녁 찬거리를 스마트폰으로 주문하고 퇴근하는 길에 동네 편의점에 들러 주문한 찬거리를 픽업해 오거나, 드론이나 무인 로봇의 배달 서비스를 받을 수도 있다. 그런 시대가 오면— 곧 오겠지만 —주말에 굳이 동네 근교에 있는 대형마트에 가서 줄을 서서 쇼핑을 할 필요가 없게 된다.

이런 면에서는 4차 산업혁명이 인간에게 유익하게 느껴진다. 그러나 그 이면에는 어두운 그림자가 있다. 악몽에서 보았듯이 인공지능으로 무장한 로봇이 수많은 일자리를 차지하게 된다. 안 그래도 일자리가 없다고 난리인데, 로봇까지 가세한다니 난감한 상황이다. 과거에는 단순 육체 노동 정도만 기계에 의해 대체되었지만 이제는 바둑에서도 인간을 이기는 인공지능이 속속 개발되고 있어, 고도의 지적 역량이 필요한 일자리도 속절없이 기계에게 내주어야 할 판이다. 사무직과 관리직 등 화이트칼라 계층뿐만 아니라, 인간이 아니면 안 될 것이라 생각해 왔던 금융업과 법률, 의료, 언론 분야까지 기계가 대체할 수 있게 됐다는 것이다.

이렇게 새로운 세상이 다가오는데 우리는 그냥 손 놓고 되는대로 따라가면 되는 것인가? 잠은 오지 않는데 불안한 생각은 머릿속을 떠나지 않는다. 인공지능을 장착한 로봇과 같이 높은 생산성을 가진 기계들이 주요 일자리들을 장악하게 되면 여기에 종사하던 대다수의 인간들은 생계유지에 필요한 수준의 보수도 받지 못하게 되는 암울한 상상이 가능하다. 따라서 4차 산업시대가 본격적으로 도래하면 대다수의 인간은 복지제도에 의존하여 근근이 생존하는 삶을 살게 될 수도 있다. 그러나 미국의 미래학자 제러미 리프킨은 4차 산업 관련 기술들에 의해 인간이 기초적 생계를 위한 고된 노동에서 해방되면, 보다 의미 깊은 문화적 활동이나 초월적인 목표를 추구할 수 있는 미래 세계가 올 것이라고 전망했다.

이런 전망들을 듣다 보면 4차 산업혁명이 마치 양날의 검처럼 느껴진다. 아직은 '나'에게 뭐가 좋고 나쁜지 판단하기 어렵다. 그러나 분명한 것은 4차 산업혁명은 '이미 와 있는 미래'라는 것이다. 그것은 그 자체의 논리와 속도에 따라 무심하게 진행될 것이고 우리 삶에 더욱 짙은 불확실성을 던져 줄 것이다. 그리고 그것에 의해 일자리를 빼앗기고 복지 서비스에 의존하는 삶을 살 것인지, 아니면 보다 문화적이고 초월적인 목표를 추구하는 의미 있는 삶을 살 것인지는 전적으로 우리가 어떻게 대응하느냐에 달렸다.

## 세상에 지배당하지 않기 위한 '개인의 전략'

전략은 과거 특수한 계층의 전유물이었다. 전쟁을 수행하는 장군이나 암투를 벌이는 정치인들이 밀실에서 비밀스럽게 만들어내고 휘두르던 '사회과학적 도구'가 바로 전략이었다. 그 후 1950년대부터는 기업들도 비즈니스의 성공을 위한 도구로 전략을 활용하기 시작했다. 그러나 그때까지도 평범한 사람들은 전략을 어떻게 만들어야 하는지, 어떻게 활용해야 하는지는 물론이거니와 '전략'의 실체에 대해서도 잘 알지 못했다. 그들은 그냥 시키는 대로 열심히 일하고 싸우면 '위'에서 다 알아서 살길을 마련해준다고 생각했던 것이다.

이런 이유로 "전략을 가진 자가 세상을 지배한다."라는 말이 생겨난 것이 아닌가 생각된다. 여기서 '전략을 가진 자'는 국가나 기업의 지도층이면서 뛰어난 능력과 배경을 갖춘 사람들일 것이다. 그런 사람들이 신출귀몰할 '전략'을 만들어 사용하니 당연히 세상을 지배할 수 있었을 것이다.

그러나 이제는 더 이상 전략을 가졌다고 세상을 지배할 수는 없는 것 같다. 수백 년간 많은 전쟁과 경쟁을 치르며 전략가들 간에도 치열한 경쟁이 일어나서 모두들 수준이 높아졌기 때문에, 이제는 더 이상 상대방을 압도하는 전략을 쉽게 만들어 낼 수 없게 됐다. 또 설령 압도적인 전략을 만들어낸다 하더라도, 쉽게 모방할 수 있기 때문에 그 전략적 우위가 오래갈 수 없다. 그래서 누군가 기가 막힌 전략을 가졌다고 해서 혼자 세상을 온전히 지배할 수는 없게 된 것이다.

그렇다고 전략의 유용성이 사라진 것은 아니다. 이제 보통 사람들도 자신만의 전략이 필요한 시대가 되었다. 그래서 전략은 밀실에서 나와 더 넓은 세상에 퍼지면서 일부 특수계층의 전유물에서 보통 사람들도 활용할 수 있는 삶의 도구로 전환되고 있다. 이런 깨달음을 통해 일찍부터 자신의 삶에 유용한 전략을 만든 개인들은 세상의 지배로부터 자유로울 수 있을 것이다. 비록 세상을 지배할 수는 없지만 세상으로부터 지배당하지도 않는 것이다. 그래서 나는 전략에 대한 새로운 패러다임을 주장하고 싶다.

**전략을 가진 자는 세상에 지배당하지 않는다.**

여기서 또다시 의문이 생긴다. 개인도 다 같은 개인이 아닐진대, 우리 같은 평범한 무지렁이들에게도 전략이 필요한 것일까?

얼마 전까지 '힐링'과 '꿈'이 대세였다. 그러다가 최근에는 '헬조선', '욜로YOLO : you only live once'가 유행이다. 거칠고 치열한 삶에서 받은 상처를 치유(힐링)하고, 가슴 한편에 소중한 꿈을 품고 희망찬 미래를 향해 노력하였다. 그러나 구조적으로 정의롭지 않고 불공평한 세상에서는 그게 다 말장난이라는 것을 깨닫고는 "아무리 꿈을 품고 노력해도 안

되는 세상(헬조선), 미래를 위해 투자하고 희생하기보다 즐길 수 있을 때 마음껏 즐기자(욜로)."로 마음이 바뀐 것이 아닌가 싶다. 물론, 대한민국 모든 사람들이 다 그렇게 생각하지는 않을 것이다. 그러나 이러한 담론이 존재하고 꽤 설득력 있는 것도 사실이다.

'힐링과 꿈', 그에 이어 '헬조선과 욜로'가 사회적 담론으로 떠오른 이후부터 사람들 사이에는 '아무리 노력을 해도 구조적 한계로 인해 성과를 내기가 어렵다. 그 구조를 혁파하는 것이 먼저다.'라는 생각이 팽배해지는 것 같다. 당연히 정의롭지 않고 불공평한 구조는 혁파해야 할 것이다. 그러나 그게 다인가? 그렇게만 되면 '헬조선'이 '헤븐heaven조선'으로 바뀔까?

사회는 더 나아지겠지만 하루아침에 상전벽해桑田碧海같이 세상이 바뀌지는 않을 것이고, 여전히 개인에게 문제는 남겨진다. 어쩌면 그렇게 바라던, 완벽하게 정의롭고 공평한 세상이 와도 개인의 꿈이 공짜로 성취되지는 않을 것이고 그저 노력만 한다고 다 보상받지도 못할 것이다. 그런 세상이 오면 "노력해도 사회적 구조 때문에 안돼."라고 변명도 할 수 없을 것이다. 사회를 혁명하는 것과 별개로 우리는 스스로를 혁명해야 한다. 오늘날 많은 사람들이 사회나 국가에게 손가락질하느라 자신의 내면으로는 감시와 비판의 눈길을 보내지 않는 것 같다.

'힐링'이나 '꿈'은 우리의 지친 마음을 어루만지고 치유해주지만 현실에 던져진 개인의 문제를 해결해주지는 못한다. 너무 지나치게 힐링과 꿈에 의존하면 현실과의 괴리로 인해 더욱 우울해지는 '파랑새 증후군'을 겪는다고 하지 않던가. 헬조선과 욜로도 마찬가지다. 사회의 실상을 알리고 새로운 방식의 삶에 대한 관점을 환기시켜 줄 수는 있으나 그 역시 우리가 직면한 현실의 문제를 해결해주지는 못한다. 오히려 개인적 실패마저 외부 구조 탓으로 돌리고 삶의 문제에 대해 회피하게끔 만들 수도 있다.

꿈은 누구나 꿀 수 있다. 그러나 전략을 가지면 그 꿈을 이룰 수 있다. 그러므로 힐링으로 마음을 치유하여 다소 여유가 생기고 그래서 평생 추구하고 싶은 꿈을 찾았다면, 헬조선과 욜로 뒤로 숨기보다는 이제 '전략'을 생각할 때다. 전략 없이 열정만 가지고 마음 가는 대로 열심히 좇아가도 꿈은 이루어질 수 있다고 하는 사람도 있을 것이다. 그 말도 맞다. 하지만 전략을 가진다면 그저 열정만 가지고 열심히 하는 것보다 꿈을 이룰 가능성이 더 높아지게 된다. 나쁠 것 없지 않은가? 그렇다면 평범한 개인들은 자신의 삶 속에서 전략을 어떻게 개발하고 또 활용할 수 있을까?

오늘날 평범한 일상을 살아가는 개인들은 누구나 세 가지 유형의 경쟁자를 상대하고 있다.

첫 번째는 '과거의 자신'이다. 어제보다 더 나은 내가 되기 위해 고군분투하는 사람들은 누구나 과거의 자신과 매일매일 싸워간다. 현대를 살아가는 모든 인간은 아무리 문명이 발달해도 자신의 생물적 유전자와 문화적 유전자 속에 녹아있는, 시대에 뒤떨어진 프로그램의 지배를 받을 수밖에 없다. 그렇기 때문에 빠르고 방향도 제멋대로인 환경의 변화 속에서 길을 잃기 십상이다. 세상의 지배에서 자유롭기 위해 평범한 개인들은 가장 먼저 자신을 속박하고 있는 생물적, 문화적 유전자를 극복할 수 있는 전략이 필요하다.

두 번째 경쟁자는 '현재의 타인'이다. 이는 현재 같은 목표를 놓고 싸우는 경쟁자를 말한다. 그런데 타인과의 경쟁에는 두 가지의 유형이 있다. 경쟁을 하되 경쟁자를 직접 견제할 수 있는 대결경쟁이 있고 경쟁자를 직접 견제할 수 없는 일방경쟁이 있다. 스포츠로 예를 들자면, 축구와 격투기 등은 상대를 방해하고 심지어 쓰러뜨려야 하는 대결경쟁이다. 그러나 100미터 달리기는 다르다. 타인과의 경쟁이기는 하지만 그저 스스로 열심히 달리는 것밖에는 방법이 없는 일방경쟁인 것이다. 이렇듯 타인과의 경쟁에서는 그저 최선을 다해 열심히 싸우는 것보다 자신이 어떤 유형의 경쟁에 처해 있으며 어떤 경쟁도구를 가지고 있는가를 아는 게 먼저다. 그리고 자신에게 유리한, 즉 자신이 가진 경쟁도구가 잘 먹힐 수 있는 유형의 경쟁을 하고 있지 않다면 경쟁의 장場을 바꾸어야 한다. 그것이 최선을 다해 열심히 싸우는 것보다 더 전략적이다.

마지막 경쟁자는 '미래의 불확실성'이다. 상대는 보이지 않지만 그 존재감을 느낄 수 있고, 따라서 그에 대한 대비를 해야 한다. 마치 눈을 가리고 싸우는 검객과 같이 자신의 직관과 상상력을 동원해서 경쟁할 수 있어야 한다. 직관을 활용하여 자신을 둘러싼 환경의 불확실성이 가져올 미래를 상상해내고 변화하는 환경에 대한 새로운 대응 방식을 모색할 수 있어야 한다. 그러나 대부분의 사람들은 눈에 보이지 않는 불확실성보다는 눈에 보이는 고정적인 위험과 예측 가능한 것에만 초점을 맞추기 마련이다. 그러나 그렇게 하다가는 결국 양복을 곱게 차려입은 인공지능 로봇처럼 '불확실한 것'에게 뒤통수를 맞을 수도 있다. 예민한 안테나를 세우고 환경의 변화를 면밀하게 관찰하여 훗날 태풍을 불러올 수도 있는 '나비의 날갯짓'을 찾을 수 있어야 한다.

이렇듯 평범한 개인이라 할지라도 과거의 자신, 현재의 타인, 미래의 불확실성과의 경쟁에서 각각의 특성에 맞는 전략을 활용해야 한다. 그러나 대부분의 사람들은 자신이 누구와 싸우고 있는지조차 알지 못하는 경우가 허다하다.

이 책은 전략의 기원과 진화의 역사를 바탕으로 전략이 특권층만 활용할 수 있는 것이 아니라 모든 생명체의 생존과 발전을 위해 필요한 도구라는 점을 강조하고자 한다. 그리고 현재를 살아가는 평범한 개인으로서 전략을 어떻게 활용할 수 있는가를 다루었다.

Part I과 Part II에서는 매우 익숙한 개념인 '경쟁', 즉 자신과의 경쟁과 타인과의 경쟁을 다룬다. 경쟁은 싫든 좋든 살아 있는 모든 것들의 삶에서 중요한 의미를 가진다. 그런 만큼 이미 경쟁에 대응하기 위한 전략 이론들은 많이 나와 있다. 여기서는 그런 이론들을 답습하지는 않는다. 대신 일상생활에서 마주치게 되는 경쟁의 특성을 잘 파악하여 가장 적절한 경쟁 전략이 무엇인지 살펴본다. 보다 구체적으로 말하자면, 동일한 방식으로 경쟁자보다 더 잘하기 위한 전략보다는 경쟁을 초월하는 전략을 다룬다. 언제까지 제로섬의 패러다임에서 경쟁자보다 더 잘하려는 전략에만 의존할 수는 없기 때문이다. 경쟁자와 다르게 하는 전략, 즉 경쟁 자체를 없애는 전략, 그리고 새로운 파이를 창조하는 전략 등을 고민해 볼 것이다.

Part III에서는 '미래의 불확실성'에 대응하기 위해 어떻게 전략을 활용해야 하는지 살펴볼 것이다. 먼저 불확실성에 대해 다음과 같은 의문을 풀어 보고자 한다. 우리는 막연히 불확실성을 두려워하고 있는데, 그 이유는 무엇일까? 그리고 불확실성은 왜 생겨나는 것일까? 현재는 물론이고, 향후 기술과 제도가 발달할수록 불확실성은 줄어드는 것이 아니라 오히려 더 늘어나게 된다. 세상을 편리하게 해준다던 4차 산업 기술들은 예기치 못한 곳에서 예기치 못한 사건들을 일으키고 있다. 이렇듯 이미 불확실성은 우리 삶에서 매우 중요한 자리를 차지하고 있는데, 어떻게 대응해야 할지는 물론이고 그 실체조차 파악하지 못하는 사람들이 대다수다. 물론 삶의 불확실성을 모두 제거하고 완벽하게 확실한 인생을 살 수는 없을 것이다. 그럼 불확실성을 개인 삶에 이롭게 활용할 방법이 있을까? 이런 의문에 부족하나마 답을 하고자 한다.

Part IV에서는 인생 전략의 핵심요소로서 지형시세地形時勢를 설명한다. 한 인간이 원하는 삶을 살 수 있는 분야를 찾았다면 그것은 자신의 지地를 선택한 것이라 할 수 있다. 이제 세상을 살면서 내가 어떤 영토에서 활동하고 뿌리를 내릴 것인가 정도는 결정을 한 셈이 된다. 그러나 이것은 겨우 시작일 뿐이다. 중요한 것은 자신이 선택한 영역에서 꾸준히 형形을 쌓는 것이다. 형은 어떤 지를 선택하는가에 따라 많이 다르다. 그러나 근본적으로 선택한 영역에서 필요한 전략적 유전자와 지식을 배워야 하고 또 몸에 익혀야 한다는 점은 똑같다. 그리고 나선 절대적인 시간을 투자하며 버텨내야 한다. 이때는 호랑이보다는 곰이 되어야 할 것이다. 마늘만 먹더라도 절대적으로 요구되는 시간을 버텨내야만 기회, 즉 시時를 만날 수 있기 때문이다. 그 시라는 것은 한평생에 한 번만 오는 것이 아니라 형을 갈고닦으며 쌓아가는 동안 여러 번 만나게 된다. 소소한 시라 할지라도 시가 왔을 때는 놓치지 말고 잡아야 한다. 그야말로 '문밖에서 행운이 노크를 하고 있는데, 뒤뜰에서 행운의 네 잎 클로버를 찾느라 그 소리를 듣지 못하는' 어리석음을 범해서는 안 된다. 그리고 시를 만나면 독수리가 지상의 먹이를 챌 때처럼 낚아채야 한다. 그렇게 작은 형과 시들이 반복되다 보면 어느새 자신의 인생에 세勢가 형성되기 시작한다. 보이지 않는 이 기운은 자신에게서 나왔지만 이제는 내 의지가 아닌 스스로의 의지대로 움직이는 것처럼 느껴질 것이다. 거대한 선순환의 세가 형성되면 이제 한 차원 더 높이 진화할 수 있다. 이렇듯 지형시세는 바로 축적과 돌파를 통해 삶을 끊임없이 진화시켜 나가는 인생 전략의 핵심 요소들이다.

마지막에서는 훌륭한 방법론이 있다고 해서 훌륭한 전략을 만들 수 있는 것은 아니라는 점을 강조하고자 한다. 결국 훌륭한 전략은 훌륭한 전략가에 의해 만들어질 수밖에 없다. 따라서 자신의 인생 하나쯤은 책임질 수 있는 '내 삶의 전략가'가 되기 위해 어떤 조건을 갖춰야 하는지 알아볼 것이다. 중국 청나라 말기 리쭝우가 창시한 후흑학厚黑學을 현대에 맞게 각색하여 현대인들이 전략가로서 지녀야 할 특성을 제시할 것이다. 면후面厚와 심흑心黑. 언뜻 들으면 범죄자의 특성과도 같아 보이는데 이것들이 어째서 고매한 전략가의 공통된 특성이 될 수 있는지 밝혀질 것이다. 방법론이 아닌 몸속에 내재된 전략적 유전자로서 이런 특성들을 오랜 기간 수련하여 터득한다면, 경쟁과 불확실성을 이겨낼 수 있는 진정한 전략가가 될 수 있을 것이다.

세상은 언제나 여러모로 시끄럽고 어지럽다. 우리의 뜻과는 관계없이 무심하고 도도하게 흘러가는 세상에 지배당하지 않고, 자신이 추구하는 가치를 실현하면서 인생을 살아갈 방법은 정녕 없을까? 언제까지 세상이 만든 프레임 속에 자신을 맞춰가며 '복종적인 삶'을 이어가야 하는 것일까? 이제 평범한 개인들도 세상에 지배당하지 않는 삶을 살기 위해 특권층의 전유물이었던 전략을 어떻게 써먹을 것인지 진지하게 고민할 때가 되었다. 자신만의 전략을 가지고 세상의 흐름에 대응해야 한다. 초한지의 항우처럼 "세상이 나를 알아주지 않는다."라는 독백은 패배의 언어이다. 조조처럼 이를 악물고 "내가 세상을 버릴지언정, 세상은 나를 버리지 못하게 하겠다."라는 강단 있는 자세가 중요하다.

꿈은 누구나 꿀 수 있다.
그러나 오직, 전략을 가진 자만이 그 꿈을 이룰 수 있다.

# contents

프롤로그    전략을 가진 자는 세상에 지배당하지 않는다 ········· 004

## Part I
# 자기와의 경쟁

**Chapter 1**  내 안에 있는 경쟁상대 ································· 024
  가장 오래된, 그러나 멈출 수 없는 경쟁 ················· 025
  첫 번째 경쟁 상대, 생물적 유전자 ······················· 028
  두 번째 경쟁 상대, 문화적 유전자 ······················· 030

**Chapter 2**  어떻게 나와 경쟁할 것인가? ······················· 036
  모방, 자신과의 경쟁을 위한 필요조건 ················· 036
  현대에도 여전히 유용한 모방 ···························· 039
  모방, 아무나 할 수 있는 것이 아니다 ················· 044
  모방과 '더 잘하기 전략' ··································· 048
  자기규율, 자신과의 경쟁을 위한 충분조건 ··········· 051
  의식 수준의 진화, 자신과의 경쟁이 지향하는 궁극적 목적 ··· 057
  기본 중의 기본, 자신과의 경쟁 ························· 060

## Part II
# 타인과의 경쟁

**Chapter 1  남보다 '더 잘하기' 전략(Better Strategy)** ········ *066*

    100m 달리기와 더 잘하기 전략 ········ *068*
    폭풍구보와 붉은 여왕의 쳇바퀴 ········ *073*
    몸으로 싸우는 더 잘하기 전략 ········ *077*

**Chapter 2  남과 '다르게 하기' 전략(Different Strategy)** ········ *083*

    머리로 싸우는, 다르게 하기 전략 ········ *084*
    직접접근 대 간접접근 ········ *088*
    일상에서의 다르게 하기 전략 ········ *095*
    자신만의 생태적 틈새에서 당신은 무리와 다르게 살고 있는가? ········ *101*


## Part III
# 불확실성과의 경쟁

**Chapter 1  순진한 나비가 불러오는 거대한 토네이도** ········ *110*

    '불확실성'이란 무엇인가 ········ *111*
    기술과 제도의 발달, 그리고 과잉 연결 ········ *116*
    예측과 계획으로는 안개 낀 바다에서 생존할 수 없다 ········ *124*
    대박을 터뜨리거나 뒤통수를 치거나 ········ *130*

**Chapter 2  직관과 상상, 그리고 통찰** ········ *138*

    직관력, 나비야 나비야 어디에 숨었니 ········ *140*
    상상력, 토네이도 상상하기 ········ *151*
    통찰력, 보이지 않는 것을 보는 능력 ········ *156*

Part IV
# 지형시세 地形時勢,
# 개인전략의 핵심요소

**Chapter 1  가치 대 목표** ······ *162*

　가치를 추구할 것인가, 목표만 달성할 것인가 ······ *163*
　바다를 건너는 인생 후반전 ······ *167*
　가치, 이룰 수 없는 꿈 ······ *169*
　개인전략의 핵심요소, 지형시세(地形時勢) ······ *173*

**Chapter 2  지(地)를 선택하라** ······ *178*

　나에게 경쟁우위가 있는 지(地), 없는 지(地) ······ *180*
　개인의 삶과 지(地) ······ *186*
　좋아하고, 돈도 벌고, 또 내가 제일 잘 나갈 수 있는 곳 ······ *189*
　경쟁우위가 없는 곳에서도 전략은 있다 ······ *198*

**Chapter 3  형(形)을 구축하라** ······ *205*

　스킬skill, 지식knowledge, 네트워크network ······ *207*
　가장 중요한, 그러나 가장 부족한 핵심 스킬 ······ *212*
　전략적으로 생각하는 스킬 ······ *218*
　1만 시간의 법칙 ······ *221*
　궁할 때가 기회다 ······ *224*

**Chapter 4  시(時)를 포착하여 세(勢)를 일으켜라** ······ *229*

　고통과 인내로 기다린 시(時) ······ *232*
　운명처럼 찾아온 시(時) ······ *235*
　세(勢)를 불러오는 천시(天時), 티핑포인트 ······ *239*
　거대한 파도, 세(勢)를 일으켜라 ······ *247*
　세(勢)가 아무리 좋아도 안주할 수 없다 ······ *254*

Part V
# 내 삶의 전략가가 되기 위하여

**Chapter 1  전략적 유전자** ········ 262
　　방법론보다는 '사람' ········ 264
　　전략가의 유전자, 면후심흑 ········ 268

**Chapter 2  면후(面厚), 부동심과 인내심** ········ 273
　　흔들리지 않는 부동심과 끈질긴 인내심 ········ 275
　　자극과 반응 사이에 면후가 있다 ········ 279
　　면후의 적, 자만과 에고 ········ 281
　　어떻게 면후를 키울 것인가 ········ 285

**Chapter 3  심흑(心黑), 결단력과 비정형** ········ 294
　　선제적이고 과감한 결단력 ········ 295
　　유연하면서 민첩한 비정형 ········ 299
　　정형화되면 퇴화한다 ········ 303
　　마오쩌둥의 형체 없는 군대 ········ 306
　　어떻게 심흑을 키울 것인가 ········ 308

**에필로그**　뜻대로 되지 않는 세상에 징검다리를 놓으며 ········ 314

Part I

# 자기와의 경쟁

Chapter 1
# 내 안에 있는 경쟁상대

오늘도 새벽 5시가 되면 알람이 울린다. 얼마 전까지만 해도 다소 듣기 거북한 기계음으로 알람 소리를 맞춰놓았다. 그래야 벌떡 일어날 수 있을 것 같아서 말이다. 하지만 옆에서 자는 집사람마저 괴로워하는 것을 보고 다시 부드러운 음악 소리로 바꾸었다. 부드러운 음악 소리는 더 일어나기 힘들다. 전날 술이라도 한잔 마셨다면 더욱 그렇다. 하지만 5시에 일어나서 글을 쓰기로 한 이상, 어떻게든 일어나야 한다. 이런 규율도 지키지 못한다면 어떻게 내가 원하는 삶을 살아갈 수 있으랴, 스스로에게 설교를 하면서 따뜻한 침대를 박차고 일어난다. 간단하게 고양이 세수를 하고, 주방에서 진한 커피 한 잔을 뽑아 들고, 책상으로 간다. 새벽 여명이 서서히 밝아오는 서재에서 잔잔한 음악을 들으며 오늘도 글을 쓴다.

그리고 7시가 되면 아들 방에서, 딸아이 방에서 온통 알람이 울리기 시작한다. 조용하던 집안이 떠들썩하다. 곧 알람 소리는 멈춘다. 하지만 아이들은 일어나지 않는다. 아내도 마찬가지다. 언제나 내가 나서야 한다. 아이들 방으로 가서 애들을 깨운다. 어떤 때는 큰소리를 쳐야 하는 때도 있다. 전날 밤에는 혼자서 씩씩하게 일어날 것처럼 굴더니, 역시 애들은 애들이다. 졸음에 못 이겨 울상을 짓는 아이들에게 내가 늘 하는 말이 있다.

"자신을 이기는 사람이 정말 강한 사람이야, 너 그거 알아?"

## 가장 오래된, 그러나 멈출 수 없는 경쟁

사람들은 어려서나 커서나 하루도 빼놓지 않고 자신과 경쟁한다. 자신과의 경쟁은 인간에게 있어 가장 오래된 경쟁이자 여전히 진행 중인 경쟁이다. 어제보다 더 나은 삶을 살고자 하는 강한 본능이 자신과의 경쟁을 부추긴다. 지금까지의 삶이 만족스럽지 않았던 사람들은 과거의 자신을 극복하고자 한다. 지금까지 성과가 좋았던 사람들은 여기에 만족하고 그 자리에 머물고 싶어도 그렇게 할 수 없다. 역사를 통해 알 수 있는 것처럼, 원하는 미래를 창조하는 데 가장 큰 장애물은 '안락한' 혹은 '성공한 과거'이기 때문이다.

나는 〈웨이백 Way Back〉이라는 영화를 보면서 우연치 않게 그런 교훈을 얻었다. 이 영화는 주인공이 소련의 악명 높은 시베리아 수용소를 탈출하여 6,500킬로미터를 걸어서 자신의 고국인 폴란드로 돌아가는 실화를 다룬 영화이다. 6,500킬로미터를 걸어서 탈출하는 과정은 죽음보다 더 심한 고통이었다. 그러나 그 와중에 함께 탈출한 사람들끼리 행복해 하던 순간도 있었다. 며칠을 굶은 후 우연히 늪에 빠진 수사슴을 사냥하여 포식을 즐기면서 그들은 행복해했다. 사막을 헤매던 중 신기루라 생각했던 곳에서 오아시스를 발견하고 시원스레 목욕을 하던 때에도 마찬가지였을 것이다. 죽음이 눈앞에 닥친 극한 상황에서도 동료들과 웃고 떠들 수 있을 만큼 여유가 생겼으니 그들로서는 더없이 행복한 순간이었을 것이다. 그러나 언제나 행복은 잠시뿐이었다. 그곳에 머물며 영원히 행복하고 싶었지만 그럴 수 없었다. 그곳에서 오래 머문다고 해서 행복한 순간이 다시 돌아오는 것은 아니기 때문이다. 다시 일어나 추운 시베리아 들판으로, 뜨거운 중앙아시아의 사막으로 걸어가야만 했다. 그렇게 궁극적인 목적지를 향해 앞으로 나가야만 하는 그 모습을 보면서 우리네 삶도 저런 것이 아닐까 생각했다. 물론 보통 사람의 삶은 영화처럼 시베리아 수용소를 탈출하여 고향으로 돌아가는 것은 아니지만 그래도 메커니즘은 비슷하다. 우리도 과거에서 현재로 또 현재에서 미래로 계속 움직이고 있다. 비록 지금 이 순간이 행복하다 하더라도 여기서 머물 수 없다. 어린 시절 부모님의 사랑 속에 행복한 나날을 보내지만 그 시절에 영원히 머물 수 없는 것과 마찬가지이다. 마음속으로 간절히 원한다고 해도 그렇게 할 수 없는 것이다. 오히려 만족스럽다고 현상을 유지하려는 순간이 가장 위험하기까지 하다. 과거의 안락함과 성공에 매몰되는 그 순간부터 인간은 후퇴하기 때문이다. 어제보다 나은 존재가 되려고 자기 자신과 경쟁해야만 더욱 성장하고 생존력도 강해진다.

그런데 다행스런 사실은 자신과의 경쟁이 다른 경쟁들에 비해 쉽다는 것이다. 왜냐하면 경쟁해야 할 상대가 명확하고 고정적이기 때문이다. 과거의 자신이나 자신이 달성했던 기록, 성과 같은 것들은 고정되어 있다. 움직이지 않고 변하지도 않는 경쟁 상대를 대상으로 그보다 더 잘하기 위해 열심히 노력하면 된다.

물론, 자기 자신을 이기는 것이 가장 어렵다는 말도 있다. 타인이 바로 눈앞에서 생존을 위협하는 상태라면 누구든지 본능적으로 대응하려는 동기가 생긴다. 하지만 과거의 자신은 눈앞에서 자신의 목숨이나 재산에 위협을 가하지 않는다. 그래서 사람들은 위기의식을 느끼지 못한다. 이 경우의 문제는 '과거의 자신'을 경쟁자로 인식하기 어렵다는 것이다. 그러나 일단 과거의 자신을 극복해야 할 뚜렷한 이유가 생기면 현재의 경쟁 상대인 타인이나 미래의 경쟁 상대인 불확실성에 대응하는 것보다는 쉽다.

자신과의 경쟁은 인류 역사에서 언제나 있어온 경쟁이다. 이것은 사전적 의미의 '혁신'과 일맥상통한다. 요즘은 경영이나 경제, 정치 등에서 상황에 따라 여러 가지 다른 의미를 덧붙여 쓰고 있는 이 단어가 사전에는 '묵은 풍습, 관습 따위를 바꾸어서 완전히 새롭게 하는 것'이라고 나와 있다. 즉, 과거의 자신이 창출한 성과, 기록 등을 새롭게 하기 위한 경쟁을 '혁신'이라 할 수 있다. 이러한 혁신은 수만 년 전부터 인간이 생존과 발전을 위해 실행해 온 것이다. 그렇다면 '무엇을' 실행하였을까? 현대는 물론이고 과거 원시시대에도 혁신이 있었다면 사람들은 무엇을 어떤 방식으로 혁신했던 것일까? 다시 말해, 혁신의 대상과 방법은 무엇일까?

## 첫 번째 경쟁 상대, 생물적 유전자

먼 과거에는 자신의 '생존 가능성을 높이는' 모든 것이 혁신의 대상이었을 것이다. 오늘날에도 '보다 나은 자신을 만드는 데' 필요한 것은 모두 혁신의 대상이 될 수 있다. 자신의 생존 가능성을 높이는 것이나 보다 더 나은 자신을 만드는 데 필요한 것을 본질적으로 따져보면, 인간의 생물적 유전자gene와 문화적 유전자meme가 혁신의 대상임을, 즉 자신과의 경쟁에서 겨뤄야 할 경쟁 상대임을 알 수 있다.

생물적 유전자는 우리가 부모에게서 물려받은 것이다. 이 속에는 우리 조상들이 생존해 온 수많은 유전적 정보들이 가득 차 있다. 수만 년에 걸친 수렵·채집과 농경, 산업 시대를 살아 오면서 소멸하지 않고 대대손손 전해져 온 유전자 속에는 거친 환경 속에서 끝내 승리한 위대한 조상의 지혜로운 전략들이 보관되어 있다. 그리고 우리는 그런 유전자 속에 저장되어 있는 전략에 의존하여 현대를 살아간다. 그런데 여기에 문제가 있다. 수만 년 전 거친 환경 속에서 생존하기 위해 만들어진 유전적 전략 중에는 현대에 맞지 않는 것들이 많기 때문이다.

가장 쉬운 예는 비만이다. 왜 사람들은 필요 이상으로 살이 찌는 걸까? 이미 자신의 생존을 위해 필요한 양은 다 섭취했음에도 우리는 식탐에 끊임없이 시달린다. 배가 터질 것 같은데도 불판 위에서 타고 있는 소고기 등심 한 점을 보고 있자면 미안해서 참을 수가 없다. '저 아까운 것을 태워 버리다니…….' 누구나 이런 생각에 본능적으로 등심 한 조각을 얼른 입속으로 가져간 추억이 있을 것이다(나는 매우 많다). 그런 것들이 쌓이면 어느새 우리 복부는 필요 없는 지방으로 가득 찬다. 복부 비만은 성인병의 베이스캠프다. 이런 것들을 다 알고 있는데도 왜 마지막 등심 한 조각에 냉정해질 수 없는 것일까?

그것이 생물적 유전자 속에 저장된 '생존 전략'의 위대함이다. 과거 거친 원시환경 속에서는 인간의 생존에 필요한 지방, 당분, 염분 등이 충분치 않았다. 그래서 유전자 속에는 '생존하기 위해 지방, 당분, 염분 등은 보이는 대로 먹어서 배 속에 저장해 두어라. 언제 춥고 배고픈 날이 올지 모른다.'라는 전략이 프로그램화되었던 것이다.

그러나 수만 년 전 우리 조상이 생존하기 위해 필요했던 그 전략이 오늘날에는 우리의 발목을 잡고 있다. 요즘처럼 고기, 설탕, 소금이 풍부한 환경에서는 '보이는 대로 먹어 두어라'라는 유전적 전략을 그대로 따라 하게 되면 생존이 보장되는 것이 아니라 오히려 생존에 큰 위협이 되고 만다. 이러한 현상을 진화인류학자인 데이비드 슬론 윌슨은 '유령과의 춤'이라고 비유했다.

무도회장에서 우아한 옷을 차려입은 사람들이 춤을 추고 있다.

그런데 갑자기 함께 춤을 추던 파트너들이 어디론가 사라지고, 그런데도 사람들은 아무 일도 없다는 듯이 계속 춤을 춘다. 마치 유령과 함께 추듯이 팔을 쭉 내민 채 계속 원을 그리며 춤을 춘다. 그때 무도회장 한가운데 바닥이 보이지 않는 깊은 구멍이 나타난다. 혼자 춤을 추는 사람들은 부주의하게도 그 구멍 속으로 파트너들처럼 사라지고 만다. 그들이 그렇게 하나둘 구멍 속으로 사라져가도 이를 막기 위해 할 수 있는 일은 아무것도 없다.[1]

환경이 변해서 효능을 잃어버렸음에도 과거의 유전적 전략을 그대로 실행하다가 비만이라는 구멍에 빠지고 마는 것이다. 그 비만은 사람들을 각종 성인병에 시달리게 하다가 결국 죽음에 이르게 한다. 그래서 많은 사람들이 다이어트를 한다. 바로 생물적 유전자 속에 내재되어 있는 '효능이 사라진 전략'을 극복하기 위해서이다. 이것이 자신과의 경쟁이다.


## 두 번째 경쟁 상대, 문화적 유전자

두 번째는 더 중요한데, 바로 문화적 유전자를 극복하는 것이다. 문화적 유전자는 자신이 태어나 자란 집단, 좁게는 가정과 학교, 넓게는

---

1 데이비드 슬론 윌슨, 『진화론의 유혹』, 북스토리, p83

사회와 국가에 만연해 있는 문화적 습관, 사상 등이다. 인간은 이러한 문화적 유전자 덕분에 변화하는 환경에 빨리 적응할 수 있었다.

예를 들어[2] 많은 식물들은 독을 함유하고 있다. 이런 독의 쓴맛 때문에 초식동물들은 그 식물을 피한다. 쓴맛이 나는 화합물을 만들어 내는 것은 식물로서는 일종의 생존 전략인 것이다. 다른 동물들처럼 인간도 식물에서 쓴맛이 날 때 먹을 수 없다는 신호로 받아들인다. 그러나 몇몇 쓴맛이 나는 성분은 치료에 유용하기 때문에 병을 치료할 때에는 쓴맛을 무시하고 먹어야 한다는 것을 배운다. 아마도 먼 과거에 어떤 호기심 많고 관찰력이 좋은 한 원시인이 쓴맛이 나는 식물이 치료에 효과가 있다는 것을 발견했을 것이다. 그리고 그 효과가 끔찍하게 쓴맛이 남에도 불구하고 이 신념을 퍼지게 만들었을 것이다. 쓴맛이 나는 식물이 치료에 유용하다는 것을 사람들이 알게 되면서 전체 집단의 행동은 변화할 수 있다. 인간의 감각기관이 쓴맛을 덜 느끼게 진화했기 때문이 아니라 그 식물이 치료에 좋다는 믿음이 인간 집단에 퍼져 있기 때문에 쓴맛이 나는 식물을 섭취한다.

『이기적 유전자』로 유명한 진화생물학자 리처드 도킨스는 이러한 신념을 '밈meme'이라고 표현했다. 도킨스는 인간의 문화에도 유전자와 같이 전달 단위 또는 모방의 단위라는 것이 있다는 개념을 처음으로 도입했다. 그리고 이 개념을 모방을 의미하는 그리스어의 어근 '미메

---

[2] 피터 J 리처슨, 로버트 보이드, 『유전자만이 아니다』, 이음

메$_{mimeme}$'를 유전자를 의미하는 진$_{gene}$이라는 단어와 유사하게 만들어 밈$_{meme}$으로 표현했다.

그에 따르면 밈의 예에는 곡조, 사상, 표어, 의복의 양식, 단지 만드는 법 또는 아치 건조법 등이 있다. 생물적 유전자$_{gene}$가 번식을 할 때 정자와 난자를 매개체로 하여 몸에서 몸으로 뛰어넘는 것과 같이, 밈이 번식할 때에는 넓은 의미로 모방이나 학습이라는 과정을 매개로 하여 뇌에서 뇌로 건너다닌다. 만약 과학자가 좋은 생각을 듣거나 읽으면 그는 동료나 학생에게 그것을 전할 것이다. 그는 논문이나 강연에서도 그것을 언급할 것이다. 그리고 다른 사람들이 그 생각을 잘 이해했다면 뇌에서 뇌로 밈이 퍼져 나간다고 말할 수 있다.

이러한 밈 역시 생물적 유전자와 마찬가지로 환경의 변화에 따라 적절하게 변화하지 못한 것들이 존재한다. 부적절한 밈은 사회에 부작용을 일으키기도 한다. 가령 '가부장적 권위주의'가 한 예다. 과거 남성들이 외부에서 위험을 무릅쓰고 삶에 필요한 자원을 획득해 오던 시대에 번성했던 가부장적 권위주의는 가정의 생존과 발전에 좋은 밈이었다. 아기를 낳고 기르는 여성은 육아로 인해 가정에 묶여 있을 수밖에 없다. 늘 젖먹이를 달고 살아야 하기 때문에 기동력이 떨어질 수밖에 없다. 그러나 상대적으로 가사와 육아에서 자유롭고 기동력이 있는 남성은 언제든 새로운 짝을 찾아 도망갈 수도 있다. 진화생물학적 관점에서 보자면 수컷의 입장에서는 보다 많은 암컷과 관계를 맺을수록 유전자에게 유리하기 때문에 하나의 암컷에 묶이지 않고 여러 암컷을 추구하도록 진화되었다고 한다. 만약 이런 유전자를 핑계로 남성이 도망가 버린다면 원시의 거친 환경 속에 남은 여성과 아이들은 생존에 큰 위협을 받게 된다. 그렇기 때문에 여성들은 남성에 비해 결혼 전에 자신의 배우자를 신중하게 고르도록 진화했다. 또 결혼 후에도 남성이 도망가지 않고 가족을 위해 집 밖으로 나가서 위험을 무릅쓰고 사냥이나 전쟁을 하도록 만들기 위해 가정에서는 남편에게 권위를 부여하고 복종하는 밈이 생겨난 것이다.

그러나 현대에는 어떤가? '묻지마'식의 가부장적 권위주의는 여기저기서 배척당한다. 요즘 많은 여성의 경우, 가사는 물론이고 경제적 문제까지도 해결할 수 있는 능력을 갖고 있다. 전반적으로 한 가정을 건강하게 이끌어 가는 데 있어 여성이 투자하는 물적, 정신적 에너지의 비중이 커지고, 그 가치 또한 귀중해지고 있다. 그러나 아직도 남성 위주의 가부장적 권위주의라는 밈에서 벗어나지 못하는 경우가 많다. 그래서 심지어 가부장으로서의 역할을 제대로 하지 못하더라도 남성에게 저절로 권위가 주어진다고 생각하는 경우가 많다. 이렇게 시대에 뒤떨어진 밈 역시 비만처럼 사회적으로 많은 부작용을 유발하게 된다.

가부장적 권위주의가 사회 전반에 영향을 주는 밈이라면, 한 개인에게 보다 직접적으로 영향을 미치는 매우 개인적인 밈도 있다. 이러한 밈은 한 개인의 삶에 지대한 영향을 미친다. 집안이 가난해서 부모가 공부를 많이 하지 못한 경우를 가정해보자. 이런 상황에서 부모들은 아이들에게 '우리같이 가진 것 없이 태어난 사람들은 샌님처럼 공부만 하기보다는 일찌감치 세상으로 나가 닥치는 대로 일을 하는 것이 생존에 더욱 도움이 된다.'고 가르칠 수 있다. 이것도 일종의 밈이다. 가진 것 없고 배우지 못한 부모로서는 아이들의 생존력을 높이기 위해 그런 밈을 적극 주입시킬 수 있다. 이런 집안 분위기의 밈 속에서 살게 되면 그 밈에 복종하게 된다. 그래서 자신의 능력이 출중함에도 결국 능력을 살리지 못하고 그것과 관계없는 직업으로 인생을 사는 경우도 있다. 이렇게 해서 빛을 보지도 못하고 사라진 수많은 아인슈타인과 셰익스피어가 얼마나 많았겠는가.

자신과 경쟁을 한다는 것의 두 번째 유형은 이렇게 애초 잘못되었거나 아니면 시대에 뒤떨어진 밈을 극복하고 자신의 능력을 극대화하는 것을 의미한다. 코끼리가 충분한 힘을 가지고 있음에도 자신을 묶고 있는 사슬을 끊지 못하는 상황을 생각해보자. 태국의 코끼리 조련사들은 그런 약점을 이용하여 코끼리를 길들인다고 한다. 먼저 어린 코끼리를 정글 속으로 유인하여 우리에 가두고 발목에 쇠사슬을 채운다. 쇠사슬의 한쪽 끝을 벵갈보리수라는 튼튼한 나무에 묶어놓고, 코끼리가 자유롭게 움직일 수 있도록 놔둔다. 그러면 코끼리는 어떻게든 쇠사슬에서 벗어나 보려고 애쓴다. 그러나 사슬은 물론 견고한 나무 역시 꿈쩍도 하지 않는다. 결국 자기 힘으로는 벗어날 수 없다는 것을 깨닫고는 탈출을 포기해 버린다. 그 후부터는 다리에 묶인 쇠사슬이 팽팽해지기만 하면 활동 영역의 끝에 왔음을 알고 더 이상 힘을 쓰지 않는다.

이 상태에 이른 코끼리는 벵갈보리수 같은 나무가 아니라 작은 말뚝에 묶어 놔도 쉽게 통제할 수 있다. 그래서 새끼 코끼리는 굵고 단단한 사슬로 묶어놓아야 하지만, 어른 코끼리를 묶어놓는 밧줄과 말뚝은 가늘고 빈약한 것으로 써도 된다. 사슬을 끊을 수 있는 물리적인 힘이 충분히 있지만, 마음의 사슬에 구속된 이상 코끼리는 울타리를 벗어날 수 없다.

사람의 경우라면 자신의 정신적, 문화적 한계에 묶어둔 낡은 새끼줄, 즉 구시대의 밈을 끊고 더 큰 세상으로 나아가야 과거 자신과의 경쟁에서 승리하고 '살아서 진화'할 수 있다. 물론, 여기서 의미하는 진화는 생물학적 진화와는 개념이 다르다. 전자가 문화적 유전자, 즉 밈을 변이시키는 것이고 후자가 생물적 유전자를 변이시키는 것이라는 점에서는 둘 다 '진화'라는 단어로 표현할 수 있을 것이다.

그러므로 진화하고자 하는 인간은 자신에게 불리한 생물적 유전자를 통제하고 보다 이로운 문화적 유전자 만들어내기 위해 죽을 때까지 자신과 경쟁해야 한다. 그렇다. 과거의 자신과 경쟁한다는 것은 자신을 한계에 묶고 있는 생물적 유전자와 문화적 유전자를 극복하기 위한 싸움이다. 그렇다면 어떻게 이런 싸움을 해야 할까? 이 싸움에서 우리에게 유용한 전략적 도구는 무엇일까?

# Chapter 2
# 어떻게 나와 경쟁할 것인가?

## 모방, 자신과의 경쟁을 위한 필요조건

생물적 유전자gene와 문화적 유전자meme를 극복하는 도구에는 모방이 있었다. 모방이라니? 원숭이처럼 남을 흉내 내는 그 모방 말인가? 아니 그런 저급한 능력이 어떻게 과거와의 투쟁을 통해 진화하기 위한 도구가 될 수 있단 말인가?

이렇게 생각한다면 모방을 너무나 과소평가하는 것이다. 일단 원숭이가 흉내를 잘 낸다는 것부터 잘못된 지식이다. 모방은 인간이 그 어떤 동물보다도 잘한다. 과학자들은 일련의 실험을 통해 이를 증명했다. 심리학자 마이클 토마셀로의 실험에 따르면, 4~5세 인간의 아이들은 원숭이에 비하여 똑똑하지 않으나 모방을 좀 더 잘한다고 한다. 정확하게 모방하기 때문에 비효율적인 기술도 계속해서 사용하는 반면, 침팬지는 목표를 달성하는 데 있어 보다 효율적인 대안이 있을 경우에는 그 기술을 사용하지 않는다. 인간은 대상을 매우 정확하게 모방하는 반면, 영장류는 흉내를 내거나 적어도 좀 덜 정확하게 모방한다.[3]

창조가 더 좋은 가치로 각광 받는 현대사회에서 모방은 홀대 받는 경향이 있지만 인류 역사 초기에는 그렇지 않았다. 영국의 심리학자 수전 블랙모어는 인간과 동물의 경계를 가르는 것 중에는 '모방할 수 있는 역량'이 가장 근본적이자 핵심적인 요인이라고 한다. 그만큼 모방은 여러 가지 장점을 가지고 있다. 모방할 수 있는 능력을 지닌 생물은 자연에서 스스로 배워나가는 '학습'과 단순히 '모방'하는 것 사이에서 선택이 가능하다. 스스로 학습할 수밖에 없는 상황에서는 학습을 하고, 학습하는 것보다 모방하는 것이 더 유리할 경우에는 모방을 선택하면 된다. 그렇기 때문에 모방에 의존하는 생물은 항상 스스로 학습하는 생물보다는 오류를 줄일 수 있었다. 이는 또한 그들로 하여금 더 자주 모방하게 만들었던 것이다.

반면, 모방이 불가능한 대부분의 생물은 유전자에서 얻을 수 있는 것이 무엇이든 간에 거기서부터 시작해야만 했다. 그 다음에 그들은 시행착오를 통한 학습으로 행동을 개선할 수 있었다. 하지만 정말 허무하게도 그들이 죽을 때는 그들이 개선한 것도 주검과 함께 땅속으로 사라진다. 그렇기 때문에 자손들은 생물적 유전자를 통해 부여받

---

[3] 피터 J 리처슨, 로버트 보이드, 『유전자만이 아니다』, 이음

은 것부터 다시 시작해야 한다. 한마디로 리셋베이스reset-based의 삶이다. 마치 디지털 도구들을 리셋하듯이 부모가 배워서 익힌 기술들이 자식들에게 전수되지 않고 자식들은 리셋된 상태로 다시 시작해야 한다는 것이다.

그러나 모방할 수 있는 생물은 그렇지 않다. 부모가 학습이든, 모방이든 그 어떤 방식으로든 자신들의 행동을 개선해 놓으면 그것들을 고스란히 자식들에게 물려줄 수 있다. 왜냐하면 자식들도 부모를 모방하기 때문이다. 따라서 모방에 능한 자는 개인적인 학습만 하는 존재보다 더 나은 성과를 이루어낼 수 있다. 이러한 이론을 통해서 보면 현대사회에서도 보통 사람들이 성공한 사람에게 이끌리는 것은 분명 진화의 역사를 통해 나타난 산물일 것이다. 누가 성공한 사람인지 결정하는 것은 어떻게 해야 성공하는지를 알아내는 것보다 훨씬 쉽다. 비록 성공한 사람이 어떤 행동을 하여 성공했는지 전혀 모르더라도 우리는 성공한 사람을 단순히 모방함으로써 성공을 가져온 행동을 습득할 가능성이 있다. 적어도 성공이 문화적으로 전달될 수 있는 특성에서 비롯되는 한, 성공한 사람들의 모든 것을 정확하게 모방할 수만 있다면 성공한 사람이 되는 것은 시간 문제다.

이것이 자신과 경쟁하는 전략적 도구다. 많은 사람들이 자신이 성공하고자 하는 분야에서 가장 성공한 모델을 선정하고 그 모델을 모방하고자 한다. 그러한 모방을 통해 과거의 자신을 혁신해 나가는 것이다. 이 경우 모방은 매우 훌륭한 도구가 된다.

이런 이유로 인류 역사 초기에는 '모방'을 잘하게 되면 그 자체로 경쟁에 앞서 나갈 수 있었다. 생존에 유리한 기술이나 도구를 직접 발명 혹은 발견하는 것도 중요하다. 하지만 그러한 발명이나 발견은 수많은 시행착오를 통한 우연에 의한 경우가 많았다. 오랜 시간이 걸리고 성공할지 실패할지도 모르는 발명과 발견에 목을 매느니, 남들이 하는 것 중 생존에 확실히 유리하다고 판단되는 것을 재빨리 모방하는 것이 훨씬 유리한 전략이었을 것이다. 아니, 어쩌면 모방은 선택이 아니라 필수였을지도 모른다.

## 현대에도 여전히 유용한 모방

현대에도 가장 손쉬운 혁신 전략이 모방인 것을 주변에서 쉽게 볼 수 있다. 나의 경우도 좋은 사례이다. 대학 졸업 후 15년간 직장인으로 생활을 하다가 세상에 지배당하지 않는 자유로운 '1인 독립 전문가'를 목표로 2006년에 다니던 회사를 그만두었다. 거기에는 많은 사연이 있었다.

1997년 외환위기를 겪으면서 이제 더 이상 기업이 개인을 끝까지 책임져 줄 수 없는 환경이 되었다는 것을 깨닫고 뭔가 대책이 필요하다고 생각했다. 막연히 그런 느낌을 가지고는 있었지만 구체적인 대응방안을 생각해 내고 실천하지는 못했다. 그러던 중 다니던 회사가 성과 부진을 이유로 갑자기 한국에서 철수하겠다는 결정을 내렸다. 미국계 컨설팅 회사이다 보니 그런 결정을 아무런 거리낌 없이 할 수 있었던 것이다.

2000년대 초, 잘나가던 컨설턴트에서 하루아침에 실업자가 될 판국이었다. 아직도 그 당시 지하철역에서 우연히 들었던 〈엘 콘도르 파사〉의 음률을 잊을 수가 없다. 컨설턴트로서 마지막이 될지도 모르는 프로젝트를 하면서 늦은 밤 일을 마치고 퇴근하던 중이었다. 남미 잉카제국의 후예인 듯한 외국인들이 을지로역 광장에서 전통 악기로 〈엘 콘도르 파사〉를 연주하고 있었다. 유럽의 정복자들에게 왕국을 빼앗기고 깊고 깊은 안데스 산맥을 떠돌며 살았던 그들의 뼈아픈 슬픔과 한이 서려있는 듯했다. 어쩐지 그 음률 속에 담긴 슬픔과 한이 내 마음에 그대로 복사되는 듯한 느낌을 받았다. 이래저래 육체보다는 마음이 더욱 추웠던 겨울이었다.

물론 곧 다른 컨설팅 회사로 무사히 옮겨갈 수 있었지만 그때부터 더 이상 조직에 의존해서는 안 된다는 생각은 〈엘 콘도르 파사〉의 음률과 함께 나의 심장에 각인되었다.

조직 의존도를 줄여가는 것이 나로서는 또 하나의 생존 전략이 된 것이다. 그런데 조직 안에서는 조직 의존도를 줄이는 방법을 배울 수 없었다. 10여 년 전이었으니 조직 의존도를 줄인다는 개념조차도 명확하지 않았던 때다. 그러니 그 방법을 나 혼자 터득하기는 거의 불가능했다. 그래서 여기저기 필요한 책들을 찾아서 공부하였다. 많은 책들을 읽었지만 내게 강한 인상을 준 책은 세 권이었다. 첫 번째는 당시 우리나라에서는 몇 안 되는 1인 독립 전문가로 '변화경영'이라는 새로운 영역을 개척하고 있던 구본형 선생의 『그대, 스스로를 고용하라』였다. 두 번째는 미국의 대표적인 1인 독립 전문가인 다니엘 핑크의 『프리에이전트의 시대가 오고 있다』였으며, 마지막 세 번째는 영국의 대표적인 1인 독립 전문가 찰스 핸디의 『코끼리와 벼룩』이었다. 조직 의존도를 낮추는 방법이 무엇인지 고민하던 나에게는 정말 뜨거운 사막에서 만난 오아시스 같은 책들이었다. 컨설턴트 생활을 하면서 책이라고는 딱딱하기 그지없는 방법론만 읽었던 내가 인문학적 자기계발 서적에 푹 빠지게 되었다. 내가 원하던 답이 거기에 있을 것 같아서였다.

그러나 그 책들은 내게 '이 길이 옳다, 그리고 충분히 성공할 수 있다'는 확신을 심어주었지만 현실 생활에서 어떻게 변해야 하는지에 대해 자세하고 친절하게 설명해주지는 못했다. 사실, 한 권의 책으로 그런 것까지 얻기를 바란다는 것도 무리였다. 이때 필요한 것이 모방이었다. 내가 가고자 하는 길을 먼저 가고 있고, 또 그 길에서 훌륭한 성과를 내고 있는 사람들을 찾을 수 있다면 그들이 간 길을 따라가는 것이 가장 효율적이고 또 효과적인 전략이 아니겠는가.

다니엘 핑크나 찰스 핸디는 아주 훌륭한 모방 대상이지만 그들은 너무 멀리 있었다. 게다가 그들이 처한 상황은 너무 이질적이어서 가까이 있다 하더라도 모방하기 쉽지 않았을 것이다. 상대적으로 가까운 데 있으면서 상황도 비슷하여 모방이 용이한 구본형 선생을 롤모델로 삼았다. 그의 지적 재산을 모방하는 것이 아니고 삶의 노하우, 그리고 나와 비슷한 나이일 때 만난 인생의 고비를 어떻게 극복했는지 등에 대해 배우고 따라 하기 위해 노력했다.

지금까지 가장 중요한 모방의 성과라면 두 가지 정도를 뽑을 수 있다. 첫 번째는 '1인 독립 전문가'로서 내 분야에 대해 책을 쓰는 것에 대한 인식이다. 나는 책을 쓰는 것에 대해 막연한 심리적 장벽을 가지고 있었다. '책이라는 것은 그야말로 세상에 널리 알려진 전문가들이나 쓰는 것이지, 나 같은 무지렁이가 무슨 책을 써. 쓴다고 누가 읽어나 줄까? 읽는 것은 둘째 치고 출판해줄 회사를 찾기도 쉽지 않을걸. 그러니 책을 쓰더라도 유명해진 후에나 써야지.'라고 생각했었다. 이것도 하나의 밈 조각으로 나의 행동을 지배하고 있었다. 그래서 지난 십수 년간 컨설팅을 통해 경영과 전략에 대해 많이 경험하고 공부했지만 그것들을 이용해 책을 써보겠다는 생각은 해 본 적이 없었다.

그러나 롤모델을 모방하던 중에 '책 쓰기'에 대한 새로운 생각을 접하게 되었다. 읽히든 읽히지 않든, 책을 쓰는 것은 여러 가지로 쓸모 있다는 것이다. 우선 자신이 하고 있는 공부의 완성도를 보다 높일 수 있다. 누군가 '배움의 완성은 가르침'이라고 했던 말이 기억난다. 그런데 나는 '배움의 완성은 책 쓰기'라고 수정하고 싶다. 같은 지식이라도 강의를 할 때보다 책으로 쓸 때 더욱 명확해지고 완전해진다. 그 외에도 책을 쓰는 것에 대한 장점은 많다. 하지만 나로서는 공부의 완성도를 높일 수 있다는 것만으로도 책을 써야 할 충분한 이유를 찾은 것이다. 롤모델을 모방하던 중 인식의 전환을 통해 책을 쓰는 것에 대한 심리적 장벽을 넘을 수 있었다.

두 번째 성과는 새로운 생활 습관이다. 책을 쓰기로 했으니 시간을 내야 했다. 나의 롤모델은 매일 새벽 시간에 글 쓰는 작업을 하고 있었다. 낮에는 정신이 분산되기도 하지만 다른 일들이 있기 때문에 시간을 쪼개기도 쉽지 않다. 또 글을 쓸 때는 충분한 여유 시간이 필요한데 낮 시간에 확보가 가능한 자투리 시간에는 책을 읽을 수 있어도 쓰기는 어렵다. 새벽이라는 시간이 가지는 특성 때문에 새벽에 글을 쓰는 것이 가장 효율적이면서 효과적이라는 것이다.

제대로 모방을 하려면 이것도 따라 해야 한다. 하지만 글을 쓰는 것은 고사하고, 우선 새벽에 일어나는 것부터 쉽지 않았다. 그동안 새벽잠에 익숙해진 나의 육체는 어둑한 새벽에는 자야 한다고 절규하는 것 같았다. 하지만 내가 원하는 라이프모델을 만들어 내기 위해 반드시 근육에 익혀야 할 습관이었다. 고통스러웠지만 자신과의 경쟁을 한 판 벌여야 했다. 지금은 어느 정도 습관이 되어 어떤 때는 새벽 5시가 되면 알람 시계보다 먼저 일어나는 경우도 있지만 아직도 글을 쓰는 것은 어렵다. 그러나 분명한 것은 나의 육체와 정신이 새벽 글쓰기에 익숙해지고 있다는 것이다.

물론 몇 가지 생물적 유전자$_{gene}$와 밈을 극복했다고 해서 내가 꿈꾸던 라이프모델을 바로 달성할 수 있는 것은 아니다. 하지만 매일 조금씩 목표를 향해 다가가고 있다. 어쨌거나 조직에 100퍼센트 의존하고 있던 직장인에서 조직 의존도가 낮은 1인 독립 전문가로 스스로를 변화시키는 데 성공했다. 10년 전, 마지막 직장을 나올 때 동료들 중 2년 안에 다시 돌아오게 될 것이라고 말하는 사람들도 있었다. 그러나 벌써 10년이 넘게 흘렀다. 아직도 여러 가지 어려움은 있지만 그래도 나는 목표로 삼은 라이프모델로 진화하기 위해 꾸준히 노력하고 있다.

모방은 단순히 개인 차원의 도구만이 아니다. 이제는 세계 어디서나 인정받는 글로벌 기업인 삼성전자나 현대자동차도 초기에는 모방을 통해 성장했음을 부인하지 못할 것이다. 게다가 지금도 어떤 분야에서는 여전히 모방전략을 적절히 쓰고 있다. 이렇게 모방을 통해 성장한 기업들은 모방 대상의 겉모습만 단순히 따라 한 것이 아니다. 그들은 눈에 보이지 않는 성공의 원동력을 모방할 능력이 있었다. 이는 모방도 아무나 쉽게 할 수 있는 것이 아니라는 방증이다. 그렇기 때문에 모방은 부끄러워해야 할 것이 아니다. 인류 역사에서 검증된 훌륭한 전략적 도구이기 때문이다.

## 모방, 아무나 할 수 있는 것이 아니다

모방은 단순한 것 같지만 그렇지 않다. 완전한 모방을 위해서는 세 단계를 거쳐야 한다. 첫 번째는 무엇을 모방할 것인지 선택하는 단계이고 두 번째는 자신의 관점을 타인의 관점으로 바꾸는 단계이다. 마지막 단계는 그렇게 머리로 이해한 것을 적절히 육체적 행동으로 구현하는 것이다.

첫 번째는 판단력이 필요하다. 세상에는 좋아 보이는 것들이 많다. 어쩌면 남들이 하는 것은 다 좋아 보일 수도 있다. 그 많은 것들 중 모방을 통해 '내 것'으로 만들 수 있는 것은 한정되어 있다. 그러므로 신중하게 선택해야 한다. 기껏 어렵게 모방했는데 내게 전혀 도움이 되지 않는 것이라면 그런 낭패가 또 없을 것이다. 심지어 청소년기에는 자신에게 유해한 것들도 모방하고자 한다. 흡연, 음주 등 어른들이 하는 것을 하면 자신도 어른이 된 것처럼 느껴진다는 이유 때문에 유해한 줄 알면서도 모방하는 것이다. 모방이 어렵다는 것은 이렇게 모방의 대상을 선택하는 것에서부터 시작된다.

일단 자신의 목적에 맞는 모방 대상을 선택하는 것이 중요하다. 그러나 더욱 중요한 것은 겉으로 보이는 모습이 아닌, 안에 감추어진 본질적인 특성들 중에서 모방의 대상을 선정해야 한다는 것이다. 롤모델의 생활습관 같은 겉모습을 모방하는 것이 나쁘지는 않다. 하지만 거기에만 머문다면 모방의 궁극적인 목적을 달성할 수 없을 것이다. 그보다 더 중요한 것, 즉 그들의 삶에 대한 가치관, 성공을 판단하는 척도 등과 같은 보다 본질적인 것을 모방할 줄 알아야 제대로 모방하는 것이기 때문이다.

모방 단계 중에서도 두 번째 단계가 특히 중요하다. 스스로를 남의 처지에 놓고 볼 줄 아는 능력, 즉 역지사지할 수 있는 능력은 쉽게 얻어지는 것이 아니기 때문이다. 예를 들어 타인이 왼손을 사용하면 내 쪽에서는 오른손처럼 보인다. 이럴 때 타인의 관점으로 전환해야 비로소 정확하게 이해할 수 있다. 오른손이냐, 왼손이냐 정도를 판단하는 것은 쉽지만 이보다 훨씬 더 복잡한 것을 모방할 때에는 타인의 관점으로 전환하는 것이 결코 쉬운 일이 아니다.

롤모델이 성공하게 된 본질적인 요소를 찾았다고 가정하자. 그것을 액면 그대로 모방한다고 해서 나도 반드시 성공하는 것은 아니다. 상대가 어떤 이유로 어떤 시간, 장소, 상황에서 그런 요소들을 어떻게 활용하였는지를 알아야 나에게 맞는 모방이 가능하다. 무조건 베끼는 모방이 아니라 자기 것으로 소화하는 모방, 즉 창조적 모방이 되어야 한다는 의미이다. 영국의 유명한 시인 T.S. 엘리엇은 "미성숙한 시인들은 모방하지만 성숙한 시인들은 훔친다."라고 말했다. 여기서 '훔친다'는 의미는 자기에게 필요한 것만을 골라 완전히 자기의 것으로 만들 만큼 창조적으로 모방한다는 의미일 것이다.

이러한 창조적 모방을 위해서는 소위 '마키아벨리적 지능'이라는 것이 필요하다. 16세기 이탈리아의 사상가이자 책략가인 마키아벨리는 '상대의 상황을 이해함으로써 상대의 움직임을 예측하고, 종국에는 상대를 내가 원하는 대로 움직일 수 있는 역량'이 군주에게 매우 필요하다고 역설하였다. 이를 '마키아벨리적 지능'이라고 한다. '마키아벨리적'이라는 수식어는 '상대를 내가 원하는 대로 움직인다'는 어감이 강하지만 사실 그것도 '상대를 정확히 이해하는' 능력이 없이는 불가능하다.

이것은 모방에 능한 사람들이 타인과의 경쟁에도 능할 수 있다는 것을 의미한다. 타인의 상황을 그 사람의 입장에서 이해하는 것은 모방에서뿐만 아니라 타인과의 경쟁에서도 매우 핵심적인 능력이기 때문이다. 결국 모방을 잘하는 자는 상대에 대한 이해력을 기르게 될 테고 이런 역량이 쌓일수록 '타인과의 경쟁'에 반드시 필요한 '마키아벨리적 지능'도 기를 수 있게 된다.

마지막은 머리로 이해한 것을 행동으로 구현하는 것이다. 대상을 선택해서 잘 관찰하고 이를 자신이 그대로 실행하는 것이다. 이것은 실행력이다. 첫 번째나 두 번째 단계를 아무리 완벽하게 수행했다 해도, 세 번째 단계가 없으면 아무런 소용이 없다. 그래서 세 번째 단계는 모방의 충분조건이라 할 수 있다.

실행을 할 때는 보통 이루고자 하는 목표를 정해 놓고 현재에서 목표까지의 차이를 도출하고, 이를 메워 나갈 방안을 어떻게 실행할 것인지 계획을 짠다. 그리고 매일 실행하면서 체크를 해나간다. 이러한 방식을 '더 잘하기 전략'이라고 부를 수 있다. 더 잘하기 전략better strategy이란 말 그대로 어떤 주어진 목표를 달성하기 위해 일신우일신日新又日新해 나가는 전략을 말한다. 시중에 나와 있는 많은 '자기계발' 관련 서적에도 이러한 유형의 전략을 많이 제안하고 있다.

## 모방과 '더 잘하기 전략'

'더 잘하기 전략'은 그 역사가 매우 오래되었다. 수렵채집 시대의 한 원시인이 돌을 깎아 사냥 도구로 사용하게 되면 그것을 사용하지 못하는 원시인보다 훨씬 더 많이 사냥을 하게 된다. 그러면 근처에 사는 다른 원시인은 늘 사냥감이 부족하게 된다. 그렇기 때문에 자신도 살기 위해서는 어떻게든 돌을 깎는 기술을 모방할 수밖에 없다. 이런 모방 기술이 부족하면 '승자 독식'의 상태를 초래하게 된다. 우연치 않게 생존에 유리한 기술이나 도구를 발명한 존재가 모든 것을 차지하는 경우가 발생하게 되는 것이다. 그래서 다른 원시인은 상대를 모방한다. 그리고 모방을 할 때, 좀 더 창조적으로 모방하여 원조보다 더 나은 도구를 만들어 내려고 한다면 바로 더 잘하기 전략을 활용하는 것이다.

농업의 역사를 추적해 보면 같은 결론에 도달할 수 있다. 우리는 농업으로 인해 잉여 식량을 축적할 수 있고, 한 지역에 머물러 살 수 있었기 때문에 농업이 널리 퍼져나간 것처럼 생각하지만 꼭 그렇지는 않다. 지구가 언제나 에덴 동산이었다면 농업은 필요 없었을 것이다. 다시 말해 항상 놀다가 배가 고플 때 주변에 널린 과실을 따 먹거나 가끔 잘 날지 못하면서 살이 통통한 이름 모를 새를 사냥해서 먹을 수 있었다면 농업은 생길 이유가 없었다. 그러나 주변에 널려 있고 항상 영원할 것 같았던 자연이 주는 식량들이 하나둘 자취를 감추게 되자, 누군가 우연히 식물과 동물을 기르는 법을 발명했던 것이다.

그러나 앞서 언급한 수전 블랙모어[4]에 따르면 결코 농업이 수렵과 채집보다 모든 면에서 더 좋은 것은 아니었다고 한다. 인간은 농업을 발명하면서부터 하루 10시간 이상 일에 묶여 살아야 했다. 오늘날도 농사를 짓는 경우에는 크게 다르지 않을 것이다. 반면, 현재 아마존이나 아프리카 등 오지에 생존하는 수렵·채집인들에 대한 조사에 따르면 일주일에 고작 15시간만 사냥과 채집에 쓰고 나머지는 먹고, 놀고, 쉬고, 자는 생활을 한다고 한다. 인류 역사에 있어 아주 오랜 세월 동안 먹고, 놀고, 쉬는 활동은 한 인간의 인생에서 어릴 때나 성장해서나 많은 부분을 차지하는 자연스런 활동이었다. 그러나 농업이 발달하면서 노동이 그러한 자연스런 활동을 밀어내고 가장 많은 비중을 차지하는 활동이 되었다. 그 이후로 인간들은 먹고, 놀고, 쉬는 활동을 매우 부가가치가 떨어지는 비생산적 활동으로 인식하게 되었다. 노동으로 식량은 더 많이 생산해 낼 수 있었지만 그 대가로 놀고, 먹고, 쉬는 자유를 잃었던 것이다. 많은 현대인들의 삶도 아마 그와 같을 것이다.

어디 그뿐이랴. 블랙모어는 또한 고대 이집트 농부들의 유골을 살펴 보면 참혹한 사연을 읽을 수 있다고 한다. 그들의 발가락과 등은 옥수수를 빻아 빵을 만드느라 기형적으로 휘어있었고, 골격에서는 구루병의 흔적이 남아있는 등 비참하기 이를 데 없다. 수렵·채집 시절

---

[4] 수전 블랙모어, 『문화를 창조하는 새로운 복제자 밈』, 바다출판사

에는 즐기며 놀고 모험을 하다가 배가 고플 때만 식량을 구하러 다니면 되었지만, 농업은 일년 내내 심고 가꾸고 거두는 작업을 해야 했기 때문에 생긴 결과다. 그런데 이런 농업은 어째서 널리 퍼져나갔을까?

물론 주변에 먹을 것이 점점 부족해진 것이 가장 큰 원인이다. 그런 참에 우연치 않게 어떤 부족이 농업을 시작했을 것이다. 농업은 노동력이 필요하므로 일정한 지역에 인구가 집약되어 있어야 한다. 그래서 자연스럽게 수렵·채집 부족들보다 인구 밀도가 커진다. 잉여 식량이 생기니까 자식들도 더 많이 낳는다. 그러다 보면 곧 농사 지을 땅과 노동력이 모자라게 된다. 이런 문제를 해결하기 위해 아직도 베짱이처럼 놀고 있는 이웃의 수렵·채집 부족을 습격해서 땅을 빼앗고, 노예를 확보하려고 한다. 인구도 더 많고, 조직도 갖추어진 농업 부족들이 수렵·채집 부족들을 굴복시키고 농사를 강요했던 것이다.

이렇게 되자 주변의 수렵·채집인들 중에는 농업 부족들에게 당하지 않기 위해 자발적으로 농업을 도입하는 경우가 생기게 된다. 가만히 있다가는 농업 부족들에게 당할 수밖에 없는 상황에 처할 테니, 그럴 바엔 그들을 모방하여 농사를 짓고 인구를 늘리는 것이 생존에 더 이득이 아니었겠는가. 기왕 모방할 바에야 더 넓은 땅에, 더 많은 곡식과 가축을 기르고, 자식들도 더 많이 나아서 이웃 부족이 함부로 넘보지 못하게 하자고 생각했을 것이다.

모방이 생존을 위한 전략 도구로 활용되면서 동일한 것을 더 잘하려고 하는 더 잘하기 전략은 이처럼 자연스럽게 인류 역사 초기부터 시작되었다. 더 잘하기 전략은 실행이 간단한 것처럼 보이지만 작심삼일이라는 말이 생겨난 것처럼 결코 쉽지 않다. 위의 예에서처럼 위기감과 긴장감이 없으면 그 누구도 자발적으로 고통을 감내하려 들지 않기 때문이다. 의지력이 강한 사람들은 위기감과 긴장감이 없는 상황에서도 자신이 세운 계획대로 밀고 나갈 수 있다. 그러나 보통 사람들은 대부분 이 실행에서 실패를 거듭하기 일쑤다. 여기가 바로 자신의 문화적 유전자meme나 생물적 유전자gene와 싸우는 결정적인 장소이다. 그래서 우리는 자신과의 경쟁을 위한 두 번째 전략 도구가 필요하다.

## 자기규율, 자신과의 경쟁을 위한 충분조건

결국 자신과의 경쟁은 실행에서 가장 많은 문제를 일으킨다. "좋다는 것을 누가 모르는가? 실천하기 어려우니 그렇지." 어디선가 많이 들은 이야기다. 연초만 되면 금연, 다이어트 등 거창한 계획을 세우다가도 봄이 오기 전에 대부분 저런 탄식 섞인 소리를 되뇌면서 포기하는 경우를 본다.

　내 경우에는 십여 년 전, 우여곡절 끝에 금연은 성공했다. 지금도 매우 자랑스럽다. 최근 서울 거리에서 흡연 시 벌금이 부과되는 것을 보면 뿌듯하기까지 하다. 하지만 체중을 줄이는 문제는 아직도 성공하지 못했다. 한 7~8kg 정도만 줄이면 딱 좋겠는데, 벌써 몇 년째 쉽지 않다. 금연을 하고 나서 5~6kg 정도 늘어난 체중이 잘 빠지지 않는다. 살 빼는 원리야 간단하지 않은가. 덜 먹고, 더 배출하면 된다. 그러나 그게 간단하지 않다. 정말로 그렇게 간단하다면 다이어트 관련 산업이 이렇게 커지지 않았을 것이다. 운동은 꾸준히 하는데 식욕을 억제하기 어렵다. 나의 생물적 유전자가 끊임없이 식탐을 불러일으킨다. 체중을 훌륭히 줄인 대상을 찾아서 그 비결을 다 배워왔음에도 실행에서 번번이 실패한다. 개인적으로는 정말 어려운 문제다. 그렇게 간절함에도 어찌 그깟 식욕 하나 통제하지 못한단 말인가?

답은 당근과 채찍이다. 당근과 채찍이 없어서 식욕을 불러일으키는 생물적 유전자에게 번번이 패하는 것이다. 만약 누군가 나에게 체중을 줄이면 상금을 주거나, 줄이지 않으면 재산을 빼앗겠다고 협박을 한다면 그깟 7~8kg 줄이는 것은 그리 힘든 일이 아닐 것이다. 실제로 2006년 미국 ABC방송국에서 체중 감량을 주제로 하는 〈라이프, 더 게임〉이라는 TV 버라이어티 쇼에서는 '채찍'을 활용했다. 프로그램 PD가 참가자들의 동의 하에 그들의 수영복 입은 모습을 사진으로 찍는다. 그리고 체중 감량에 실패할 경우, 그 사진을 인터넷에 공개해도 좋다는 서약을 받는다. 대부분의 여성 참가자들에게는 다른 어떤 것보다 뚱뚱한 자신의 모습이 인터넷을 통해 전 세계에 퍼지는 것이 강력한 채찍이 된다.[5]

그러나 현실에서는 그런 당근과 채찍을 구하기 어렵다. 때로는 친

---

[5] 애비너시 딕시트, 배리 네일버프, 『전략의 탄생』, 쌤앤파커스

구에게, 때로는 가족에게, 요즘은 인터넷을 활용하여 같은 목적을 가진 사람에게 당근과 채찍의 역할을 맡기기도 하지만 그것도 한계는 있다. 결국은 스스로가 당근과 채찍을 자신에게 주어야 한다. 그것이 바로 자신과의 경쟁에서 활용할 수 있는 두 번째 전략 도구, 자기 규율self-discipline이다.

앞서 모방을 통한 혁신을 얘기했다. 우선 자신이 정한 분야에서 성공한 사람을 선택하여 그 본질적인 성공 요소를 열심히 따라 하면 된다. 이런 경우는 불확실성도 매우 적다. '과거의 나'라고 하는 경쟁 상대는 전혀 움직이지 않으니 불확실성이 거의 없고, 성공한 사람들도 마찬가지이다. 이미 효능이 증명된 방식을 모방하면 되니 이것도 불확실성이 적다. 그저 매일매일 조금씩 더 '잘'하면 된다.

이러한 더 잘하기 전략에서는 무엇이 가장 중요할까? 소위 '팍팍 돌아가는' 머리가 필요한 것이 아니다. 관건이 되는 것은 영리한 머리보다는 오직 자신의 목표의식, 신념, 성실함, 인내 같은 보다 본질적인 가치들이다. 어쩌면 이런 이유 때문에 자신과의 경쟁이 타인과의 경쟁보다 더 어렵다고 했는지도 모른다. 타인과의 경쟁에서는 어쩌다 한 번 정도는 손쉬운 속임수로 이길 수도 있고, 상대의 실수로 이길 수도 있으며, 우연치 않은 외부환경의 변화로 이길 수도 있다. 그러나 자신과의 경쟁에서는 단 한 번이라도 속임수나 실수, 우연 따위로 이길 수가 없다. 그래서 "세상을 다 속여도 자기 자신을 속일 수는 없다."는 말이 있는 것이다. 오직 본질적 가치에 기반한 우직한 실천만이 승리를 보장한다.

나도 현재 열심히 자신과의 경쟁을 하고 있기 때문에 독자들에게 "내 경험에 의하면 이것이 좋더라."라고 할 처지는 아니지만(체중도 못 줄이고 있는 주제이니 더욱 그렇다) 주변 롤모델들을 보면, 자신과의 경쟁에서 가장 중요한 것은 자기규율임을 여러 번 느꼈다.

직장인이라면 누구나 전날 과음으로 인해 숙취가 전혀 해소되지 않았음에도 새벽같이 일어나서 회사에 출근해야 했던 경험들이 있을 것이다. 술이 깨지 않아 머리는 돌아가지 않고, 속은 쓰리고 울렁거리면서도 오전에 해야 할 산더미 같은 서류 작업, 회의 등을 다 해낸, 자신도 믿을 수 없는 취중 잠재력(?)을 확인한 경우가 있을 것이다. 나 역시 마찬가지다. 한창 컨설팅 프로젝트가 많을 때는 전날 마신 술이 다 깨지 않은 상태에서도 프레젠테이션을 멋지게 마무리한 적이 많다.

도대체 그런 취중 잠재력은 어디서 나오는 것일까? 그것은 바로 자기규율 때문이다. 조직이 공식적으로 개인에게 요구하는 외적 규율도 있지만, 조직에 속해 있는 동안 '나로 인해 다른 사람에게 피해를 줄 수 없다'는 내적 규율로 인해 어려운 상황 속에서도 자신에게 주어진 일을 해내려고 하는 동기가 생기게 된다.

조선시대에는 자기규율이 뛰어난 선비들이 많았다. 그중에서도 전남 강진에서 18년간 유배 생활을 하면서 그저 베껴 쓰기만 해도 수십 년은 넉넉히 걸릴 경집經集 232권과 문집 260권을 정리한 다산 정약용이야말로 대표적 인물이라 할 수 있을 것이다. 요즘이야 인터넷을 비롯한 각종 인프라들 덕분에 강진에서도 서울 못지 않게 정보를 수집할 수 있다. 하지만 1801년의 강진은 달랐다. 유배지라 하면 한양이라는 문화와 정치의 중심지와는 단절된 척박한 환경이었다. 원하는 책도 쉽게 구할 수 없는 환경이었다. 그런 곳에서 다산 정약용 선생은 복사뼈에 구멍이 뚫리도록 공부에 매진하였다. 이는 선승禪僧들이 깨달음을 얻고자 홀로 면벽面壁(벽을 마주 대하고 스스로 수련함)을 하는 것과 다르지 않다. 굳은 의지와 신념을 가지고 철저한 자기규율에 의한 관리 없이는 절대 불가능한 일이다.

다산의 자기규율은 강진 유배 생활에서 굳어진 것은 아니다. 어려서부터 아버지에게 교육을 받았고, 또 커서는 정조대왕을 모시면서 철저하게 훈련 받았다. 시도 때도 없이 던지는 정조대왕의 질문에 즉답을 하기 위해서는 늘 공부하고 공부한 것을 기록하여 자료집으로 만들어야 했던 것이다. 이러한 훈련이 있었기에 강진으로 유배된 초기, 폐족이 된 자신의 처지를 비관하고 자포자기하고 싶은 유혹이 만만치 않았을 텐데도 또다시 자기규율을 정하고 18년간 묵묵히 지켜 나갔던 것이다. 그때 당시 집에 있던 두 아들에게 쓴 편지에는 이러한 다산의 신념과 의지가 묻어 있다.

> 이제야 비로소 사람이 궁해진 뒤에야 저서할 수 있다는 것을 알았다. 반드시 지극히 총명한 선비가 몹시 곤궁한 지경을 만나, 온종일 꼼짝 않고 지내면서 사람들의 말소리나 수레바퀴의 시끄러운 소리가 없는 뒤에야 경전과 예법의 정밀한 뜻을 비로소 얻

을 수 있을 뿐이다.⁶

이렇듯 다산은 유배 생활을 참 공부를 할 수 있도록 하늘이 내려준 기회로 생각했다. 참 공부의 명확한 목표, 그리고 체계적인 단계 등을 수립하여 매일매일 자신과의 약속을 지켜나갔다. 다산의 경우는 "남들에게 피해를 줄 수 없다."와 같이 타인과 관련된 것이 자기규율의 동기가 아니었다. 다만 순수한 '참 공부에 대한 열정' 그 자체가 강한 동기가 되어 스스로 규율을 정해 놓고 뜨겁게 자신과 경쟁을 했던 것이다. 퇴로가 없는 궁지에 몰려서도, 하루하루 자신이 정한 목표를 실천하기 위해 스스로 규율을 정해 놓고 묵묵히 지켜나가는 것, 이것이야말로 수행修行이 아니고 무엇이겠는가?

그렇기 때문에 스스로 만든 규율이 없거나 그 규율을 지키지 못하는 사람은 절대 자신과의 경쟁에서 이길 수 없다. 혼자 있어도 다른 이들과 함께 있는 것처럼 규율을 지키지 못하는 사람은 절대 자신과의 경쟁에서 이길 수 없는 것이다. 스스로 규율을 세워 놓고 이를 철저히 지킬 수 있는 사람만이 더 잘하기 전략을 통해 자신과의 경쟁에서 이길 수 있는 것이다. 자신과의 경쟁이 어렵다는 것은 바로 이러한 이유 때문이다.

---

6 정민, 『다산선생 지식경영법』, 김영사, p376

# 의식 수준의 진화,
# 자신과의 경쟁이 지향하는 궁극적 목적

그런데 도대체 이렇게 부지런히 자신과의 경쟁을 하는 궁극적인 목적은 무엇일까? 앞에서 '어제보다 더 나은 내가 되기 위해서'라고 했는데 그것의 진정한 의미는 무엇일까? 살이 좀 더 빠지고, 좀 더 똑똑한 사람이 되면 '어제보다 더 나은 자신'이 되었다고 할 수 있을까?

이쯤에서 우리는 세상에서 가장 오래된 경쟁, 즉 자신과의 경쟁이 궁극적으로 지향하는 바를 다시금 돌아볼 필요가 있을 것 같다. 결국 인간이 자신의 생물적, 문화적 유전자를 극복하고자 하는 궁극적인 목적은 바로 '의식 수준의 진화'이다.

'의식'의 개념에 대해서는 학자들마다 다른 정의를 내리고 있지만 『의식혁명』의 저자 데이비드 호킨스 박사는 의식을 인간 내면에 존재하는 에너지라고 정의한다.[7] 또 저명한 심리학자인 미하이 첵센트미하이는 의식을 보다 구체적으로 정의했다.

> 의식은 신경계라는 매우 복잡한 시스템으로 인해서 존재하며, 유전자의 지시에 의해 만들어진다. 동시에 의식의 기능 방식은 완전히 생물적 프로그램만을 따르지 않는다. 많은 경우에 의식은 스스로의 힘으로 움직인다. 다른 말로 표현하면, 의식은 스스로

---

[7] 데이비드 호킨스, 『의식혁명』, 판미동, p65

가 유전적 지시를 뛰어넘어 독립성을 가지도록 발전되어 왔다.[8]

　이 두 사람의 생각을 정리하면 의식이란 '인간을 생물적, 문화적 유전자에서 독립시킬 수 있는 내면의 에너지' 정도로 해석할 수 있다. 그런데 이 의식에도 '수준'이라는 게 있다. 데이비드 호킨스는 보통 사람들이 이해하기 쉽게 의식의 수준을 감정의 상관물과 비교하여 체계화하였다. 그에 따르면 낮은 의식 수준에서는 수치심, 죄책감, 공포, 분노, 욕망, 자부심 등의 부정적 감정이 사람들을 옥죈다. 모든 외부적 사건은 철저히 부정적 감정에 의해 해석되고, 그에 따라 대응된다. 그런 경험은 누구에게나 있을 것이다. 화가 잔뜩 나 있을 때는 모든 것들이 더욱 화를 돋울 뿐이다.

　이런 상태에서도 논리적 사고라는 것은 가능하다. 논리라는 것은 하나의 법칙이고 프로세스이므로 그 방식대로 진행을 하는 데는 문제가 없다. 하지만 부정적 감정의 통제를 받는 상황에서는 결국 결론이 감정의 영향을 받는다. 두려움과 분노 등의 영향을 받게 되면 비록 논리적인 프로세스를 거친다 해도 최적의 결론에 이르기가 쉽지 않다.

　반면, 높은 의식 수준에서는 주로 용기, 중립, 자발성, 수용 등의 긍정적 감정들이 작동을 한다. 부정적 감정의 지배를 벗어나게 되므로 세상을 긍정적으로 해석하게 되어 처해진 상황에서 최적의 결론을 도출할 가능성이 높아진다.

---

8　미하이 칙센트미하이, 『몰입』, 한울림, p60

그러고 보면 '의식 수준'이라는 것은 마치 선글라스와도 같다. 어떤 색의 선글라스를 쓰고 있느냐에 따라 같은 세상이라도 달라 보이듯 어떤 의식 수준이냐에 따라 같은 세상이 달라질 수 있다. 낮은 의식 수준일 경우에는 세상이 늘 불평불만투성이의 지옥이 될 수 있다. 그러나 높은 의식 수준에서는 같은 세상이 살 만하고 도전할 만한 곳이 되기도 한다.

그러므로 수준 높은 의식은 훌륭한 전략과 함께 인간의 보다 진화된 삶을 위해서는 반드시 필요한 것이다. 인생에는 파도처럼 끊임없이 밀려오는 도전과 기회가 있다. 이런 자극 앞에서 더욱 현명하고 실천적인 반응을 하기 위해서는 의식 수준이 높아야 한다. 낮은 의식 수준에 있는 사람은 비록 훌륭한 전략을 만들 수 있다 하더라도 결국은 '승—패(나 혼자 잘 먹고 잘살려고 하거나)', '패—패(너 죽고 나 죽자는 식의)' 할 수밖에 없다. 낮은 의식 수준을 지배하는 부정적 감정들은 항상 누군가를 패배시키고 남이 패배하는 것에서 저열한 희열을 느끼기 때문이다. 그래서 항상 모두가 행복해지는 결과를 가져오지 못한다.

결과적으로 인간이 살아서 진화할 수 있는 유일한 길은 낡고 부정적인 생물적, 문화적 유전자를 극복하고 자신의 의식 수준을 계속 높여가는 것뿐이다. 의식이 높아지면 높아질수록 사회 통념적으로 지금보다 훨씬 못한 조건에서도 지금보다 훨씬 높은 행복감을 느낄 수 있다. 행복을 위해 '필요한 것'과 '원하는 것'이 극적으로 줄어들기 때문이다. 의식 수준이 높아지면 우리는 알게 된다. 행복은 저 밖에 있는 것이 아니라, 이 안에 있는 것임을. 니즈needs와 원츠wants가 줄어들고, 오직 자신 내부의 깨달음만으로 지고지순한 행복bliss에 도달할 수 있다는 것을 알게 된다. 외부가 아니라 내부에서 행복을 찾은 사람들은 다른 사람들과 '승—승' 하면서 살 수 있다. 그렇기 때문에 우리는 자신과의 경쟁을 통해 궁극적으로 의식 진화를 추구하는 것이다.

## 기본 중의 기본, 자신과의 경쟁

자신과의 경쟁은 인간이 인생에서 처음 만나는 경쟁이자 마지막까지 가는 경쟁이다. 가장 기본이 되는 경쟁이라는 의미이다. 여기서 지면, 다른 경쟁에서 이겨도 별 의미가 없다. 자기 자신을 통제하지 못하는 사람이 전쟁에서 이겨 대제국을 건설한 예는 더러 있다. 하지만 결말은 언제나 비극적이었다. 자신과의 경쟁에서 이겨야 다른 경쟁에서도 이길 확률이 높다. 자신과의 경쟁은 어릴 때부터 훈련을 받으면 좋다. 어릴 때 자신과 경쟁을 경험하지 못한 사람들이 커서 자신과 경쟁하기는 정말 어렵기 때문이다.

그러므로 자신과의 경쟁은 어린 시절 가정에서 어떤 교육을 받느냐가 승패에 많은 영향을 미친다. 부모들이 아이들에게 훌륭한 롤모델이 되면 더 바랄 나위가 없다. 부모가 롤모델이 될 만큼 훌륭하지 않더라도 아이들이 어떤 롤모델을 선택하면 될지 도와줄 수는 있다. 롤모델의 어떤 부분을 모방해야 하는지를 알려 줄 수도 있다. 모방을 실행하기 위한 자기규율도 어려서부터 훈련시켜야 한다. 좋은 습관을 아이들에게 만들어 주는 것이다. 가정교육이 중요한 이유이다. 어릴 때부터 가정에서 롤모델을 설정하고 스스로 규율을 만들어 롤모델을 모방해가는 습관을 기르도록 한다면 자신과의 경쟁에서 유리한 고지를 차지하게 된다. 아이가 좋은 책을 많이 읽기 바란다면, 엄마가 아이에게 책을 많이 읽어 주는 것보다 엄마 스스로 책 읽는 모습을 많이 보여주는 것이 더 효과적이라는 얘기다.

얼마 전 TV 뉴스에서 하루 24시간 중 초등학생들이 아무것도 안 하고 쉴 수 있는 시간이 고등학생의 그것보다 적다는 통계가 나온 적이 있다. 중학교를 대비해 국어, 영어, 수학 등 주요 과목을 선행학습 하느라 밤 늦게까지 학원을 다니기 때문이란다. 많은 부모들이 다른 집 애들이 어떻게 하는지 보고 적어도 다른 집 애들에게 뒤처지지 않기 위해 그들을 따라 하려고 한다. 그러다 보니 모두 한결같이 같은 방향으로 열심히 달리고 있다.

그러나 이제 부모들이 알아야 한다. 아직 시작도 하지 않은 상급학교의 공부를 미리 하느라 여기저기 밤 늦도록 학원에 돌아다니는 것보다, 집에서 스스로 좋은 습관을 들이도록 연습시키는 것이 멀리 보면 훨씬 더 전략적인 조치라는 것을 말이다. 세 살 버릇이 여든까지 간다. 나쁜 버릇뿐만 아니라 좋은 버릇도 마찬가지다.

| 자신과의 경쟁을 위한 도구 ||
|---|---|
| 모방 | 자기규율 |
| 1. 모방 대상을 선택한다 : 겉모습보다 본질적인 요소를 찾아야 한다.<br><br>2. 창조적으로 모방한다 : 마키아벨리적 지능을 통해 롤모델의 상황을 이해하고, 자기에게 필요한 것만을 골라 완전히 자기 것으로 만들 만큼 창조적으로 모방한다.<br><br>3. '더 잘하기 전략'을 실행한다 : 목표를 정해 놓고 현재에서 목표까지의 차이를 도출하고, 이를 메워 나갈 방안을 매일 실행하면서 체크를 해나간다. | – '더 잘하기 전략'을 실행하기 위해 필요한 도구이다.<br><br>– 자신을 속이지 않고, 스스로 한 약속을 지켜나가는 자기 통제 능력이 자기규율이다.<br><br>– 목표에 대한 순수한 열정과 강한 의지력이 필요하다. |

Part II

# 타인과의 경쟁

## Chapter 1
# 남보다 '더 잘하기' 전략 Better Strategy

누군가 자신과의 경쟁만 잘해도 별 걱정이 없다면 그는 참 행복한 경우다. 일신우일신으로도 행복한 삶을 누릴 수 있다면 그것 자체가 축복이라 할 수 있다. 물론 대부분의 사람들이 자신과의 경쟁조차도 버거워 하지만, 냉정하게 말해서 자신과의 경쟁만 하고 다른 경쟁은 하지 않아도 된다면 축복받은 삶인 것은 확실하다. 훌륭한 대학을 수석으로 입학한 학생들이 인터뷰에서 가끔 "공부하는 것이 제일 쉬웠어요."라고 말할 때가 있다. 공부하는 것이 제일 쉽지 않았던 나는 그런 말이 때로는 얄밉기도 하지만 일리가 없지는 않다. 그런 말이 괜히 나왔겠는가? 자신과의 경쟁이 어떤 면에서는 가장 쉬웠다는 의미다.

그러나 현실에서는 자신과의 경쟁에서 승리했다고 끝나는 것이 아니다. 또 다른 경쟁자가 있기 때문이다. 바로 지금 이 순간에 나와 경쟁하는 타인이다. 사람뿐만 아니라 모든 생명체는 살아 있는 매 순간 경쟁 상대가 있다. 수렵·채집 시대를 상상해 보라. 일상에서 항상 치열한 경쟁을 해야 하는 것은 아니지만 특히 삶과 관련한 활동, 즉 사냥, 생식 등을 할 때는 항상 경쟁을 해야 했다. 이 경우 경쟁 상대는 고정적이지 않다. 시간·장소·상황TPO, Time · Place · Occasion에 따라 경쟁 상대가 바뀌기도 하고 동일한 경쟁 상대라도 고정되어 있지 않고 계속 움직인다.

TPO에 따라 경쟁 상대가 바뀌고 또 경쟁 상대는 그의 전략에 따라, 혹은 나의 움직임에 반응하며 계속 움직인다. 이것이 바로 두 번째 경쟁, 즉 타인과의 경쟁이다. 타인과의 경쟁은 자신과의 경쟁에 비해 어렵다. 각 상황에 따라 경쟁 상대가 누구인지 재빨리 인식할 수 있어야 하고 상대의 움직임을 예측해서 대응할 줄 알아야 하기 때문이다. 이렇게 타인의 행동이 자신에게 영향을 미치는 상황을 게임 이론에서는 '게임 상황game situation'이라고 한다. 이런 게임 상황에서는 경쟁의 상대성이 높다. 즉 경쟁자의 움직임이 나에게 많은 영향을 미치고, 나의 움직임도 경쟁자에게 많은 영향을 미친다. 이런 상황에서 자기규율을 지키며 롤모델을 모방하는 방식은 통하지 않는다.

게임 상황을 만들어 내는 타인과의 경쟁에 대해 사람들의 의견은 다양하다. 어떤 사람들은 타인과의 경쟁은 나쁜 것이니 자제하라고 한다. 또 다른 사람들은 타인과의 경쟁이 세상을 발전시키니 장려하라고 한다. 지금도 여전히 인기가 있는 노래 경연 예능 프로그램들을 보면 경쟁도 좋구나 싶다. 청중을 감동시키지 못하면 아무리 유명한 가수도 탈락될 수 있다는 긴장감으로 인해 평소 볼 수 없는 멋진 무대가 만들어지기 때문이다. 그러다가도 취업 경쟁에서 낙오하는 젊은 이들을 보면 경쟁 과열이 젊은 사람들의 미래를 불투명하게 만드는 것 같아 답답하기 이를 데 없다.

이렇듯 '타인과의 경쟁'은 한 가지 얼굴을 가진 존재가 아니다. 경쟁의 방법이나 도구가 상대와 동일한 한 가지로 제한된 경우도 있고, 경쟁의 방법이 여러 가지인 경우도 있다. 그리고 달리기처럼 상대에게 직접 영향을 끼치지 않고 룰에 따라 일방적으로 하는 경쟁이 있는가 하면 전쟁이나 격투기처럼 상대를 직접 제압해야 하는 대결적 경쟁도 있다. 여기서 중요한 것은 경쟁의 유형에 따라 승리를 위한 핵심 요소가 달라진다는 것이다. 그러므로 타인과의 경쟁을 잘하려거든 우선 자기가 하고 있는 경쟁이 어떤 유형인지부터 알아야 한다.

## 100m 달리기와 더 잘하기 전략

경쟁 상대와 동일한 방식, 동일한 무기로 싸워야만 하는 경쟁이 있다. 100미터 달리기 같은 일방경쟁은 게임의 룰 자체가 동일한 방식으로 경쟁하게 되어 있다. 100미터 달리기 시합에 나 혼자 자전거를 타고 참가할 수는 없는 노릇이다. 누군가 달리기를 싫어하고 소질이 없어도 100미터 달리기는 항상 달리기로만 경쟁해야 한다. 다른 선택의 여지가 없다. 달리기가 좋고 잘하는 사람은 덕분에 늘 이길 가능성이 높지만 등산을 좋아하는 나는 다리 근육이 뛰어나도 100미터 경주에서 쉽게 이기기 어렵다. 또한 복싱 같은 대결경쟁도 마찬가지이다. 복싱은 손으로 타격하는 경기다. 발을 써서 찬다거나 넘어뜨려서 관절을 꺾는다거나 마이크 타이슨처럼 상대의 귀를 물어뜯는 것은 아쉽게도 반칙이다. 당신이 레슬링에서는 천하무적이라도 복싱 경기에 나서면 1라운드를 넘기기 전에 케이오 당할 수 있다. 경쟁 방식이 동일한 하나로 고정되어 있기 때문이다.

일방경쟁부터 살펴보자. 100m 달리기와 같은 게임에서는 단지 어제보다 더 빨리 뛰는 것이 중요한 것은 아니다. 현재 경주에 참가한 다른 선수보다 더 빨리 뛰는 것이 중요하다. 어떤 육상선수가 100미터 종목에서 자신의 기량을 높이는 데 꾸준한 노력과 훈련을 집중했다고 하자. 날이 갈수록 기록을 단축하여 10초대의 기록을 만들었다. 국내에서는 자기 자신 외에 이렇다 할 비교상대가 없는 그는 자신의 지난 기록에 대비해 현재 기록이 상승한 것을 경쟁력이 높아진 증거라고 보고 올림픽에 출전하기로 한다. 그러나 올림픽 무대에서 그는 비로소 '타인과의 경쟁'의 근본 원칙과 마주하게 된다. 자신의 기록만큼 다른 선수들의 기록도 중요하다는 원칙이다. 100미터를 10초대에 뛰는 것이 대단하긴 하지만 올림픽에서 우승하기에는 역부족이다. 여러분도 봐서 알 것이다. 여유를 부리면서도 9초 후반대에 들어오는 우사인 볼트의 넉살스런 미소를 말이다. 이런 경쟁 상대와 싸워 이기려면 9초 중반을 뛰어야 한다. 비교의 잣대가 달라진다.

그런데 조금만 유심히 더 들여다보면 100미터 경주의 보다 본질적인 특성을 간파할 수 있다. 비단 100미터뿐만 아니라 모든 기록경기에서 선수들은 경쟁 상대보다 0.001초 먼저 결승점을 통과하기 위해 경쟁한다. 하지만 이런 종류의 경기에서는 경쟁 상대가 다른 선수를 직접적으로 견제하지 못한다. 다시 말해 선수들이 자신의 상대가 최선을 다해 뛰지 못하도록 방해할 수 없다는 것이다. 만약 100미터 경주에서 그렇게 한다면 꼴이 우스울 것이다. 서로 뒷다리를 잡고 뒤엉키는 모습을 상상해보라.

즉 타인과의 일방경쟁은 경쟁 상대가 자신의 기량을 제대로 발휘하지 못하도록 하기보다는 나 스스로 경쟁 상대보다 더 '잘'하려고 하는 게임인 것이다. 결국 자신이 가진 과거 기록을 얼마나 갱신하는지가 관건이 될 수밖에 없다. 하지만 이것이 '자신과의 경쟁'과 다른 이유는 기록을 갱신하는 기준이 '과거의 자신'이 아닌 '현재의 경쟁 상대'라는 것이다. 자신과의 경쟁에서는 롤모델을 설정해서 그를 모방하며 하루하루 과거의 자신보다 더 잘하는 것이 목표인 반면, 타인과의 일방경쟁에서는 현재 게임에서 경쟁 상대보다 조금이라도 더 잘해서 결승점을 먼저 통과하는 것이 목표다.

우리는 살면서 일방경쟁에 많이 노출된다. 학교에서 시험 보고 대학에 진학하고, 또 직장에 취직하는 것 등이 다 이런 일방경쟁이다. 타인과의 경쟁이지만 자신과의 경쟁과 특성이 비슷하다 보니 많은 사람들이 경쟁 상대와 동일한 방식으로 더 잘하려고 하는 더 잘하기 전략으로 경쟁하려 한다. 게임의 룰이, 100미터 달리기처럼 하나의 방식으로만 경쟁하게 되어 있는 경우는 어쩔 수 없지만 굳이 그렇지 않은 경우에도 남들과 동일한 방식으로 경쟁하려는 경향이 강하다. 학교에서도 남들이 집중하는 국·영·수와 같이 몇 가지 핵심 과목을 비슷한 학원에서 공부하고, 비슷한 역량을 열심히 갈고닦고 비슷한 스펙을 쌓아 대기업에 도전한다. 그것은 입시나 취업의 룰이 그렇게 정해져 있기 때문이라고 항변할 수도 있지만 자세히 들여다보면 게임의 룰은 그렇게 고정되어 있지만은 않다.

그럼에도 남들과 동일한 방식으로 경쟁하려는 현상이 생기는 것은 남들과 동일한 방식으로 경쟁하는 것이 그렇지 않은 경우보다 불확실성이 낮기 때문이다. 많은 사람들이 택한 것과 동일한 방식이기 때문에 성공과 실패의 사례가 많다. 어떻게 하면 성공하고 어떻게 하면 실패하는지 알기도 쉽다. 그러니 쉽게 그 방법을 택하게 된다. 별다른 고민 없이 말이다. 등산을 할 때도 작은 오솔길보다는 사람들이 많이 다닌 등산로가 더 안전한 것과 같은 이치이다.

그래서 많은 경우 사람들은 타인과의 일방경쟁에서도 자신과의 경쟁에서처럼 동일한 방식으로 더 잘하기 전략을 활용한다. 그러나 경쟁 상대가 자신이든 타인이든, 동일한 방식으로 상대보다 더 잘하기 위해 노력한다는 메카니즘은 같다. 상대가 하는 것을 보고 똑같은 것을 상대보다 더 잘하면 된다. 그래서 더 잘하기 전략은 머리를 많이 쓸 필요가 없다. 깊게 고민하지 않고도 할 수 있는 전략이기 때문에 많은 사람들이 선택하게 되는 것이다. 요즘 우리나라 학부모들의 교육 방식도 그런 식이다. 거의 무의식 중에 남들이 좋다고 하는 것, 다른 경쟁자들이 이미 하고 있는 것이라면 빚을 내서라도 무조건 아이들에게 시키려고 한다.

이러한 더 잘하기 전략은 상대보다 더 많이 하거나, 더 빨리 하거나, 더 싸게 하거나 등의 방법이 중요할 뿐이다. 얼마나 효율성을 높이느냐가 관건이라는 의미다. 투입 대비 산출을 더 크게 하거나 산출 대비 투입을 적게 하거나 또는 투입도 적게 하면서 산출은 많이 만들어 내거나, 셋 중 하나를 해내면 된다. 그러나 그러면 그럴수록 이상하게도 승리는 점점 더 멀어진다. 그렇게들 죽기 살기로 열심히들 하는데 왜 승리는 더 멀어지는 것일까?

모두들 이기는 방법을 너무 잘 아는데다가 실행하기도 어렵지 않기 때문이다. 동일한 방식으로 하는 일방경쟁에서는 상대보다 조금만 더 잘해도 승리할 수 있다. 조금만 더 잘해서 경쟁 상대보다 먼저 커트라인을 통과하면 되기 때문에 다들 상대보다 조금만 더 잘하려고 최선의 노력을 다한다. 조금만 더 잘하는 것은 그리 어려워 보이지 않는다. 그러나 상대도 똑같이 동일한 것을 죽기 살기로 노력하기 때문에 평균 실력의 설대수준은 나날이 높아지고, 그래시 시간이 갈수록 그 '조금만' 더 잘하기가 점점 어려워지기만 한다.

## 폭풍구보와 붉은 여왕의 쳇바퀴

100미터 달리기와 달리 생존과 발전을 위해 현실 세계에서 벌어지는 일방경쟁은 결승점이 없는 경우가 많다. 100미터 경기는 100미터만 뛰면 끝난다. 그러나 개인의 삶에서 벌어지는 각종 경쟁은 결승점이 아예 없거나, 있어도 일회성 경기가 아니라 끊임없이 반복되는 경우가 많다. 그러다 보니 '군비확장게임'과 같은 상황도 벌어진다. 20세기 중반, 소위 냉전시대에는 이런 군비확장게임이 흔했다. 소위 '슈퍼 파워'라고 하는 두 개의 초강대국, 미국과 소련이 서로 대립하고 으르렁거리던 시절, 한 나라가 핵무기를 한 기 더 만들어 내면 다른 나라는 힘의 균형을 맞추기 위해서라도 어쩔 수 없이 핵무기를 한 기, 아니 두 기 더 만들어야 하는 그런 게임이다.

나도 개인적으로 군비확장게임을 경험한 적이 있다. 내가 군대에서 받은 얼차려 중에 '폭풍구보'라는 것이 있었다. 잘 알다시피 군대에서는 개인이 잘못해도 연대 책임을 진다. 팀워크를 키우는 좋은 방법이다. 소대원 중 한 명이 실수하면 전 소대원을 완전 군장으로 연병장에 집합시킨 후 소대를 둘로 나누어 연병장의 양 끝에 세운다. 그리고 서로 같은 방향으로 구보를 시킨다. 한 쪽이 다른 한 쪽을 따라 잡으면 얼차려에서 해방되는 것이다. 하지만 따라잡힌 쪽은 밤새 더 무시무시한 얼차려에 시달려야 한다.

서로 약속을 하고 슬슬 뛰면 되지 않느냐고? 군대란 조직이 그러한 태업을 가만히 지켜볼 만큼 배려심이 많지 않다. 일정 수준 이상의 속도를 내야만이 폭풍구보는 성립한다. 그러다 보면 한 쪽이 다른 한 쪽을 따라잡기 위해 속도를 더 내기도 한다. 그러면 다른 쪽은 어쩔 수 없이 또 속도를 올려야 한다. 양쪽이 합의해서 속도를 조절하지 못하게 되므로 속도는 점점 올라간다. 게다가 한 번 올라간 속도는 웬만해서 잘 내려오지 않는다. 숨이 턱에 차고 눈앞이 가물가물해지도록 우리는 서로의 뒤꽁무니만 보고 뛰어야 했다.

이 폭풍구보는 경쟁 방식이 구보 말고는 없다. 나나 경쟁 상대나 모두 동일한 방법으로만 경쟁해야 한다. 또한 일방경쟁이기는 하지만 결승점을 통과하면 끝나는 것이 아니라 오직 상대를 추월해야만 끝나는 게임이다. 이런 경우에 한 쪽의 소대원들이 모두 육상선수 출신이 아닌 이상 상대를 추월하기란 불가능하다. 한 쪽의 소대원들이 평균적으로 다른 쪽 소대원들보다 달리기가 빠르다 해도 그것이 압도적이지 않는 한, 이기기도 어렵지만 이겨도 별 소득이 없다. 이미 진을 다 빼고 난 후에야 이길 수 있을 테니 말이다. 그리고 보니 한 번도 폭풍구보에서 한 쪽이 다른 쪽을 추월한 적은 없는 것 같다. 결국 탈진할 때까지 뛰었던 기억만 있다. 그럴 때면 항상 '폭풍구보…… 참, 이름 한 번 잘 지었다.'라고 속으로 생각했던 기억이 있다.

이 폭풍구보 추억은 의외의 교훈을 준다. 폭풍구보처럼 동일한 경쟁방법으로 상대를 추월해야만 이길 수 있는 일방경쟁에서는 상대보다 압도적이지 않다면 더 잘하기 전략은 별 소득이 없다는 것이다. 아니 이런 경우에는 모두 패할 수밖에 없다. 서로 더 잘하려고 하는데 모두 패배하는 기이한 현상이 벌어지는 것이다.

이러한 현상을 '레드퀸 효과Red Queen Effect'라고 부른다. 레드퀸은『이상한 나라의 앨리스』의 저자 루이스 캐럴의 『거울나라의 앨리스』라는 후속 소설에 등장하는 인물이다. 이 소설에서 붉은 여왕은 앨리스의 손을 잡고 숲 속으로 달린다. 하지만 앨리스는 한 발짝도 앞으로 나아가지 못하는 자신을 발견한다. 이유를 묻자, 붉은 여왕은 다음과 같이 대답했다.

"(거울 속에 비친 것처럼 모든 것이 반대로 가는 거울 나라에선) 단지 제자리에 머물기 위해서 쉼 없이 뛰어야 해. 그리고 만약 앞으로 나아가고 싶다면 최소한 두 배는 더 열심히 뛰어야 한단다."

마치 러닝 머신 위를 뛰는 것 같은 이 장면은 오늘날 기업이나 개인 간의 쫓고 쫓기는 경쟁 상황을 비유하는 데 곧잘 쓰인다.

경제학에도 비슷한 개념이 있다. 바로 '쾌락의 쳇바퀴hedonic treadmill'다. 1970년대 필립 브리크먼과 도널드 캠벨이 처음 사용한 개념이다. 쾌락의 크기를 비슷하게 유지하려면 이전보다 더 강한 자극이 있어야만 하는 인간의 특징을 빗댄 말이다. 여러분도 경험을 해 봤겠지만 연봉이 올라도 잠시 즐거울 뿐, 쾌락의 수준은 다시 내려간다. 오른 연봉이 이제는 당연한 것이 되기 때문이다. 최초 연봉이 올랐을 때 느꼈던 수준의 쾌락을 느끼려면 오른 연봉의 40퍼센트 이상이 또 올라야 한다는 실험결과가 있다. 세상에 그런 직장이 있으면 얼마나 좋을까?

결국 결코 도달하지 못할 목표를 향한 끝나지 않는 '폭풍구보'를 의미하는 것이 바로 쾌락의 쳇바퀴다. '사람의 욕심은 끝이 없다'는 말을 자주 쓰는데 바로 그 점을 경제학적 관점에서 증명한 것이다.

레드퀸과 쾌락의 쳇바퀴가 만나면 재미있는 현상이 발생한다. 레드퀸은 조롱하듯 미소를 지으며 쾌락의 쳇바퀴를 돌리고 있다. 그 쳇바퀴 속에는 멋있는 양복을 뽑아 입은 사람들이 열심히 뛰고 있다. 그뿐만 아니다. 앳된 얼굴의 학생들도 학부모와 함께 열심히 뛰고 있다. 열심히 뛰어도 만족스럽지 않을뿐더러, 한시라도 뛰지 않으면 쓰러져 낙오하고 마는 상황 속에 빠져 있는 것이다. 더구나 자신이 왜 이러고 있는지에 대해서도 명확히 알지 못한 채 말이다. 재미있는 현상이 아닐 수 없다.

이런 상상을 하자니 갑자기 '헬조선'이 생각났다. 인터넷 위키 백과사전을 찾아보니 헬조선에 대해 다음과 같이 설명하고 있다.

> 헬조선(Hell朝鮮)은 2010년대 들어 유명해진 대한민국의 인터넷 신조어이다. 헬(Hell : 지옥)과 조선의 합성어로 '한국이 지옥에 가깝고 전혀 희망이 없는 사회'라는 의미이다. 또한 '한국이 지옥과 비견될 정도로 살기 나쁜 나라'라는 의미도 있다.

많은 사람들이 사회구조적 환경의 불공정함으로 인해 좌절을 느끼고 사회구조를 혁신하고자 고군분투하고 있다. 그런데 사회구조만 바꾸면 헬조선은 사라지고 헤븐조선이 만들어질까? 공정한 사회를 만드는 것은 어떤 경우에도 필요하지만 그것은 필요조건일 뿐이다. 사회구조가 공정하게 바뀌더라도 사람들이 여전히 남들 하는 대로 똑같이 따라 하는 '더 잘하기 전략'에만 매몰된다면, 각각의 개인들은 레드퀸의 쳇바퀴 속에서 끊임없이 '폭풍구보' 해야 하는 헬조선에 살 수밖에 없을 것이다.

## 몸으로 싸우는 더 잘하기 전략

상대와 동일한 방식으로 싸워야 하는 경쟁에는 일방경쟁 외에 대결경쟁도 있다. 대결경쟁은 경쟁 상대 간에 직접적인 견제가 가능하다. 즉 자신의 목적을 달성하기 위해 상대를 방해할 수도 있다. 심지어 상대를 쓰러뜨려야만 자신의 목적이 달성되는 경우도 있다. 기한도 심판도 없이 한 명이 쓰러지거나 포기할 때까지 동일한 방식으로 싸워야 한다면, 여기서도 아주 약간 잘하는 것으로는 이기기 어렵다. 아니, 이길 수는 있겠지만 '폭풍구보'의 경우처럼 이겨도 별 이득이 없다. 자신도 엄청난 희생을 치른 후일 테니까 말이다.

인류 역사상 가장 오래되고 또 거친 대결경쟁은 역시 전쟁일 것이다. 그래서 전쟁의 역사를 살펴 보면 전략에 대한 많은 성공과 실패의 사례들을 볼 수 있다. 인간 역사의 가장 어둡고 잔인한 부분에서 우리 인생에 도움이 될 전략의 사례를 찾아본다는 것이 아이러니하기는 하다. 그러나 어쩌면 값비싼 비용을 지불하고 얻은 교훈이니만큼 더욱 열심히 찾아보고, 더 나아가 각자의 삶에서 유용하게 활용(물론 도덕적이고 합법적으로)하도록 노력하는 것이 오히려 당연한 것인지도 모르겠다.

제1차 세계대전 중에는 대결경쟁에서 더 잘하기 전략의 한계를 극명하게 보여주는 사례가 많다. 제1차 세계대전은 참호전으로 유명하다. 아니 악명 높다고 해야 할 것이다. 1915년, 유럽의 서부전선이나 동부전선 할 것 없이 모두 참호, 철조망, 기관총으로 무장된 전선이 국경의 끝에서 끝까지 펼쳐져 있었다. 사정이 이러하자 지상에서 벌일 수 있는 전투의 방법은 대대적인 정면공격 아니면 한 지점을 정해 돌파하는 방법밖에 없었다. 즉 경쟁할 수 있는 방법이 다양하지 않았다.

그중에서도 가장 비참했던 전투는 프랑스와 독일의 베르됭 전투였다. 제1차 세계대전 당시 독일군과 프랑스군은 거의 2년간 참호전의 양상으로 교착 상태를 지속하고 있었다. 이를 극복하기 위해 1916년 2월부터 베르됭에서 독일군은 프랑스군을 단번에 압도할 수 있는 대규모 공격을 계획했다. 그러나 프랑스는 독일이 대대적인 공세를 펼칠 것을 알고 있었고, 공세가 어떻게 펼쳐질 것이란 것도 빤히 알고 있었다. 참호전이란 규모의 차이는 있지만 늘 동일한 방식으로 이루어지는 것이니까 말이나.

1,400문의 대포가 9시간 동안 일제히 불을 뿜는다. 프랑스군의 참호는 거의 쑥대밭이 된다. 곧이어 수십만의 독일군 병사들이 무려 10킬로미터나 되는 긴 전선을 따라 돌진한다. 프랑스군은 적의 공세에 밀려 후방으로 흩어졌고, 독일군은 프랑스군의 전선을 돌파하기 위해

쓰나미처럼 프랑스 진영을 삼키기 시작했다.

그러나 여기서 끝이 아니다. 이미 적의 파상 공세를 예상했던 프랑스가 비장의 무기를 준비해 두었던 터이다. 후방에서 사태를 지켜보던 프랑스군 예비 부대가 역습을 가하여 쓰나미 같던 적의 기세를 한풀 꺾어버렸던 것이다. 이제부터 지루한 소모전이다. 9개월 동안 쌍방은 똑같은 방식으로 밀고 밀리는 공방전을 되풀이하였다.

1916년 12월, 마침내 10개월간의 전투가 일단락되었을 때, 양쪽 군대는 그들이 전투를 시작했던 곳으로 되돌아가 있었다. 이미 프랑스는 50만 명 이상이 전사했고 독일도 44만 명 가량 전사했다. 백만 명이나 되는 젊은 병사들이 아무런 소득도 없이 죽어 간 것이다. 이것이 바로 대결경쟁에서 동일한 방식으로 인한 더 잘하기 전략의 한계를 극명하게 보여주는 역사상 가장 대표적인 사례다.

그러면 더 잘하기 전략은 전쟁과 같이 대결성이 최고에 달하는 경쟁에서는 무용지물, 혹은 베르됭 전투처럼 쌍방에게 해악을 끼치는 전략이란 말인가?

1991년 이라크군이 쿠웨이트를 기습하여 점령했던 사건을 기억할 것이다. 이에 미국을 비롯한 연합군이 소위 '사막의 폭풍 작전'을 전개하여 쿠웨이트를 다시 찾은 제1차 이라크 전쟁이 벌어지게 된다. 이 사막의 폭풍 작전이 바로 압도적인 전력을 가진 쪽이 더 잘하기 전략을 통해 상대를 제압한 좋은 사례다.

미군을 비롯한 연합군은 레이저 유도에 의한 정확한 공중폭격으로

이라크군의 지휘 체계를 무너뜨리고 통제권을 장악했다. 또한 수백 대의 이라크군 탱크와 야포를 파괴하여 이라크군이 더 이상 효과적인 방어나 역습을 할 수 없게 만들었다. '사막의 기병'으로 불리던 연합군의 지상 총공격은 104시간 만에 끝났다. 이 작전에서 연합군의 사상자는 200명이 채 안 된 반면, 이라크 군은 5만 명 이상이었다.

주요시설을 폭격한 후, 지상으로 진입한 작전은 앞서 살펴본 참호전의 선 포격, 후 돌파와 크게 다를 바 없다. 이라크군은 연합군이 어떻게 공격할 것인지 알았지만 힘의 격차가 너무 커서 대응할 방법이 없었다. 폭격기가 그렇게 정밀하게 목표물을 파괴할지 몰랐을 것이고, 연합군의 자원이 그렇게 풍부할 줄 예상 못했을 것이다. 결국 상상을 초월하는 무기 체계의 우월성이 승패를 갈랐다. 마치 대학생과 초등학생이 싸우는 것이나 다를 바 없었던 것이다. 이렇게 상대보다 압도적일 경우에는 대결경쟁에서도 더 잘하기 전략이 가능하다.

하지만 가만히 세상을 둘러보라. 그렇게 압도적인 힘의 격차가 있는 상황에서 벌어지는 경쟁이 얼마나 되겠는가? 서로 수준이 점점 평준화되어 가는 오늘날에는 그런 경쟁을 찾기가 어렵다. 그리고 후세인과 같은 무모한 사람들이나 판단을 잘못하여 그런 경쟁을 하지, 보통의 상식을 갖춘 사람들이라면 자신이 압도적으로 불리한 상황에서는 절대 경쟁하려 들지 않는다.

그럼에도 불구하고 '더 잘하기 전략'은 인류의 역사 초기부터 전쟁에서 자주 활용되었다. 고대 전쟁에서는 싸우는 시간, 장소, 방법이

거의 대동소이했다. 고대에는 무기 체계에서도 그다지 차이가 나지 않는 데다가 싸우는 공간도 평야처럼 서로 싸우기 좋은 공간을 선호했다. 심지어 싸우는 시기도 농번기나 겨울은 피했다고 한다. 시오노 나나미의 『로마인 이야기』를 보면 로마와 카르타고가 전쟁을 하다가 겨울이 오면 서로 협약을 하고 전쟁을 잠시 멈추었다고 한다. 전쟁이란 것이 어차피 죽고 죽이는 격렬한 다툼이기는 하지만 그것도 날씨 좋을 때나 하는 것이지 추운 겨울에는 서로 싸우기 힘드니 잠시 쉬었던 것이다. 다시 말해서 날씨도 좋고 싸우기도 편한 널찍한 장소에서 군대끼리 정면으로 부딪혀 다투는 것을 전쟁이라 여겼다. 그러다 보니 병사의 수가 더 많거나 아니면 더 열심히 싸우거나 하는 것이 승리의 핵심요소가 되었다. 다시 말해 초기 전쟁에서 활용된 대부분의 전략이 동일한 것을 더 잘하려고 하는 더 잘하기 전략이었음을 의미한다.

게다가 고대 전투는 병사 개개인의 입장에서 보면 항상 뒤와 양 측면이 치명적인 위험에 노출되어 있는 상황이었다. 그렇기 때문에 앞에 있는 적군과 열심히 싸우고 있는데 갑자기 등 뒤나 양옆에서 다른 적군이 불쑥 나타날 수 있는 리스크를 안고 싸울 수밖에 없었다. 이런 이유로, 고대 장군들은 자신의 군대를 빈틈없고 결속력 있는 밀집대형으로 이끌고자 하였다. 그래야만 병사들은 양쪽에 있는 동료들이 후퇴하거나 자신을 혼자 두고 떠나지 않을 것이라 믿을 수 있고 그래서 더욱 용감하게 싸워 개인의 전투력을 극대화할 수 있기 때문이었다. 이것이 고대 전쟁의 성공요소인 '진형과 규율'이다. 병사들이 뭉쳐서 진형을 이루고 정해진 규율에 따라 진형을 이탈하지 않도록 해야 승리의 가능성이 최대한 올라가기 때문이다. 이런 방식은 전쟁에 임하는 모두에게 동일하게 적용되었다. 무기를 비롯하여 전쟁에 활용하는 자원이 대동소이하다 보니 전략도 큰 차이가 없었고 결국은 숫자와 양이 큰 쪽이 유리한 것이다. 하지만 이렇게 역사가 깊은 '더 잘하기 전략'은 1차 세계대전의 사례에서 보았듯이 서로의 역량과 자원이 비슷하면 '소모전'이라는 블랙홀로 빨려 들어가게 된다. 대부분 역량이 비슷한 상대끼리 '밑 빠진 독에 물 붓기'식의 소모전을 벌일 때는 자원을 많이 가진 쪽이 이길 확률이 높다. 이런 상황에서는 교전이 벌어질 때마다 양측이 거의 똑같은 양의 자원을 잃기 때문에, 결국은 손실된 자원을 오랫동안 보충할 수 있는 쪽이 승리하게 될 것이다. 하지만 그렇게 해서 이긴들 무슨 소용이 있을까? 100명과 100명이 싸워서 상대편 100명을 다 제압했다. 그런데 우리 편도 99명이나 전사했다. 그래서 살아남은 1명은 승리를 만끽할 수 있을까?

## Chapter 2
# 남과 '다르게 하기' 전략 Different Strategy

일방경쟁이든 대결경쟁이든 경쟁의 방법이 하나 이상이고 서로 다른 무기를 선택할 수 있으면 상황은 훨씬 나아진다. 상대와 자신을 차별화시킴으로써 다양한 전략적 접근이 가능하기 때문이다. 하루 안에 서울에서 부산까지 가장 재미있게 가는 일방경쟁을 생각해보자. 경쟁의 사전적 의미가 '같은 목적에 대하여 이기거나 앞서려고 서로 겨룸'이니까 가장 재미있게 가려고 서로 겨루는 것도 경쟁은 경쟁이다. 하루라는 시간 동안 참가자 각자가 가장 재미있게 가는 방법은 수천 가지일 것이다. 반드시 럭셔리한 리무진 자가용을 타고 가는 것만이 가장 재미있는 것은 아니다. 무궁화호 열차를 타고 갈 수도 있고, 배낭 하나 둘러메고 걸어서 갈 수도 있다. 즉 경쟁의 도구가 다양하기 때문에 차별화가 가능하다. 참가자 모두가 승리할 수 있는 경쟁인 것이다.

종합격투기나 축구 등의 대결경쟁에서도 마찬가지다. 다양한 전략으로 상대와 경쟁할 수 있다. 같은 대결경쟁이라도 손을 이용한 타격 기술만 사용해야 되는 복싱과 달리 종합격투기는 반드시 상대와 동일한 기술로 경쟁해야 하는 것은 아니다. 물론 게임의 룰은 있다. 그러나 룰이 허용하는 범위에서는 다양한 기술을 사용할 수 있다. 복싱을 잘하는 사람은 복싱 기술을 중심으로 싸울 수 있고, 레슬링을 잘하는 사람은 레슬링 중심의 기술로 싸울 수 있다. 자신이 잘하는 다른 방법으로 경쟁할 수 있기 때문에 수준이 비슷한 선수들의 경우에는 한 번 패배해도 다음 번에는 자신에게 맞는 전략을 갖추어 이길 수 있는 가능성이 있다.

## 머리로 싸우는, 다르게 하기 전략

경쟁의 방식이 다양하면 경쟁자와 전혀 다른 방식으로 경쟁하는 다르게 하기 전략을 쓸 수 있다. 그리고 이러한 다르게 하기 전략은 경제적 승리를 가능케 한다. 즉 우리 편의 피해를 최소화한 승리, 더 나아가서는 상대편의 피해도 최소화하면서 승리할 수 있다면 그것이 경제적 승리이자 최고의 승리이다. 손자孫子도 '싸우지 않고 이기는 것이 최상의 용병'이라고 말하지 않았던가.

전쟁의 역사에서 다르게 하기 전략을 가장 완전하고 비길 데 없이 실천하여 경제적 승리를 이끌어 낸 영웅은 바로 '전쟁의 신', 나폴레옹

일 것이다. 나폴레옹은 적어도 서양에서는 아직까지 역사상 가장 뛰어난 군사 전략가로 평가 받고 있다. 그는 항상 전쟁을 벌이기 전에 며칠씩 고심하며 주요 전투들을 기획하여 자신의 의도대로 전투를 이끌고 가는 주도면밀함을 보였다. 나폴레옹은 보통 전쟁을 기획할 때, 사나흘씩 혼자서 큰 방의 바닥 위에 지도를 깔고 엎드려 색깔을 입힌 핀을 이리저리 움직였다. 그리고 최종 결론을 내렸다. 몇몇 예외적인 것(러시아 침공이나 워털루 전투처럼 치명적인 것이기는 하지만) 말고는 놀랍게도 대부분의 전쟁을 자신이 기획했던 대로 진행할 수 있었다. 나폴레옹의 초인적인 선견지명은 컴퓨터처럼 정교한 두뇌가 계산을 통해 얻어낸 산물이다. 그는 사전에 전쟁을 기획했다고 해서 실제 전투에서 늘 자신의 계획대로 모든 것이 맞아떨어질 것이라 기대하지 않았다. 그래서 적이 택할 수 있는 모든 대안들을 생각한 뒤에, 우연성이 개입해서 초래될 효과까지 철저히 고려하여 각각의 사태에 대해 자신의 군대가 어떻게 대응해야 할지 거시적 차원의 원칙을 세웠고 실제 전투에서의 미시적 결정은 부하 장군들에게 철저히 위임하였다.

프랑스 혁명의 혼란기에 혜성처럼 나타난 코르시카 섬 출신의 신출내기가 잇따라 오스트리아군을 격파하고 스스로 프랑스 황제의 자리에 오르자 유럽은 긴장하기 시작했다. 당시 오스트리아 군대의 실세였던 카를 마크 장군은 영국, 러시아 등과 동맹을 맺고 1805년 4월 나폴레옹을 공격하기 위해 연합군을 결성한다. 그해 여름 마크 장군은 그동안 나폴레옹에게 빼앗긴 모든 영토를 회복하기 위해 전쟁을 계획한다. 나폴레옹보다 월등히 많은 병력을 동원하여 힘의 우세함으로 나폴레옹을 격파하겠다는 내용이었다. 힘의 우세에 기반하는 전쟁을 수행하기 위해 오스트리아, 영국, 러시아에서 동원된 병력은 총 50만 수준이었다. 당시까지 유럽에서 그 정도의 병력이 소집된 것은 전무후무한 일이었다. 나폴레옹 군대의 두 배 정도 수준이었기에 제아무리 '전쟁의 신'이라 불리는 나폴레옹이라 할지라도 두 배 많은 병력이 사방에서 공격을 해온다면 운명은 이미 결정 난 것이나 마찬가지이지 않겠는가. 마크 장군은 인과관계에 따른 치밀한 논리와 명확한 예측을 통한 '더 잘하기 전략'으로 전쟁에 임했다.

그러나 나폴레옹은 너무나도 변칙적이었다. 마크 장군의 예측과 전혀 다른 행동을 서슴없이 저질렀다. 이로 인해 마크 장군이 세운 치밀한 전략이 안개처럼 불투명해지기 시작했다. 이러한 안개 속에서는 그의 장점인 선형적이고 논리적인 사고 능력이 전혀 발휘될 수 없었다. 노련한 나폴레옹은 그 점을 노린 것이다. 나폴레옹은 마크 장군의 직선처럼 단순한 사고 패턴을 꿰뚫고 있었다. 원인과 결과가 명확하게 설명되는 논리적 세계에서는 마크 장군의 능력이 발휘된다. 그러나 새벽 안개와 같이 뿌연 불확실성 앞에서 마크 장군의 사고는 무력해지고 만다는 것을 직관적으로 알고 있었기에 항상 그의 예상과 어긋나도록 군대를 움직였던 것이다.

마크 장군의 정찰대에서 어떤 병사는 프랑스 군대가 울름 북서쪽 지역에 있다고 보고하고, 다른 병사는 동쪽에 있다고 보고하고, 또 다른 병사는 그보다 훨씬 더 북쪽에 있다고 보고하는 등 앞뒤가 맞지 않는 보고가 시시각각 올라왔다. 나폴레옹의 부대가 무슨 홍길동도 아니고 어떻게 그 많은 군사들이 '동에 번쩍, 서에 번쩍' 할 수 있단 말인가. 이쯤 되자 그동안 드넓은 평야에서 정정당당한 전면전에 익숙하던 마크 장군은 사고의 정지 수준에 이르고 만다.

그러나 이 모든 것은 천재적 전략가인 나폴레옹이 의도한 바 그대로였다. 이렇게 되자 마크 장군은 어느 곳을 가든지 뚫고 지나가기 어려운 대규모의 군대를 만날 수밖에 없었다. 마크 장군이 이러지도 저러지도 못하는 딜레마에 빠져 있는 동안 나폴레옹의 프랑스 군대는 증원되어 포위를 점점 좁혀왔다. 연합군의 주축인 오스트리아군이 힘도 한번 써보지 못하고 나폴레옹에게 완전히 포위된 사실을 알게 된 러시아가 지원군을 보내지 않기로 결정하자, 마크 장군은 거의 패닉 상태에 빠지고 말았다. 결국 6만 명이 넘는 오스트리아의 용맹한 군대가 총 한 번 제대로 쏘아 보지 못하고 항복을 할 수밖에 없었다. 전쟁사에서 보기 드문 '경제적 승리'가 연출된 그 유명한 울름 전투의 결말이었던 것이다.

이것이 바로 다르게 하기 전략이다. 여기서 '다르게 하기'란 적과 다른 방법으로, 또는 적의 예상과 다르게 전략을 실행한다는 의미다. 이를 위해서는 적의 사유思惟의 빈틈을 움켜쥘 수 있어야 한다. 나폴레옹은 이 빈틈을 노려 적과는 전혀 다른 방법으로 전략을 수립하고 실행했던 것이다. 만약 우리 편의 행동이 적의 예상 안에서 벗어나지 못한다면, 그 어떤 경우에도 적의 견제에서 자유로울 수 없다. 적의 예상에서 벗어나려면 일반적인 규칙, 틀, 상식을 뛰어넘거나 벗어나야 하며, 이를 통해 적의 허를 치고 승리를 쟁취할 수 있는 것이다. 그것도 경제적인 승리를 말이다.

## 직접접근 대 간접접근

앞서 얘기한 고대 전쟁에서의 전략은 어떤 상황에 처하더라도 '진형과 규율'을 지키면서 최선을 다해 싸우는 것이다. 그래서 아군이나 적군이나 전략이 대동소이大同小異하다. 그러나 나폴레옹은 그런 전략의 개념을 뿌리째 흔들어 놓았다. '상대적으로 적군을 압도하는 우위를 창출할 수 있는 결정적인 상황을 조성하는 역량'으로 전략을 진화시킨 것이다. 주어진 상황에 수동적으로 최선을 다하는 것이 아니라 내가 원하는 상황을 능동적으로 조성한다는 개념이다.

영국의 바실 리델하트라는 군사상가는 이렇게 진화된 전략의 개념을 '간접접근indirect approach'이라고 표현하였다. 그는 과거 2500년간 서구 유럽에서 발생한 주요 전쟁과 전투를 연구해서 1950년경 출간한 『전략론』에서 '근본적으로 전략의 역사는 간접접근의 적용과 발전의 기록'이라고 주장하였다. 반면, '직접접근direct approach'은 군대 간의 직접적인 충돌과 정면 공격을 의미한다.

직접접근을 통해 승리하려면 상대보다 우월한 병력, 화력이 필요하다. 대량의 인원, 병기, 물자를 투입하여 공격 대상을 정확히 포착하고 반복공격, 지속적 보급 등이 성공의 관건이 된다. 병력이나 무기 등이 압도적으로 우월하면 미국과 이라크 전쟁에서처럼 전투의 불확실성을 줄이고 예측 가능성을 높일 수 있다. 그러나 역량이 압도적이지 못할 경우, 상대의 저항이 크면 클수록 쌍방의 희생도 커지고 투입 비용도 그만큼 커지게 된다. 동일한 방법으로 싸우는 더 잘하기 전략과 비슷한 개념이다.

이에 반해 간접접근은 상대의 군사력 그 자체를 괴멸시키는 것이 아니라, 어떤 수단에 의해 상대가 군사력을 발휘하지 못하도록 하는 것을 목적으로 한다. 구체적으로는 지휘 계통이나 병참시스템의 파괴, 혹은 정보시스템이나 네트워크에 대한 공격이 대표적인 예이다. 즉 상대의 약점을 공격한다는 것이다. 그러기 위해서는 상대의 강점과 약점을 정확하게 인식하는 것이 전제가 된다. 그런 뒤에 상대의 의표를 찌르는 기습공격, 재빠른 기동작전이 결정타가 된다. 이러한 간접접근은 상대와 다르게 싸운다는 '다르게 하기' 전략과 흡사한 개념이다.

직접접근과 간접접근, 즉 더 잘하기와 다르게 하기 사이의 선택은 무엇을 의미하는 것일까. 전자는 물리적 역량의 우위가 전제가 되고, 후자는 지혜나 혁신적인 아이디어가 필수적이다.

리델하트는 『전략론』에서 이 두 전략 접근법 중 간접접근이 더 우등한 전략의 형태라고 강조하고 있다.

> 역사상 직접접근에 의해 결정적인 승리를 획득한 사례가 적은

반면, 간접접근에 의한 동일한 사례의 비율이 높다는 것은 간접접근이 가장 희망적이고 경제적인 형태의 전략이라는 결론을 강력하게 뒷받침하고 있다. (중략) 자연적, 인공적으로 구축된 강력한 진지를 점령한 적을 상대로 언제나 성공적인 결과를 도출한 지휘관은 절대로 적을 직접 공격하지 않았다. 가장 효과적인 간접접근은 적의 심리상태를 혼란시키고, 이를 통해 잘못된 기동을 하도록 유인하여, 유도에서처럼 자신의 노력이 자신을 전복시키는 지렛대가 되도록 만드는 것이다.[9]

동양의 전쟁사에서는 서양보다 훨씬 먼저 이러한 간접접근과 유사한 개념이 발견되었다. 손자孫子는 "전쟁에서는 유리한 위치를 선점하기 위해 적과 경쟁하는 것만큼 어려운 일은 없다. 전쟁의 어려움은 우회하는 것으로 종국에는 직행하는 결과를 만들고, 일견 곤란해 보이는 상황을 바꾸어 종국에는 이로움이 되는 결과를 만들어 내는 데 있다. 그러므로 먼 우회로를 택하고 이로움을 보여 주어 적을 잘못된 곳에 유인해냄으로써, 적보다 늦게 출발해도 적보다 먼저 유리한 위치에 도달하게 되니, 이것이 곧 우직지계迂直之計, 즉 돌아감으로써 오히려 빨리 가는 법을 진정으로 아는 것이다."라고 하여 간접접근의 우월성을 강조한 바 있다.

이러한 차이는 동서양의 대표적 두뇌 게임인 바둑과 체스를 비교

---

[9] 바실 리델 하트, 『전략론』, 책세상, p 215

해 보아도 잘 나타난다. 바둑의 수는 300수나 되어 체스보다 복잡하다. 게임의 속도도 체스보다 느리다. 처음 판에 둔 돌의 패턴이 복잡할수록 전략을 이해하기 어렵다. 특정 부분을 차지하려 다투는 것은 별로 의미가 없다. 보다 넓은 안목으로 생각해야 하며, 마지막 승리를 위해 어떤 부분은 희생할 수도 있다.

바둑의 고수들은 잘 알겠지만 중요한 것은 포위당한 지점이 아니라 유연성이다. 바둑에서는 유연하게 상대를 포위하여 그 영역을 차지한다. 목표는 체스에서처럼 상대의 돌을 직접 잡는 것(직접접근)이 아니다. 상대를 무기력하게 만들어 붕괴(간접접근)시키는 데 있다. 체스는 직선적이고 위치 중심적이며 공격적인 반면, 바둑은 곡선적이고 공간 중심적이며 유연하다. 바둑의 공격은 상대보다 많은 공간을 차지하여 게임을 종결지을 때까지 줄곧 간접적으로 이루어진다. 또한 바둑의 한 가지 핵심적인 개념은 판 전체를 자기에게 유리한 상황으로 만들어 단순한 사고로는 자신의 수를 헤아리지 못하도록 하는 것이다.

하나는 쉽고 하나는 어렵다. 더 잘, 더 열심히만 하면 되는 더 잘하기 전략은 쉽다. 하지만 내가 물리적으로 압도적인 역량을 가지지 않는 한 소모적 경쟁으로 치닫게 한다. 반면, 다르게 하기 전략은 물리적으로 열세에 있더라도 지혜를 이용하여 경제적 승리를 가능케 한다. 하지만 쉽지 않다. 남들이 가지 않는 길을 가는 것이기 때문에 당연히 불확실성이 크고 많은 장애물들이 존재하기 때문이다. 하지만 물려 받은 재산이나 지위 등과 같이 압도적인 물리적 역량을 가지지 못한 평범한 사람들은 다르게 하기 전략에서 희망을 찾을 수 있다. 더 잘하기 전략과 달리 다르게 하기 전략만이 물리적 열세를 극복할 수 있기 때문이다.

예를 들어, 뜨거운 여름 한낮에 시원한 생수를 파는 상인들의 경쟁을 생각해보자. 넓은 대로에는 오고 가는 사람들이 많겠지만 그런 곳에는 다른 생수 상인들도 몰리게 된다. 그래서 치열한 경쟁이 생기고, 생수들이 비슷비슷하다면 결국은 가격경쟁이라는 '더 잘하기 전략'으로 치닫게 된다. 그래서 누군가는 등산을 좋아하는 소수 고객을 위해 산꼭대기에서 시원한 생수를 팔기로 했다. 더운 여름 한낮 산꼭대기에서 파는 시원한 생수는 정상 가격의 두 배라도 판매가 가능하다. (만약 소수 상인들만 그렇게 한다면) 이는 생수 상인이 뜨거운 여름 한낮이라는 시간Time에 산꼭대기라는 장소Place, 그리고 혼자만 시원한 생수를 판매한다는 상황Occasion을 조합하여 상황독점을 창출했다고 볼 수 있다. 그러므로 상황독점이란, 특정 상황TPO에서 내가 아닌 다른 대안은 모두 제거된 경우라고 말할 수 있다. 그러나 경쟁자와 다르게 한다고 해서 반드시 경쟁자의 공격으로부터 자유로운 것은 아니다. 다르게 싸우는 방식이 효과가 있다면 경쟁자도 반드시 모방하려 들 것이다. 뜨거운 여름날 산꼭대기에서 생수를 파는 장사가 짭짤하다면 다음 여름에 여러분은 모든 산꼭대기에서 생수 상인들을 만나게 될 것이다. 모방이 허용되는 순간, 다르게 하기 전략은 더 잘하기 전략으로 변한다.

그러므로 모방을 어렵게 하기 위해 취해야 할 조건이 있으니 그것이 바로 '선택과 집중'이다. 다르게 하기 전략에서 선택과 집중이란,

하나의 길을 택하면 다른 길들은 아쉽더라도 반드시 포기해야 하는 것을 의미한다. 쉽게 얘기하자면 축구의 승부차기에서 골키퍼는 오른쪽으로 넘어지면서 중앙과 왼쪽도 방어할 수는 없다. 그렇기 때문에 오른쪽이든 중앙이든 왼쪽이든 한 쪽만 선택해야 한다. 키커도 마찬가지다. 오른쪽으로 공을 차면서 동시에 중앙과 왼쪽으로 찰 수는 없다. 그 역시 오른쪽이든 왼쪽이든 한 쪽으로 공을 차야 한다. 어떤 경우든 하나를 선택하고 집중해야 하는 것이다. 하나를 선택하면 다른 것들을 포기해야 한다. 그것이 '선택과 집중'에서 중요한 점이다. 이렇게 할 때, 모방이 일어나지 않도록 장애물을 세울 수 있으며 더 나아가 지속적으로 성장할 힘도 가질 수 있다.

이런 관점에서 중국의 전자회사인 '갈란츠Galanz'의 사례는 재미있다. 갈란츠는 1993년 의류회사에서 뜬금없이 '전자레인지' 분야로 사업을 전환한다. 당시 전자레인지의 하이엔드는 일본제품이었고 그 뒤를 한국제품이 바짝 추격하고 있는 실정이었다. 오리털 파카를 만들던 갈란츠가 전자레인지의 품질 측면에서 일본이나 한국 업체들과 직접 경쟁을 한다는 것은 어불성설이었다.

그래서 갈란츠는 '다르게 하기 전략' 즉 '간접접근을 통한 선택과 집중' 전략으로 비좁은 중국인 아파트에 맞는 저전력 소형 전자레인지를 만들었다. 당연히 기능을 단순화시켰으니 가격도 대폭 낮출 수 있었다. 일본이나 한국 업체 입장에서는 저전력 소형 전자레인지 시장은 관심 밖이었다. 그 시장에 속한 사람들은 대부분 충분한 돈이 없었거나, 아니면 다른 이유로 전자레인지를 소비하지 않던 사람들이었다. 그런데 중국에는 이런 유형의 사람들이 너무나 많이 있었다. 도시의 비좁은 아파트에 사는 사람들뿐만 아니라 농촌 농민들도 대부분 포함되었다. 중국의 농촌은 전력 사정도 좋지 않지만 전자레인지를 꼭 써야 할 상황도 많지 않다. 하지만 대부분의 농촌 가정주부에게는 늦게까지 밭일을 하고 돌아온 남편에게 밥 한 공기를 따뜻하게 데워 주고 싶은 욕구가 있었다. 갈란츠는 저전력 소형 전자레인지로 이런 욕구에 부응하였던 것이다. 전력을 많이 사용하지 않고 밥 한 공기 정도 따뜻하게 데울 수 있는 기능이 전부였고 그래서 가격은 농민들도 감수할 수 있을 만큼 저렴했다. '검소한 혁신frugal innovation'을 시도한 것이다. 그런데 이런 검소한 혁신이 소위 대박을 터트렸고 여세를 몰아 고급 전자레인지 시장까지 진출하여 일본과 한국 경쟁자들을 중국 시장에서 다 몰아냈다.

겉으로 볼 때는 '원가 절감→ 가격 인하→ 판매 확대'라는 원가 우위 기반의 선순환 전략이 갈란츠의 핵심 성공 요인처럼 보인다. 그도 그럴 것이 1993년부터 2002년까지 10년간 갈란츠는 8차례의 가격 인하를 단행했고 매번 평균 인하 폭은 20% 수준이었다. 그러나 처음 사업을 시작했을 당시, 기존 경쟁사들과의 직접경쟁을 피하고 전혀 새로운 관점에서 간접경쟁을 함으로써 기존 경쟁자들에게 갈란츠를 경계하지 않도록 만든 것이 진정한 성공의 원천인 것이다.

갈란츠는 일본이나 한국 업체들이 전혀 시장으로 생각하고 있지 않은 도시의 저소득층과 농촌 고객들의 최소화된 욕구에 부합하는 전자레인지를 생산하고 판매하였다. 제품을 기존의 시각으로 보면 '낮은 성능'이지만 새로운 시각으로 보면 '향상된 성능'을 갖도록 바꾸기 위해 단순화와 편리화를 시도하였다. 선진 경쟁업체들이 만들어내는 기존 제품과는 비교할 수 없을 정도로 기능이 떨어지지만 지금까지 기존 제품을 구매하지 못하던 비고객들에게는 그들의 '소외된 니즈'를 충족시키기 너무도 충분한, 전혀 새로운 제품이 되었던 것이다.

절대 여러 가지를 동시에 하려 하지 않고 경쟁자와 다른 것을 선택하여 집중적으로 실행함으로써, 경쟁자에게 모방이나 경쟁하고자 하는 동기를 주지 않는 것이 바로 다르게 하기 전략의 핵심이다.

## 일상에서의 다르게 하기 전략

굳이 동일한 방식으로만 경쟁해야 하는 경우가 아닌데도, 사람들은 무의식적으로 경쟁 상대와 동일한 방식으로 더 잘하려는 전략을 선호한다. 아무래도 그 방식이 좀 더 확실하고 선택하기도 쉽고, 다른 사람들도 많이 하니까 그만큼 안전하다고 생각하기 때문이다.

그런데 결과를 보면 타인과의 경쟁에서는 더 잘하기 전략이 제일 안전한 길이 아니다. 모두들 같은 길에서 같은 방식으로 더 잘하려다 보면 자신이 독보적으로 뛰어나지 않은 한, 무한 경쟁으로 귀결되거나 승리를 해도 상처뿐인 영광이 된다. 레드퀸의 쳇바퀴에 갇히는 것이다. 개인의 삶에서는 주로 자신이 속한 회사와 타 회사 간의 경쟁 등을 통해 이런 동일한 방법으로 싸우는 경쟁을 경험할 수 있다. 내가 몸담았던 컨설팅 비즈니스에서도 그런 경쟁을 많이 경험할 수 있었다. 프로젝트 하나를 수주하기 위해 내로라하는 컨설팅 회사들이 한 고객을 놓고 열심히 제안을 한다. 다른 경쟁 컨설팅사보다 우리가 이 프로젝트에 더 적합함을 입증해야 프로젝트를 따낼 수 있는 것이다. 그렇기 때문에 다른 경쟁사는 어떤 내용을 제안서에 담았는지, 가격은 얼마인지 등을 알아내려고 심혈을 기울인다. 그리고 경쟁자와 차별화된 무언가를 제안하기 위해 노력한다. 고약하거나 혹은 현명한 고객을 만나게 되면 이야기는 또 달라진다. 고객은 컨설팅사들이 다른 차별화 포인트로 경쟁하는 것보다 '가격'이라는 동일한 무기로 더 잘하기 경쟁을 하도록 부추기는 게임의 룰을 정한다. 이렇게 되면 어떤 경우에는 적자를 보면서 프로젝트를 수주하기도 한다. 이런 경우가 바로 상처뿐인 영광인 것이다.

다들 이렇게 남들과 같은 방식으로 경쟁할 때, 자신만의 다르게 하기 전략으로 성공한 사례들도 있다.

지금은 첨단 기술로 무장한 청소대행업체가 많다. 집안 구석구석 주부의 손이 잘 닿지 않는 화장실이나 냉장고 등을 꼼꼼히 청소해주는 서비스 사업이다. 그러나 1999년에는 그런 사업이 흔하지 않았다. 그해 겨울 20년간 열심히 일해 왔던 회사가 IMF로 문을 닫자, K씨는 소위 집에서 세 끼 식사를 다 챙겨 먹는 '삼식이' 노릇을 해야 했다. 그는 베이비 붐 세대로 대한민국에서 그 어느 세대보다 고통스럽게 살아 가야 했던, 소위 실패한 가장이기도 했다. 그러던 어느 날 집에서 무위도식하는 것도 미안하고 해서, 아내가 냉장고 청소하는 것을 도와 주었다. 일단 냉장고에 쌓여 있던 모든 음식물을 꺼냈는데 구석구석 얼룩도 많고 위생적으로도 매우 불결한 것 같았다. 그에게 여러 가지 생각이 떠올랐다. 냉장고가 대형화되면서, 식품을 신선한 상태로 보관하는 역할을 하기보다는 먹다 남은 음식, 수년째 거의 방치 중인 음식들의 창고 역할을 하게 되었다. 거기에 김치 냉장고까지 장만하다 보니 이제 집집마다 냉장고가 2대 이상이 되어 냉장고 청소는 주부가 집에서 손쉽게 할 수 있는 수준을 벗어난 것이다. 게다가 우연치 않게 유럽에서는 이런 냉장고를 전문으로 청소해주는 사업이 있다는 신문기사도 본 적이 있다. 생각이 여기까지 미치자 K씨는 스스로 냉장고 청소 사업을 시작하기로 했다. 큰 자본금이 드는 것도 아니어서 부담도 적고 열심히 발품을 팔면 동네에서 조그맣게라도 사업을 시작할 수 있을 것 같았다.

 이렇게 시작한 냉장고 관리 사업은 한동안 선발자 우위 First mover advantage를 누리며 선두를 달렸다. 물론 이 사업에 뚜렷한 진입 장벽이 있는 것이 아니다 보니 사업이 잘 된다고 알려진 후에는 여기저기서 치고 들어오는 경쟁자들이 생기기 시작했다. 하지만 실직 상태에 있을 때 남들처럼 다른 직장에 어떻게든 취업을 하려고 하기보다는 사소한 일에서 남들이 생각하지 못하는 새로운 사업을 생각해 내고 실행에 옮긴 것은 다르게 하기 전략의 훌륭한 사례이다.

K씨의 사례가 현재 우리 사회에서 고통 받는 40~50대 가장의 사례라면, 치열한 경쟁에 방향을 잃고 있는 20~30대 젊은 세대의 사례도 있다. 고등학교 졸업을 앞두고 있는 A군은 고민이 많았다. 흙수저인데다가 성적도 썩 좋지 않은 A군은 서울에 있는 일류대학에 진학하기 어려웠다. 그래도 대학에 가려고 마음먹으면 지방 대학은 얼마든지 갈 수 있는 수준이었다. 남들처럼 대학에 가서 4년 동안 대학 생활을 할 것이냐 아니면 고등학교만 졸업하고 사회로 나갈 것이냐, A군 인생에서 매우 중요한 두 갈래 길 위에 선 것이다. 우선 많은 친구들이 선택하는 길을 상상해 보았다.

일단 대학에 진학하는 것이다. 대한민국에는 사실 대학이 많다. 여전히 일류 대학들은 경쟁이 치열하지만, 대학을 가려고만 한다면 지방에도 얼마든지 갈 수 있는 대학이 있다. 등록금은 좀 비싸지만 대출을 받을 수 있다. 무엇보다도 대한민국에서 고졸은 인간 대접을 받기 어렵지 않은가. 그러니 대학은 성적에 맞추어 무조건 가고 본다. 그리고 대학에 가서 1학년 때는 좀 논다. 고등학교 때까지 열심히 공부했으니 1년을 논다고 그렇게 나쁜 것은 아닌 것 같다. 남들도 그렇게 하니 말이다. 같이 어울려 미팅도 하고, 엠티도 간다. 그러다 보면 벌써 2학년이다. 2학년 마치면 군대를 다녀와야 한다. 제대 후 복학을 하면 그때부터는 취업 전쟁이다. 영어 공부하고 스펙 쌓는 무한 경쟁에 뛰어드는 것이다. 그런데 이 취업 전쟁이 거의 진짜 전쟁 수준이다. 선망의 대상인 대기업이나 외국계 기업에 입사하는 몇몇 승리자들을 제외하면 대부분 흙수저들의 마지막 탈출구라고 하는 노량진으로 몰린다. 노량진에 있는 학원에서 7~9급 공무원시험 준비를 하는 소위 '공시생'이 되는 것이다.

여기까지 생각이 미치자 무턱대고 대학부터 가고 보는 선택도 좋아 보이지는 않았다. 그래서 A군은 다른 길을 모색했다. 매년 90퍼센트에 가까운 취업률을 자랑하고 있는 경기기술학교에 입학했다. 간판보다 실리를 선택한 것이다. 대학을 가지 않았으니 대졸 실직자가 될 일도 없지 않겠는가. 대학에서 4년 동안 무슨 대단한 학문을 배울는지 모르겠지만, 학자가 꿈이 아니라 취업해서 돈을 버는 것이 현실적인 목표라면 보다 실질적인 길을 선택하는 것이 현명할 것이라 판단했다.

용기 있게 남들과 다른 길을 선택한 만큼 열심히 배웠다. 그리고 어엿한 중소기업에 취직도 했다. 여기까지도 좋았는데 행운은 덩굴째 굴러오는 모양이다. 취업을 해서 일을 하다 보니 더 배우고 싶은 분야가 생겼다. 기술학교에서는 배울 수 없는 좀 더 고차원의 기술이었다. 그래서 대학을 다시 생각했다. 하지만 이번에는 목표가 뚜렷했다. 그냥 대학 졸업장이나 따고 스펙을 쌓아 취직하자는 것이 아니었다. 내가 가고 있는 길에서 필요한 것을 얻기 위한, 아주 단순하고 소박하지만 분명한 이유가 있는 목표다. 회사에서도 회사 일을 위해 필요한 지식을 쌓는 것이니 인재양성 차원에서 지원을 해주었다. 산학

협력 차원에서 지원을 받아 대학에 입학했다. 그런데 이 학과가 병역 특례 학과였던 것이다. 여기서 잘 배워 졸업한 후 다시 직장으로 돌아가 열심히 일하면 병역 문제도 해결이 되는 것이다. 다르게 하기 전략을 실행했을 뿐인데 대학, 병역, 취업의 일석삼조를 얻은 좋은 사례다.

40~50대를 대표하는 K씨, 20~30대를 대표하는 A군과 같은 사례가 흔하지는 않다. 다르게 하기 전략만 한다고 다 그렇게 성공할 수 있는 것도 아니다. 수많은 실패가 있은 후에 한두 번의 성공이 나타나는 것이다. 그러나 한 가지는 확실하다. 타인과의 경쟁에서 그것이 일방경쟁이든 대결경쟁이든 자신이 남들보다 압도적이지 않은 한 더 잘하기 전략의 결과는 뻔하다는 것이다. 그래서 타인과의 경쟁에서는 보다 신중해야 한다. 부지런히 다르게 하기 전략을 모색해야 한다. 그것이 더 잘하기 전략보다 성공의 확률을 높이는 길이다. 그러기 위해서는 우선 내가 어떤 유형의 경쟁을 하고 있는지 파악할 수 있어야 한다. 100미터 경기처럼 더 잘하기 전략을 할 수밖에 없는 경쟁이라면 경쟁을 더 잘하기 위해 노력하기보다는 경쟁의 쳇바퀴에서 어떻게 빠져 나올 것인가를 먼저 고민해야 한다. 그것이 진정한 '전략적'인 고민일 것이다.

## 자신만의 생태적 틈새에서
## 당신은 무리와 다르게 살고 있는가?

서울에서 부산까지 가장 재미있게 가는 경쟁, 즉 다양한 방식으로 다양한 목표를 달성하는 경쟁이라면 제일 좋다. 이런 경쟁에서는 패배자가 없다. 각자의 차별화된 생태적 틈새 ecological niche 를 찾아갈 수 있기 때문이다. 생태적 틈새란, 한 생물이 차지하는 서식지 또는 먹이사슬 내에서의 지위를 의미한다. 생태계에서 한 종이 차지하는 공간적, 시간적, 기능적 위치를 의미한다.

생태적 틈새와 관련해서는 러시아 생태학자 가우스의 실험이 유명하다. 가우스는 종류가 다른 두 마리의 원생동물을 제한된 먹이와 함께 작은 유리병에 넣었다. 이 작은 동물들은 그럭저럭 협력을 유지하면서 생존했다. 다음에는 서로 종류가 같은 두 마리의 원생동물을 역시 같은 양의 먹이와 함께 유리병에 넣었다. 그러나 이들은 서로 음식을 차지하려 싸우다가 죽었다.

동일한 종류의 생물들은 동일한 습성을 가지고 있고, 동일한 먹이를 필요로 하며 동일한 위험을 싫어한다. 이런 이유로 동일한 생물들이 서로 경쟁해야 하는 상황에 이르면 더 잘하기 전략을 통해 경쟁이 훨씬 치열해지는 것이다. 그러나 서로 종류가 다른 동물은 생태계 안에서 각자 다른 틈새를 차지하고 조화롭게 산다. 가우스는 이를 '차별화를 통한 생존 원리'라고 했다. 이러한 자연의 법칙만 봐도 쉽게 짐작할 수 있을 것이다. 누군가와 경쟁을 하기 전에 경쟁 상대와 달라지는 것이 훨씬 유리하다는 것을 말이다.

정글에는 사자나 호랑이만 사는 것은 아니다. 즉 승자 독식이 아니라는 것이다. 생태계의 수많은 동물들은 자신만의 차별화된 틈새를 가지고 조화롭게 살고 있다. 평생 연못 속의 개구리로 살다가 죽으면 얼마나 허망할 것이냐고? 개구리를 무시하지 마라. 개구리도 수억 년의 진화 경쟁에서 살아남은 '전략적'인 존재다. 소모적 대결로 방향도 없이 뛰어가는 것보다 자신의 생태적 틈새를 찾는 것이 훨씬 전략적이다. 자신의 생태적 틈새를 찾는 것이 바로 다르게 하기 전략의 본질이다.

서울의 북쪽에 수락산이 있다. 맑은 물이 많이 흘러내린다고 해서 수락산水落山이다. 결혼 전까지 수락산 밑에 살았던 내게는 주말이면 혼자 운동하고, 사색하던 추억이 있는 곳이기도 하다. 그런데 이 수락산에 마리와 요셉 부부가 산다. KBS TV 〈인간극장〉에 소개되었던 이 부부는 식당을 하다가 십수 년 전 속세의 생활을 정리하고 수락산으로 들어갔다. 수락산 산장에서 여전히 음식을 팔고는 있지만 확실히 그들의 생활은 일반 사람들과 다르다. 그들은 그들만의 생태적 틈새를 찾은 것이다. 겨울의 산속 생활은 여간 힘든 것이 아니다. 일반 사람들은 엄두도 내지 못할 것이다. 하지만 그들에게는 그 생활미저 행복한 경험이다. 자신들의 기질과 본성에 맞추어 살기 때문이다.

일상의 생활도 남들과 확연히 달라졌지만 사업도 크게 차별화되었다. 시내에서 비슷비슷한 식당끼리 좀 더 싸게, 좀 더 맛있게 경쟁을 하다가 지금은 전혀 다른 TPO에서 경쟁을 한다. 아니 경쟁이라기보다 거의 독점에 가깝다. 더구나 각종 산나물과 버섯을 곁들인 라면은 그들의 산장에서만 맛볼 수 있는 별미 중의 별미다. 물론 이런 생활은 마리와 요셉과 같은 몇몇 사람들에게만 어울릴 것이다. 모든 사람들이 추운 겨울 산에서 행복을 느끼지는 못할 것이고 아무리 독점이 좋다고 한들 산속에 식당을 내기는 어려울 테니 말이다. 몇 해 전 남편인 요셉이 작고하고 지금은 부인 마리 혼자서 산장을 운영하고 있지만 여전히 맛있는 버섯 라면과 감미로운 통기타 연주를 즐길 수 있다고 한다.

누구에게나 마리와 요셉의 산속 생활처럼 자신만의 기질과 본성에 맞는 생태적 틈새는 있기 마련이다. 이런 생태적 틈새는 남들과 동일한 것을 더 잘하려는 전략으로는 찾기 어렵다. 다르게 하려는 전략을 통해서만 자신만의 틈새를 찾아낼 수 있다. 생태적 틈새는 사람마다 다르겠지만 한 가지 공통점은 생태적 틈새에서 인간은 진정 행복할 수 있다는 것이다. 아인슈타인이 그러지 않았는가, "성공해서 행복한 것이 아니라, 행복해서 성공한 것"이라고.

자신과의 경쟁에서는 롤모델을 정해 놓고 부지런히 모방하며 일신우일신하면 된다. 하지만 타인과의 경쟁 단계에 접어들면 경쟁자를 목표로 정해 놓고 무조건 더 잘하기만 해서는 안 된다. 자신의 기질과 본성에 맞는 생태적 틈새를 찾기 위해 다르게 하는 전략을 가져야 한다. 그리고 이런 다르게 하기 전략을 개발하고 실행하려면 상상력과 용기가 있어야 한다. 상상력이 있어야 남들과 다른 경쟁방식과 생태적 틈새를 떠올릴 수 있기 때문이다. 그리고 다른 사람들이 하지 않는 것을 시도해야 하니 용기가 필요한 것은 당연하다.

따뜻한 봄날이다. 당신은 회사에서 절친한 동기와 점심을 막 먹고, 남은 시간 동안 근처 공원을 산책한다. 여기저기 초록 새싹이 돋아나고 나비는 춘삼월을 희롱하고 있다. 좋은 시절이다. 그런데 이게 어쩐 일인가? 산책로 50미터 전방의 숲에서 동물원을 탈출한 호랑이가 웅크리고 당신을 노려보고 있는 것이 아닌가. 새끼를 잃고 방황하던 호랑이는 사나흘 전에 동물원 담장을 훌쩍 뛰어넘어 탈출했다고 들었던 것 같은데, 그럼 사나흘은 족히 굶었을 것이다. 그래서 그런지 노려보는 눈초리가 심상치 않다. 당신과 당신의 동료는 순간 얼음처럼 굳어 버렸다.

그러나 곧 당신의 동료가 정신을 차리고 민첩한 동작으로 구두 끈을 고쳐 매고 있다. 당신이 절망적인 음성으로 말한다. "도..동기야, 구두 끈 고쳐 매고 뛴들 호랑이보다 빨리 뛸 수는 없어." 고개를 숙이고 구두 끈을 매던 동기가 중얼거린다. "아니, 호랑이보다 빨리 뛸 필요 없어. 나는 너보다만 빨리 뛰면 돼!" 그 말이 떨어지자마자, 그렇게 절친했던 당신의 동료는 반대 방향으로 냅다 뛰기 시작한다. 그러자 이내 먹이가 달아나는 것을 본 호랑이는 늑대같이 사리를 막차고 올라 무시무시한 속도로 뛰어오기 시작한다. 당신은 굶주린 호랑이와 당신을 버리고 달아난 동기 사이에 있다. 어떻게 할 것인가?

당신이 올림픽은 아니라도 전국 체전에서 메달권 안에 드는 육상 선수 출신이라면 곧바로 뛰어 동기를 추월하면 된다. 동기에게는 미안하지만 호랑이가 동기를 잡아먹는 동안 당신은 안전한 곳으로 도망갈 수 있다. 그러나 대개의 경우 달리기 실력이 고만고만할 것이다. 그럼에도 많은 사람들은 본능적으로 동기의 뒤를 쫓아 뛰기 시작한다. 동기보다 '더 잘' 뛰려고 시도하는 것이다. 그러나 그렇게 되면 결과는 뻔하다. 당신은 앞서 출발한 동기를 추월할 수 없을 것이고, 당신 혼자 호랑이에게 잡히거나 아니면 둘 다 호랑이에게 잡힐 수도 있다. 도대체 어떻게 해야 할까?

정답은 동기와 다르게 하는 것이다. 물론 성공한다는 보장은 없다. 앞서도 말했지만 불확실성도 크고, 그렇기에 어떤 장애가 있는지 모른다. 하지만 또 어떤 희망과 가능성이 있는지도 모른다. 확실한 것은 동기와 똑같은 방향으로 달린다면 결과는 뻔하다는 것이다. 당신이 달리기는 못해도 팔 힘이 세다면 옆에 나무나 다른 구조물이 있는 경우 그것들을 이용하여 당신의 생태적 틈새로 도망간다면 안전하게 생존할 수도 있을 것이다.

우리나라에서는 쉽게 경험할 수 없는 일이지만 미국처럼 넓은 나라에서는 고속도로를 달리는 운전자들이 환각을 경험하는 사례가 종종 있다고 한다. 탁 트인 공간에 놓인 한 줄기 고속도로를 따라 몇 시간 이상 가다 보면 넓은 6차선의 도로가 제1차선으로 좁아지면서 그다지 멀지 않은 전방에 하나의 점으로 모이는 환각 현상이다. 이렇게 되면 운전자의 시야가 급격히 좁아져 주변의 사물을 전혀 인식하지 못하게 된다고 한다. 졸음 운전과는 또 다른 현상이지만 이 역시 사고를 일으키는 치명적인 현상이다.

기업도 개인도 이런 상황에 처하는 경우가 많다. 경쟁의 압박이 심하면 심할수록 시야가 더욱 좁아진다. 다양한 방법이 존재함에도 오직 눈앞에 보이는 방법, 남들이 좋다고 하는 방법에만 집착하는 경우가 바로 그런 상황이 아닐까. 그럴 때는 마치 선잠을 자다가 가위에 눌린 것과 같은 느낌이다. 의식은 돌아왔는데 육체는 통제가 되지 않는다. 깨어나야 한다. 깨어나서 보다 높은 관점에서 넓게, 멀리 보고 경쟁자와 다른 수많은 방법들을 고려해 보아야 한다.

오늘도 주문처럼 이 말을 외워보라. '나만의 생태적 틈새에서, 무리와 다르게 살고 있는가?'

타인과의 경쟁별 특성

|  | 일방경쟁 | 대결경쟁 |
| --- | --- | --- |
| 단일<br>수단 | 100m 달리기 :<br>경쟁자가 기준이 되어 더 잘하기<br>전략 실행<br>**소수의 승자, 다수의 패배자** | 폭풍구보 :<br>경쟁자보다 압도적이지 않는 한<br>소모전<br>**모두 패배할 가능성 높음** |
| 복수<br>수단 | 서울에서 부산까지<br>가장 재미있게 가기 :<br>참가자 모두 다르게 하기<br>전략 실행 가능<br>**모두 승리할 가능성 높음** | 축구, 격투기 등 :<br>상대에 따라 다양한 전략<br>실행 가능<br>**전략전술에 따라 승패 결정** |

Part III

# 불확실성과의 경쟁

Chapter 1

# 순진한 나비가 불러오는 거대한 토네이도

 어두운 밤바다에 안개가 자욱하다. 사방은 물론이고 하늘도 보이지 않는다. 안개 낀 밤바다는 무척 낭만적이지만 망망대해에 떠 있는 조그만 고깃배의 선장에게는 거의 재앙이다. 바람은 점점 거세지고 파도는 높아지는데 어디로 가야 할지, 선장은 방향을 잃었다. 하늘이라도 보이면 북극성을 보고 방향을 잡을 텐데 하늘마저 보이지 않는다. 바람이 본격적으로 몰아치면 안개는 걷히겠지만, 그때는 이미 늦을 수도 있다. 그렇다고 넋 놓고 가만히 있을 수는 없는데, 생존을 위해 뭔가를 해야 하는데, 짙은 안개 때문에 지금 이곳에서 무엇을 해야 좋을지 판단할 수 없다. 파도는 더욱 요동치는데 말이다.
 인생을 살면서 누구나 이런 불확실성을 경험했을 것이다. 아직 하지 않았다면 언젠가는 반드시 하게 될 것이다. 오늘날 대한민국에서는, 특히 중년에 가까워질수록 삶의 불확실성은 점점 커진다. 우리는 지난 1998년의 IMF 사태, 2008년 미국발 경기 침체 등 자신의 의지와는 관계없이, 자고 일어나니 온 세상이 짙은 안개로 가득했던 것을 기억한다. 온 몸을 그 짙은 안개 속에 던져서 부딪치고 깨지면서 불확실성을 뚫고 나온 기억 말이다. 그나마 운이 좋은 사람들은 불확실성을 뚫고 살아남았지만, 그렇지 못한 대부분의 사람들은 안갯속에서 길을 잃고 어디론가 사라졌다.

## '불확실성' 이란 무엇인가

그렇다면 인간을 두려움에 떨게 하는 불확실성이란 무엇일까?

상황 1. A는 오늘 시내에서 친구들과 만나기로 했다. 항상 어울리는 단짝친구들이다. 요즘은 회사 일이 바빠서 만나지 못했다. 오랜만에 술도 한잔하고 클럽도 갈까 한다. 약속시간은 저녁 7시. 그동안 모임이 있으면 다들 회사 일을 일찍 마무리해서 약속을 어긴 일이 거의 없다. A는 친구들과 만날 수 있을까?

상황 2. B는 최근에 꼭 가고 싶은 회사의 면접을 보았다. 며칠 연락이 없었는데 오늘 갑자기 그 회사로부터 연락이 왔다. 내일 회사로 오라고 한다. 붙었다, 떨어졌다 말이 없다.

무슨 얘기를 하려는 걸까? 면접에 붙었다고 축하해주며 출근 준비를 하라고 부르는 것일까? 아니면 죄송하게 되었다고 다른 데를 알아보라고 하려는 것일까?

상황 3. C는 모임에 참석해서 난센스 퀴즈를 맞혔는데 상품으로 로또 복권을 하나 받았다. 사회자가 자신이 어제 돼지 꿈을 꾸었으니 이 로또에 행운이 깃들어 있다고 했다. 정말 가슴이 설렌다. 마침 내일은 로또 추첨일이다. C는 로또 1등에 당첨될 수 있을까?

위의 세 가지 경우 중 불확실성이 가장 큰 것은 어느 것일까? 사람들은 보통 상황 3의 로또 당첨을 불확실성이 가장 큰 경우라고 여길 것이다. 대개 '불확실하다'를 '불가능에 가깝다'와 혼동하기 때문이다. 그러나 불확실성이란 확실히 불가능과는 다른 개념이다. 불가능은 '절대 일어나지 않을 확률이 매우 높은 일'인 반면, 불확실성이란 '일어날 일과 일어나지 않을 일'의 확률이 엇비슷해서 예측과 선택이 어려운 정도를 의미한다.

따라서 위의 세 가지 경우 중 가장 불확실성이 높은 것은 2번이다. 왜냐하면 3번의 경우, 로또 1등 당첨은 정확히 '8,145,060분의 1'이라는 확률을 가지기 때문에 당첨이 거의 불가능하다는 '확실성'이 높다. 그러니 불확실성은 가장 낮다. 1번의 경우 대개 약속을 지켜왔던 친구들이기 때문에 극단적인 변수가 없는 한 무난하게 약속이 이뤄질 확률이 안 이뤄질 확률보다 훨씬 크다. 그래서 확실성은 높고 불확실성은 낮다고 할 수 있다. 그러나 2번은 다르다. 비록 회사에서 오는 연락이 왔지만 내일 B에게 합격이라고 할지, 반대로 불합격이라고 말할지 모른다. 아니면 다른 얘기를 할지도 모른다. 하여간 가 봐야 알 수 있다. 그러므로 셋 중에서는 2번의 불확실성이 가장 크다.

인간은 화투, 장기 등의 놀이나 야구, 축구 등의 스포츠에서는 물론이고 일상생활에서도 어떤 결정을 내린다. 또 기업에서는 투자 및 신제품 개발 등을 위해서 의사결정을 한다. 어떤 경우든 의사결정을 할 때에는 '무엇 때문에 결정을 하는가' 하는 목적이 반드시 있다. 놀이나 스포츠의 경우에는 상대보다 높은 점수를 얻어 게임에서 이기는 것이 목적일 것이고, 기업의 경우에는 이익을 창출하는 것이 목적일 것이다. 그러므로 가장 좋은 결정이란, 그 목적을 통해 추구하는 가치의 크기를 극대화할 수 있는 결정이다.

그런데 그 목적을 이룰 수 있느냐, 없느냐, 즉 목적을 통해 추구하는 가치를 어느 정도로 극대화할 것인가는 의사결정자의 행동과 환경 변수(사회와 자연 환경은 물론이고, 상대가 있을 경우에는 상대가 취하는 행동을 포함해서), 이 두 가지 요인에 의해서 결정된다. 행동은 의사결정자가 직접 하는 것이니만큼 자신이 통제할 수 있는 반면, 환경은 통제가 불가능한 변수다. 따라서 의사결정자는 환경 변수를 되도록 정확하게 예측하려고 하고, 이를 통해 자신의 행동을 결정하게 된다.

그러나 여러분도 한 번쯤 경험해봤겠지만, 미래를 정확하게 예측하는 것은 결코 쉬운 일이 아니다. 예측하는 사람의 입장에서 보면 통제할 수 없는 요인들이 너무 많기 때문이다. 그래서 미래 환경을 예측할 때는 확실성, 리스크, 불확실성, 그리고 무지無知라는 네 가지 경우가 발생한다.

먼저 '확실성'은 미래에 무엇이 일어날지 확실히 알고 있는 경우를 말한다. 의사결정자가 어떤 행동을 결정하는데 정확한 예측이 가능한 상황이다. 대개의 경우, 가까운 미래일수록 확실성이 크다. 당장 한두 시간 안에 벌어지는 일이 하루 이틀 뒤에 벌어지는 일보다 확실성이 크기 때문에 예측도 그만큼 정확하다.

두 번째는 리스크인데, 발생할 수 있는 몇 가지 경우의 수에 대한 확률을 예측할 수 있는 상태를 말한다. 가령, 국회의원이나 대통령 선거 같은 것이 리스크의 좋은 사례다. 선거 전에는 누가 될지 알 수 없지만 누가 되든 현재의 후보자 중 한 명이 되는 것은 확실하다. 그리고 여론 조사 등을 해 보면 각 후보자들이 당선될 확률도 대강은 알 수 있다. 세 번째가 불확실성이다. 이는 미래에 일어날 수 있는 일의 범주만 파악 가능한 것을 말한다. 일어날 일들에 대한 경우를 구체화할 수도 없고 그 확률 분포도 알지 못한다. 발생할 미래를 범주로는 나타낼 수 있고 실제 미래는 그러한 범위 내에 존재할 것이라는 정도만 확실한 상태이다. 마지막으로 무지란 무엇이 일어날지, 어떠한 상태가 발생할지, 전혀 예측할 수 없는 상태를 말한다.

우리가 '삶이 불확실하다'라고 할 때는 통상 두 번째의 '리스크'와

세 번째의 '불확실성' 둘 다를 포함한다. 대선과 같은 큰 선거 전후에는 개인도 정도의 차이는 있지만 일상이 어수선해진다. 누가 대통령이 될지, 그리고 누구든 되고 나면 정치, 경제, 사회 등 나라 전반이 어떻게 바뀔지 불확실하기 때문이다. 하지만 사람들이 크게 불안해하지 않는 것은 벽에 붙은 포스터의 1, 2, 3번 안에 그 답이 있다고 확신하기 때문이다. 그러나 세계적 경제 위기가 닥치면 선거 때보다는 삶이 더 요동친다. 경제 위기에는 1, 2, 3과 같은 경우의 수가 없기 때문이다. 최악의 경우worst case와 최선의 경우best case 정도를 알 수 있을 뿐이다. 이 고비를 잘 넘기면, 어느 정도 선을 유지할 것이고, 재수가 없어서 이 고비를 넘기지 못하면 얼마만큼 망한다는 것 정도는 어렴풋이 알 수 있다. 그리고 진짜 미래는 그 범위 안에서 일어나는 것이다. 그러나 네 번째의 '무지' 상태는 단지 불확실하다는 표현만으로 충분치 않은 완전한 혼돈, 즉 카오스를 의미한다. 개인적으로는 불가항력의 사건, 사고를 당하거나 국가 전체로는 대지진 같은 감당하기 어려운 천재지변이나 전쟁과 같은 일을 겪을 때이다.

 삶에서 부닥치게 되는 이런 안개(리스크, 불확실성, 무지)는 자신과 타인에 이어 미래의 경쟁자이다. 무지의 경우는 사전 대응이 쉽지 않고 사후에 적응해나가야 하겠지만 리스크와 불확실성은 어느 정도 사전에 대응할 수 있다.

 오랜만에 가족들과 서울 근교에 있는 북한산을 오른다고 가정해보자. 익숙한 산이라 지도도 없이 올라가는데 계속해서 지형이 변한다면 어떨까? 길이 자꾸 바뀌고 목적지도 사라지고 새로운 봉우리가 생겨난다. 등산객 중에 이러한 변화에 미리 대응하거나 빠르게 적응하는 자만이 무사히 등반을 마치고 내려올 수 있을 것이다.

## 기술과 제도의 발달, 그리고 과잉 연결

그렇다면 무엇이 우리의 삶에 불확실성을 일으키는 것일까? 물론 원인은 하나가 아니라 여러 가지이다. 나라마다 또 개인이 처한 상황마다 다르다. 그러나 최근에 세계적으로 증폭되고 있는 불확실성의 원인에는 공통점이 있다. 바로 기술과 제도의 발달로 인한 사람과 사람 간의 과도한 연결이 그것이다. 기술과 제도의 발달은 인류에 이로움을 주지만 동시에 불확실성도 증가시키고 있다.

기술 발달 중에서는 특히 통신과 교통기술의 발달, 그리고 제도 중에서는 세계화 등이 불확실성 증폭에 크게 기여하고 있다. 이러한 기술과 제도의 발달 덕분에 사람과 정보, 물품과 자본 등이 이동하는 속도가 과거에 비해 엄청나게 빨라졌다. 지구촌 한구석에서 일어나는 일이 다른 곳에 금방 알려지게 되고, 그런 정보를 입수한 개인, 국가, 난체, 자본, 기업은 과거보다 더 다양한 전략으로 더 빠르게 대응하려 한다. 이것은 위기대응 측면에서 매우 유리하다. 모르면 당할 수 있지만 알기 때문에 미리 대비할 수 있는 것이다. 그러나 긍정적인 효과만 있는 것이 아니다. 과거와 달리 여러 가지 문제가 융합되어 더 큰 문제나 지금까지 존재하지 않았던 문제를 유발할 가능성이 커지게 된 것이다. 바로 과잉 연결로 인해 불확실성이 증폭되는 것이다.

가령 예전에는 한 국가에서 큰 재난이나 환란이 일어났다고 해도 소식이 전파되기까지는 시간이 걸렸다. 또 전파된다고 해도 발 빠른 매스미디어가 없었기 때문에 한 사람 한 사람이 모두 소식을 접하게 되는 데에도 시간이 더디게 걸렸고 반응하는 것도 느렸다. 그러나 이제는 기술의 발달로 전 세계가 연결되어 있다. 그래서 거의 실시간으로 세계의 소식을 접할 수 있다.

몇 해 전에 대한민국은 메르스로 인해 혼비백산했다. 그보다 몇 년 전에는 신종플루라는 공포와 싸워야 했다. 신종플루가 유행하던 시기에는 우리 집도 아이들이 비슷한 증세를 보이는 바람에 우왕좌왕했던 기억이 있다. 옛날 같았으면 다른 대륙에서 일어난 전염병은 아무리 광폭狂暴해도 그야말로 다른 나라 이야기였다. 나라 간에 물적, 인적 교류가 있기는 해도 통제가 가능한 수준이었기 때문에 어느 나라에서 전염병이 발생했다고 하면 그 나라 사람들의 입국을 통제하여 세균이 퍼져 나가는 것을 어느 정도 막을 수 있었다. 그러나 오늘날에는 사정이 다르다. 세계는 그 어느 때보다도 물리적으로 밀접하게 연결되었다. 시속 몇 백 킬로미터의 육중한 이동수단을 타고 단 몇 시간 만에 대륙과 대륙 사이를 오갈 수 있을 정도다. 사람과 더불어 세균들도 함께 이동을 하게 되었다.

이로 인해 전염병의 정체가 드러나기도 전에 이미 많은 보균자들이 전 세계로 퍼져 나갈 수 있는 것이다. 다 기술과 제도의 발달 덕분이다. 그래서 메르스나 신종플루처럼 많은 사람들을 불확실한 상황에 빠뜨릴 수 있는 전염병이 발생하게 되었다. 물론 의료기술의 발달로 그런 전염병에 대한 예방과 치료 기술도 함께 발달했다. 하지만 전염병의 확산 여부만을 보자면 기술과 세계화로 인해 불확실성이 너무 커져 버렸다.

이는 전염병과 같은 보건 문제에만 국한된 것이 아니다. 삶에 가장 많은 영향을 미치는 경제에서도 같은 이유로 불확실성이 커지기는 마찬가지다. 전 지구적인 무역 확대와 거미줄 같은 글로벌 경제 네트워크로 인해 한 국가의 경제 위기가 다른 국가에 미치는 영향이 더욱 커졌음은 모두가 피부로 느끼고 있다. 우리는 이미 IMF라는 글자로 상징되는 1997년 아시아 금융 위기를 뼈저리게 겪었다. 연이어 2008년 미국발 경제 위기, 그리고 뒤이어 유럽발 경제 위기 등을 겪었다. 과거라면 이런 경제 위기는 한 국가 혹은 넓어도 한 대륙에서 마무리될 수 있었다. 경제 위기를 겪는 당사국들은 고통스럽겠지만 그 고통이 멀리 퍼지는 일은 없었다. 그러나 이제는 몇 해 전에 목격한 것처럼, 그리스 같이 경제 규모가 작은 나라들이 겪는 경제 위기도 연쇄적으로 다른 국가에 파급효과를 끼친다. 그리고 어느 순간 증폭된 위기는 예측과 대응의 수준을 벗어나게 된다.

기술과 제도의 발달에 따라 전 지구가 물리적, 정보적으로 연결되어 있기 때문에 불확실성이 커지는 것이다. 과거에는 단절될 수 있었던 안 좋은 일들, 전염병이나 경제 위기가 삽시간에 퍼질 수 있다. 통신기술과 미디어기술의 발달로 인해, 이제는 지구 반대편에서 일어나는 사건 사고들을 안방에서 실시간으로 생생하게 볼 수 있게 되었다. 역사적으로 볼 때, 2003년 CNN이 미국과 이라크의 전쟁을 생중계하면서부터 각 방송국들이 경쟁적으로 역사의 중요한 장면들을 보다 실시간으로 생생하게 퍼 나르려고 난리들이다. 요즘은 방송사뿐만 아니라 개인들도 카카오톡, 위챗, 트위터, 페이스북 인스타그램 등 다양한 SNS를 활용하고 있어 각종 정보가 365일 내내 사람들에게 쉬지 않고, 중간에 편집도 없이 직접 전달된다. 게다가 이제 4차 산업 기술들이 점차 발달하게 되면 사람과 사람만이 아니라 사물과 사람, 더 나아가 사물과 사물 간의 연결도 가능해진다. 그렇게 되면 우리는 그야말로 '초연결' 사회에 살게 되는 것이다. 이제는 사람들이 보내는 정보뿐만 아니라 나와 연결된 각종 지능형 사물 – 로봇, 각종 전자, 가전제품 등 –들이 보내는 정보들까지 넘쳐 날 것이다.

이러한 기술의 발달에는 순작용과 부작용이 있다. 부작용은 바로 앞서 말한 공포의 증폭이다. 가령, 메르스나 신종플루의 경우 확인되지 않은 정보들이 SNS를 통해 무분별하게 퍼지면서 사회적으로 공포를 증폭시킨 것은 부작용이다. 이 경우는 '모르는 게 약'이라는 말이 얼마나 옳은지를 실감하게 된다.

신종플루나 메르스 같은 새로운 전염병이 퍼지기 시작하면 사회는 정작 전염병을 일으키는 생물적 바이러스보다 공포를 전염시키는 심리적 바이러스에 대응하느라 더 많은 에너지를 쓰게 된다. 신종플루나 메르스 사태 때 막연한 공포가 확산되면서 일반 시민들의 사회생활이 위축되었음은 물론이고 대인기피, 의약품 남용 현상까지 생기는 등 여러 가지 부작용이 발생했다. 특히 2009년 신종플루 사태 시 전문가들의 분석에 따르면, 항바이러스제를 처방 받는 사람들이 폭증한 것은 신종플루 의심 증상을 보여서라기보다는 신종플루에 대한 과장된 공포와 이로 인한 과민대응이 더 큰 원인이었다. 예를 들어, 신종플루로 인한 사망의 한 원인이 폐렴합병증이라는 보도가 있었다. 이 보도가 나간 뒤 폐렴 예방 백신에 대한 수요가 폭증했다. 2008년에 일반 병원에서 4만 원이면 맞을 수 있었던 폐렴 예방 백신이 2009년 하반기에는 10만 원을 주고도 접종하기 어려웠다.

그러나 사실 신종플루의 사망률은 1퍼센트 미만으로 과거 10퍼센트대의 사망률을 보인 사스SARS나 2.5퍼센트의 스페인 독감보다 훨씬 낮았다. 그럼에도 불구하고 새로운 변종 바이러스이기 때문에 실체를 알 수 없다는 막연한 공포가 미디어를 타고 빠르게 번졌다. 따지고 보면, 신종플루라는 생물적 바이러스의 출현이 '과잉 공포'라는 심리적 바이러스를 잉태하여 사람들의 일상생활 속에 불확실성을 발생시킨 셈이다.

작은 나비의 날갯짓이 어떤 경로를 통해 어떤 결과를 낳을지 알 수 없을 정도로 세상은 물리적으로나 정보적으로나 과잉 연결되어 있다. 미국의 공학자인 윌리엄 데이비도우는 이 점을 통렬히 지적하고 있다.

　　　연결 과잉 환경은 매우 불안정하기 마련이며, 급격한 변화뿐 아니라 여러 우발적 사고에서도 그 취약성이 드러난다. (중략) 시스템의 규모가 확대되고 상호연결성이 강화될수록 불안정한 상태가 발생할 확률은 커진다.[10]

과거에는 알아야 할 것을 모르기 때문에 불확실성이 생겼는데, 지금은 더 많이 더 자세히 더 빨리 알게 되었음에도 불확실성이 생기는 것이다. 불필요한 과잉 공포가 형성되고 이로 인해 과민 대응이 발생하기 때문이다. 과민 대응은 그 자체로 새로운 사건들을 발생시키기도 한다. 한마디로 어디로 튈지 모르는 개구리와 같다.

사실, 과잉 공포는 미디어에 의해 조장되는 경향도 있다. 가장 쉽게 확인할 수 있는 것은 인터넷 포털 사이트다. 사이트에 들어가면 여러 언론사들의 헤드라인이 뜬다. 바쁜 독자들의 관심을 끌고 클릭을 유도하기 위해 갖가지 흥미로운 헤드라인들이 등장한다. 그중에서도 유독 경기 후퇴, 북한의 도발, 새로운 바이러스, 환경 재앙 등 공포를 조장하는 헤드라인들은 독자들의 눈에 쉽게 띈다. 그럴 수밖에 없다. 진화적으로 인간은 생존 가능성을 높이고자 공포에 민감하기 때문이다. 그러다 보니 미디어는 다른 매체와의 경쟁에서 이기기 위해 동일한 현상에 대해서도 좀 더 공포를 부풀리고자 하는 경향을 갖게 된다. 이렇게 과잉 공포는 조금씩 더 조장되고, 그럴수록 불확실성이 더 커지는 것이다.

---

[10] 윌리엄 데이비도우, 『과잉 연결 시대, 일상이 된 인터넷 그 이면에선 어떤 일이 벌어지는가』, 수이북스

미국 뉴욕대 교수인 나심 니콜라스 탈레브는 최근 불확실성이 인간 세상에 어떻게 영향을 미치고 있는지에 대한 흥미로운 이론을 발표했다.[11] 그에 따르면 우리가 사는 세상은 두 가지 유형으로 나뉜다. 첫 번째는 '평범한 세상'이다. 이곳은 우리가 잘 알고 있는 일상적이고 소소한 사건이 지배하는 곳이다. 곳곳에 필요한 만큼의 장벽이 설치되어 있어 사회와 사회, 국가와 국가는 적당히 연결되어 있다. 기껏해야 리스크 정도가 생겨난다. 이런 세상에서 삶은 평탄하며 예상 가능한 방향과 속도로 흘러갈 뿐이다. 여기에서는 과거의 경험에 의존한 판단으로도 충분히 세상을 살 수 있다. 과거 산업화 시대의 평범한 직장인들을 생각해보라. 정직하고 성실하게 회사 생활을 하면, 큰 이변이 없는 한 정년 퇴직 때까지 일하면서 애들도 키우고 노후 자금도 모을 수 있었다. 서로 경쟁을 해도 그야말로 오십보백보로 결과는 크게 다르지 않은 그런 세상이었다.

반면 두 번째 세계는 '극단의 세상'이다. 이곳은 희귀하고 비일상적인 사건이 느닷없이 발생함으로써 삶 전체를 송두리째 바꿔 버리는 곳이다. 이런 극단의 세상에서는 과거 경험에 따른 예측이 통하지 않는다. 이곳에서는 현재 알고 있다고 생각하는 것에 의존해서는 안 된다. 불확실성이 지배하는 세상이기 때문이다. 오늘날 금융 산업이나 연예, 스포츠 산업을 보면 '극단의 세상'을 이해하기 쉬울 것이다. 여기에 종사하는 사람들의 상위 20%가 차지하는 보수가 나머지 80%의

---

[11] 나심 니콜라스 탈레브, 『블랙스완』, 동녘사이언스

보수보다 많은 경우를 흔히 본다. 스타급 펀드매니저나 배우, 선수들의 몸값은 천정부지이다. 실력에서는 하늘과 땅만큼 차이가 나지 않는데도 보수는 하늘과 땅 차이를 보이는 경우가 많은 것이다. 각종 미디어를 통한 사람들 간의 연결이 이 세계의 질서를 정하기 때문이다. 심지어 단순한 의혹에서 시작한 루머는 방송과 SNS를 타면서 눈덩이처럼 불어나 평범한 개인을 영웅으로도, 악마로도 만들 수 있다. 사람과 사람, 또는 사물 간의 무차별한 연결이 불확실한 극단의 세계를 만드는 것이다. 지구촌은 문명이 발달하면서 점점 더 극단의 세상에 가까워지고 있는 것처럼 보인다. 이런 '극단의 세계'에서는 영원한 승자가 없다. 절대권력을 쥐고 있던 권력자도 하루아침에 무너질 수 있고, 무명의 배우가 하루아침에 빅스타로 부상할 수도 있다. 이런 세계에서도 성실하고 정직하게 사는 것은 필요하다. 그러나 그것만으로는 충분하지 않다. 기술과 제도의 발달로 인한 과잉 연결이 만들어 놓은 짙은 불확실성을 꿰뚫어 보는 능력 없이는 발전이 어렵다.

그런데 여기서 한 가지, 오해가 없기를 바란다. 나는 기술과 제도의 발달에 따른 초연결 사회를 반대하는 것은 아니다. 그것은 또 그 나름대로 인간 역사에 긍정적인 기여를 할 것이기 때문이다. 그리고 성실과 정직이라는 가치를 과소평가하는 것도 아니다. 어떤 세상이 오더라도 '성실과 정직'은 인간에게 중요한 덕목이다. 그러나 모든 변화와 진보에는 언제나 위험이 따른다. 그 위험 중 하나가 바로 불확실성의 과도한 증폭이다. 그래서 이제는 개인도 진화하는 세계가 지니고 있는 위험에 대해 똑바로 직시하고 대응 전략을 가지고 있어야 한다는 것을 강조할 따름이다.

## 예측과 계획으로는 안개 낀 바다에서 생존할 수 없다

1972년 미국의 기상학자 에드워드 로렌즈는 재미있는 제목의 논문을 발표한다. '브라질에서의 한 나비의 날갯짓이 텍사스에 토네이도를 일으킬 수도 있는가?Does the Flap of a Butterfly's Wings in Brazil Set Off a Tornado in Texas?' 라는 논문이었다. 이후 우리에게 영화 제목으로도 익숙한 '나비효과 butterfly effectt'라는 개념이 생겨났다. 나비 효과란, 처음의 미세한 차이에 의해 마지막 결과가 완전히 달라지는 현상을 뜻한다. 에드워드 로렌즈에 의하면 그 미세한 차이를 유발시키는 것이 바로 작고 귀여운 나비의 날갯짓이고, 완전히 달라진 결과가 텍사스 들판을 집어삼키는 거대한 토네이도인 것이다.

현란한 기술과 사회적 제도의 발달은 어느 순간 작은 나비의 날갯짓(불확실성을 유발하는 동인動因)이 거대한 토네이도를 불러일으킬 수 있는 불확실성의 세계를 만들어 가고 있다. 그래서 개인이나 기업, 국가, 그리고 국제정세에 더 많은 불확실성이 생겨나고 있는 것이다. 더구나 4차 산업혁명기로 접어든 이제 기업 경영이나 경제 정책의 성공요소는 사후적으로 리스크를 관리하고 위기에 즉시 대응하는 능력이 아니라, 사전에 불확실성을 유발하는 동인을 찾아내어 모니터링하고 관리하는 능력에 있다고 말할 수 있을 정도다.

　4차 산업시대에는 특히, 기술들의 '전적응前適應, preadaptation[12]'에 의한 불확실성이 더욱 커질 전망이다. 전적응이란 다윈의 진화론에 나오는 개념이다. 원래 진화란 환경의 변화에 대한 후적응을 의미한다. 환경이 변화하고 나면 사후적으로 그 변화에 맞는 새로운 기능을 창조하는 종은 살아남고 그렇지 못한 종은 사라지는 것이다. 변화에 적응하기 위해 창조해낸 새로운 기능이 바로 진화의 산물인 것이다. 그런데 이러한 적응이 사전에 일어나기도 한다. 다시 말해 전적응에 의해 새로운 기능이 먼저 창조되고, 그 기능에 의해 환경이 변화하기도 한다.

　생물계에서는 물고기의 부레나 세균의 편모모터 같은 것들이 이러한 전적응의 사례라고 한다. 그런데 우리가 이해하기 쉽게 생물계가 아닌 경제계에서 사례를 찾아볼 수도 있다. 3M의 포스트잇이 바로 그런 사례다. 3M의 포스트잇이 의도된 연구개발로 탄생된 것이 아니라는 것은 세상 사람 모두가 안다. 오히려 새로운 접착제 연구개발 실패로 발생한 일종의 '실패한 실험 결과물'이다. 하지만 누군가 '붙였다, 떼었다' 할 수 있는 메모지로 개발했고, 그 이후에 환경은 포스트잇이 없으면 회의를 할 수 없을 만큼 포스트잇이라는 기능에 맞게 변화했다. 이런 상황을 모르는 사람이 지금 포스트잇을 활용하는 회의나 워

---

[12]　스튜어트 카우프만, 『다시 만들어진 신』, 사이언스북스

크샵 등을 본다면, 사람들이 원활한 커뮤니케이션을 위해서 포스트잇과 같은 메모지를 원했고, 그래서 3M이 그런 제품을 만든 것으로 생각할지 모른다. 그것이 인과적 논리에 맞기 때문이다. 하지만 실상은 그 반대다.

이처럼 전적응은 인과적 논리를 따르지 않기 때문에 예측이 불가능하다. 환경이 변하기도 전에 어떻게 적응이 먼저 발생했는지 아무도 설명할 수 없지 않겠는가

그런데 이 전적응에는 특징이 있다. 전적응으로 탄생한 새로운 기능들이 원래 존재하던 기능들의 우연치 않은 융, 복합으로 생겨난다는 것이다. 포스트잇도 원래 있던 종이 메모지와 접착제가 우연하게 조합된 경우이다. 원래 있던 기능들이 융, 복합하여 세상에 전혀 없던 것이 생겨나는 것이다. 과거 다른 시기에도 전적응을 통한 진화는 일어났지만 기술발달 속도가 점점 빨라지는 4차 산업시대는 특히 이런 전적응이 일어날 가능성이 상당히 높다. 인공지능, 빅데이터, 로봇 등도 비교적 새로운 기술들이고, 여전히 자신들의 경로를 따라 발전해 나가고 있지만, 그 와중에 우연치 않은 계기로 다양하게 융, 복합될 수 있기 때문이다. 4차 산업시대의 기술들은 그 각각의 개별 기술들도 인간의 삶에 미치는 파급효과가 크다. 그러므로 개별 기술 간의 융, 복합을 통해 발생할 새로운 기술들은 더 말할 나위가 없을 것이다. 그런데 그런 융, 복합이 인과적 논리를 따르지 않는 전적응의 형태로 일어난다면 인간의 능력으로는 그 파급효과를 도저히 미리 알 수가 없다. 그래서 4차 산업시대가 더욱 불확실하다 할 수 있는 것이다.

그런데 문제는 이렇게 생활화되고 있는 불확실성에 효과적으로 대응하지 못하고 있다는 데 있다. 대부분 사람들은 과거에서 패턴을 찾아내고 그 패턴에 의거하여 미래를 추정함으로써 불확실성을 예측하려 한다. 대개의 경우, 이러한 방법은 상당히 효과가 있는 것처럼 보인다. 보통 사람들 눈에는 대체로 세상은 꽤 안정적이기 때문이다. 과거를 분석함으로써 매우 유용한 정보를 얻을 수 있으며, 이를 이용해 상당히 정확한 단기예측도 할 수 있다. 그러나 '안정적으로 보이는 세상'만큼 위험천만한 것은 없다. 다음 사례를 보자.

벤처 신화를 이룬 기업의 사례이지만, 이런 유형은 동네 치킨집에서도 볼 수 있을 만큼 우리에게 익숙하다. 젊은 신생 벤처기업이 성공을 거듭하여 마침내 대기업으로 성장한다. 최고 경영진들은 자신들의 성공에 대해 자신만만해 한다. 자신들이 산업의 본질과 성공요소를 진정으로 이해했다고 확신하기에 이른다. 당연할 것이다. 눈앞에 만져지는 성공이 바로 그것을 증명하고 있지 않은가. 초라하고 지저분한 월세 사무실에서 삐까번쩍한 테헤란로의 야경이 한눈에 들어오는 고층 빌딩 오피스로의 변화, 그것이 바로 살아 있는 증거가 아니고 무엇이겠는가.

회사 경영진은 과거 성공을 일군 자신들의 사고 패턴을 계속 활용한다. 산업이 안정적인 상태를 유지하는 동안 회사는 승승장구를 거듭한다. 거칠 것이 없는 사세 확장에 언론과 주식시장은 환호한다. 이런 일이 반복될수록 경영진은 사업 내용과 미래의 발전 방향에 대해 강한 자신감을 가지게 된다. 이제 이 산업과 회사의 사업은 경영진 입장에서는 소위 '부처님 손바닥' 안에 들어와 있는 것이다. 경영진의 이러한 자신감이 높아질수록 회사의 자산, 기술, 인력 등은 현재의 사업 환경에서 성공할 수 있도록 정확하고 구체적으로 조정된다.

그러던 어느 날, 어디서 이름 모를 나비들이 날아든다. 몇 명의 젊은 대학생들이 신기술을 만들었다는 소문이 들리거나, 경쟁자가 새로운 방식의 사업 모델을 시도하거나, 고객들의 불만이 전혀 다른 영역에서 쌓이고 있는 것이다. 그렇지만 나비는 나비일 뿐, 나비 몇 마리가 회사의 성공 가도에 어떤 장애물이 될 수 있을까. 회사 경영진 중 어느 누구도 사소한 나비의 날갯짓에 주의를 기울이지 않는다.

점차 세계는 변화하기 시작하고 산업에는 불확실성이 커지기 시작하지만 지금까지 성공 가도를 달리던 경영진은 이를 쉽게 받아들이지 못한다. 지금의 안개는 산업의 근저를 흔드는 불확실성이 아니라, 그저 차창에 잠깐 끼어 있는 서리 정도일 뿐이다. 누군가 이것이 파괴적인 토네이도를 몰고 올 것이라고 하면 증거를 내놓으라고 한다. 자신들보다 이 산업을 더 잘 알고 있는 사람이 누구란 말인가. '어디서 이제 막 감을 익히기 시작한 새내기 따위가 감히……' 자만으로 가득 찬 경영진은 점점 커지는 변화의 눈사태를 보지 못한다.

그러나 이러한 자은 변화들이 어느 정도 기간을 두고 쌓여, 이제 손톱만한 변화가 하나만 더 일어나도 엄청난 영향을 초래할 수 있는 상태가 된다. 〈톰과 제리〉라는 만화를 보면 그런 장면이 자주 나온다. 톰이 차를 타고 제리를 맹렬하게 쫓아가다 어느 절벽에 차가 매달리게 된다. 차는 절벽에서 아슬아슬하게 중심을 잡고 있다. 그러자 제리가 특유의 앙증맞은 미소를 띠며 가벼운 깃털 하나를 떨어뜨린다. 깃털이 차 위에 닿는 순간 아슬아슬하게 잡혀 있던 균형은 무너지고 차는 절벽 아래로 떨어진다. 가여운 톰의 절망적이지만 우스꽝스런 표정과 함께(그러나 우리는 걱정하지 않는다. 톰은 언제나 불사신처럼 살아나니까)…….

다시 사례로 돌아와서, 이제 우리의 주인공들도 톰처럼 벼랑 끝에 아슬아슬하게 매달리는 상황을 맞이하게 된다. 그러나 경영진은 새로운 게임 속에서도 과거의 사고방식, 과거의 기술, 인력, 재무 전략에 얽매여있다. 작은 깃털 하나가 떨어져 예기치 못한 상황이 닥친다. 다행히도 운이 좋아, 나비의 날갯짓이 불러온 바람이 그다지 크거나 빠르지 않다면 시행착오를 겪으면서 위기를 극복하고 생존할 수도 있다. 그러나 그것이 거대한 토네이도를 일으킨다면, 〈톰과 제리〉의 톰처럼 차 안에 갇혀 절벽 아래로 떨어지게 된다. 하지만 현실에서는 만화처럼 다시 살아나기가 어렵다.

언젠가 빌 게이츠가 했던 말이 떠오른다. 1998년 한 인터뷰에서 그는 "내가 제일 두려워하는 존재는 어디선가 세상을 바꿀 새로운 뭔가에 몰두하고 있을 젊은이"라고 했다. 아마 그는 나비의 날갯짓, 즉 불확실동인에 대해 인식을 하고 있었나 보다. 그렇기 때문에 마이크로소프트Microsoft는 성공의 정점에서도 망가지지 않고 진화에 진화를 거듭한 것인지도 모른다.

사실, 미래는 거의 무한한 수의 가능성을 가지고 있다. 예측 불가능한 불확실동인들이 미래의 진로를 결정하게 된다. 그러나 과거의 경험으로 만들어진 사고의 틀은 사람들로 하여금 세상을 실제보다 더 안정적인 것으로 오해하게끔 만든다. 또 불확실성에 대한 본능적인 회피 성향으로 인해 불확실성을 피하려고만 한다. 또한 미래를 과거로부터 예측하고 그 예측에 맞는 계획을 세운다. 바로 여기서 문제가 생기는 것이다.

## 대박을 터뜨리거나 뒤통수를 치거나

적어도 전략적으로 경쟁하려면 차별화된 전략을 가지고 있어야 한다. 그래서 탁월한 전략가들은 남들이 보지 못하는 '불확실동인'에 주목한다. 새로운 비즈니스모델을 가지고 세상에 나타나 소위 대박을 터뜨린 사례들을 살펴보면, 대부분 불확실동인에 대한 탁월한 통찰력이 돋보인다.

냅스터Napster라는 포털을 아는 사람이라면 그것이 불러일으킨 혼란 역시 기억할 것이다. 1999년 후반과 2000년도에 미국에서는 무료 음원이 인터넷에 무수히 범람하여, 네티즌들은 돈 한 푼 들이지 않고 별다른 기술적 어려움도 없이 음악을 들을 수 있었다. 네티즌들을 서로 연결하여 보유하고 있는 음원을 공유할 수 있게 해주는 냅스터라는 대단히 효율적인 서비스가 세상에 출현했기 때문이다. 이제 누구라도 컴퓨터만 있으면 간단한 인터넷 검색만으로 자신이 원하는 어떤 노래라도 금새 찾아낼 수 있게 되었다. 원하는 노래의 제목만 입력하면 냅스터는 이 노래를 보유한 사용자를 찾아내고 순식간에 원하는 음악을 다운로드하여 공유할 수 있게 해주었다. 이렇게 되자 기존의 음반 판매 사업이 곤란해졌다. 냅스터 이후 음악은 더 이상 은빛 플라스틱으로 만들어진 CD에 담겨 예쁘게 포장되어 팔리는 물리적인 상품이 아니었다.

냅스터가 걷잡을 수 없이 성장하자 보다 못한 미국음반협회는 냅스터의 고객을 고소하기 시작했다. 음반업계는 청소년 고객을 확보하기 위해 수백만 달러를 투자하고 있는데, 정작 음반협회는 그런 고객을 법정에 세우려고 고소한 것이다. 그러나 그것이 현실이었다. 그리하여 냅스터는 정의로운(?) 법의 심판에 따라 역사의 저편으로 사라지고 말았다. 하지만 그것은 예쁜 나비의 날갯짓이었고, 그 날갯짓이 일파만파 퍼져 나가 언젠가는 거대한 토네이도로 다시 돌아올 것임을 당시 미국의 음반산업 관련자들은 모르고 있었다.

그러나 스티브 잡스는 수많은 나비의 날갯짓 중에서 냅스터가 언젠가 토네이도를 불러올 특이한 날갯짓임을 간파했다. 2001년 아이팟을 세상에 내놓으면서 애플은 화려한 부활을 시작했다. 아이팟은 하드웨어 디자인에 있어서 다른 MP3와는 현격한 차별화를 보였다. 그러나 사실 더 중요한 것은 소프트웨어 기능에 있었다. 아이튠즈라는 소프트웨어와 아이팟이라는 하드웨어가 결합된 순간, 냅스터가 추구했던 마법의 세계가 다시 나타난 것이다.

냅스터가 단순히 음악을 공짜로 들을 수 있게 해줬기 때문에 그토록 짧은 시간에 사람들의 관심을 끌었다고 생각한다면 오산이다. 물론 공짜라는 점은 언제나 매력적이다. 하지만 냅스터는 그것보다 더 소중한 것을 고객들에게 제공했다. 바로 '자유'다. 이전까지 자신이 좋아하는 음악을 소유하려면 어떻게 해야 했는가? 당연히 레코드 가게에 가서 반짝거리는 CD를 사야 했다. 특정 가수의 한두 곡만을 듣기 위해서 CD에 있는 수많은 곡을 다 살 수밖에 없었다. 좋아하는 가수가 두세 명이면 당연히 두세 개의 CD를 살 수밖에 없었다. 당시 음반산업은 고객이 듣고 싶은 노래만 따로 팔 수 있는 그 어떤 제도도 기술도, 그리고 의지도 없었다. 사실 냅스터는 그런 보이지 않는 고객의 니즈needs를 충족시켜주는 역할을 했다. '내가 좋아하는 노래만 묶어 하나의 CD로 만들어 낼 수 있다면 얼마나 좋을까' 당시 청소년들은 이런 생각을 하고 있었고, 냅스터는 그것을 가능하게 해주었다. 그것도 공짜로 말이다!

하지만 그것은 불법이었기 때문에 법적으로 금지되었다. 그러나 아이팟이 눈부신 모습으로 등장하면서 동시에 냅스터의 불법적인 요소를 합법적인 형태로 혁신한 비즈니스모델도 함께 모습을 드러냈다. 스티브 잡스는 냅스터가 일으킨 혼란을 보고, 언젠가 '냅스터가 생기게 된 동인'이 사회의 새로운 현상을 불러일으키리라는 걸 직감했던 것이다. 비록 그것은 불확실했지만 그 속에 기회가 있으리란 걸 알았다. 그래서 잡스는 단순히 아이팟이라는 미끈한 하드웨어를 만드는 것에 그치지 않고, 아이튠즈라는 소프트웨어와 함께 음반업계를 뼛속부터 흔드는 새로운 비즈니스모델을 만들어냈다.

자, 그러면 당시 음반업계는 무엇을 하고 있었을까? 1990년대 미국 주요 음반업체들을 생각해보라. 그들은 결코 바보가 아니었다. 소니SONY, 애틀랜틱Atlantic, 유니버설Universal과 같은 음반사의 마케팅·전략 기획자들은 그때나 지금이나 유능하다. 시장 세분화, 유통채널 최적화, 브랜드 홍보 등에서 타의 추종을 불허하는 전문가들이 그곳에 모여있다. 이들은 고객들의 새로운 트렌드를 읽기 위해 끊임없이 시장조사를 하고, 타 경쟁음반사들의 움직임을 추적하며, 대체품의 출현까지도 추적한다. 당시에 비디오게임과 케이블 TV는 인기 가수가 소속된 경쟁 음반사만큼이나 거대한 잠재 경쟁자였다. 그러나 거기까지였다. 눈에 보이는 확실한 환경동인들을 세심하게 관찰하고 거기에 대응하기 위한 다양한 전략들을 실행하는 것까지가 그들의 한계였다.

정작 그 한계를 넘어 불확실한 미래에 새로운 세계가 다가오고 있음을 간파한 사람은 음반산업과 관련 없는 스티브 잡스였다. 어쩌면 음반산업에서 한 걸음 떨어져 있었기에 그러한 직관적 관찰이 가능했는지도 모르겠다. 아니면 그저 잡스가 운이 좋았는지도 모른다. 결과적으로 운은 확실히 좋았다. 어쨌거나 성공을 했으니 말이다. 하지만 아이팟과 아이튠즈, 그리고 이들을 결합한 혁신적 비즈니스모델 등을 만들어 낸 것은 단순히 운 때문만은 아니다.

스티브 잡스는 불확실동인을 인식했고, 그것이 장차 어떻게 변해 갈 것인지를 나름대로 추론해서 거기에 맞는 비즈니스모델을 설계했다. 그러나 말 그대로 불확실한 동인이기 때문에, 아무리 천재인 스티브 잡스라지만 그 시점에서 불확실동인이 만들어낼 미래의 결과를 정확하게 예측할 수는 없다. 그러므로 불확실동인이 자신이 추론한 대로 움직이지 않았다면 천하의 아이팟이라도 실패했을 것이다. 그러나 실패의 가능성이 있다고 해서 불확실동인을 아예 다루지 않는다면 어떻게 되었을까? 그저 눈에 보이는 확실한 환경동인만을 가지고 전략을 수립했다면 어떻게 되었을까? 아마도 망하지는 않았겠지만 지금의 애플이 거둔 성공도 없었을 것이다. 그저 비슷비슷한 경쟁자들과 함께 동일한 무기로 '더 잘하기 경쟁'에 매몰되어 치열한 소모전을 치를 수밖에 없었을 것이다. 그럴 경우에는 아무리 잘해야 고만고만하게 생존하는 것이다. 오늘날 많은 기업들은 그렇게 하고 있다. 자신을 둘러싼 불확실동인을 알지 못하여 경쟁자와 동일하게 환경을 인식한다. 그리고 서로 비슷한 '더 잘하기' 전략으로 소모적 경쟁을 하고 있는 것이다.

하지만 이럴 때 남들이 쉽게 찾지 못하는 불확실동인을 찾아내고 실패의 위험을 무릅쓰면서 전략적으로 대응하는 것이 지리한 소모전을 탈피해 새로운 블루오션을 창조하는 훌륭한 방법임을 역사가 증명하고 있다.

불확실동인이 기업 경영에서만 중요한 것은 아니다. 개인의 삶에서도 매우 중요하다. 얼마 전 한 TV 시사프로그램에서 명예퇴직을 앞둔 50대 가장이 이런 날에 대비하여 준비해놓은 것이 없느냐는 기자의 질문에 이렇게 대답했다. "30~40대에 한창 일할 때는 이런 날이 올

줄 몰랐어요. 그때는 정말 열심히 일했어요. 그렇게 열심히 일하면 다 해결되는 줄 알았어요." 그렇다. 앞만 보며 열심히 일한 가장에게 잘못을 묻기는 힘들다. 그러나 확실한 환경요소에 대해서만 대응을 하고 불확실한 환경요소에 대응하는 것을 무시하면, 언젠가 불확실동인에게 이렇게 뒤통수를 맞게 되는 것이다. 이것은 개인이고 기업이고 국가고 다 마찬가지이다.

문명이 발달한 현재가 과거보다 낫다고 할 수 있을까? 많은 사람들이 그렇다고 하겠지만 그렇게 대답할 수 없는 사람들도 있다. 가령, 유럽의 조그만 마을에서 가끔 라이브로 피아노를 연주하던 시골 피아니스트의 경우를 보자.[13]

19세기 말까지 이런 시골 피아니스트들도 자기만의 시장을 유지할 수 있었다. 대도시의 화려한 대극장에서 공연을 하는 피아니스트들은 이런 시골 마을까지 진입하지 않았고 또 할 이유도 없었기 때문이다. 그래서 시골 피아니스트는 소박한 연주라도 동네사람들이 필요로 할 것이라고 안심하며 연주에 몰두할 수 있었다.

그러나 녹음 기술이 점차 발달하기 시작했다. 그렇더라도 이 시골 피아니스트는 별다른 위협을 느끼지 못했을 것이다. 피아노를 연주하는 예술가였으니 기술에는 관심도 없었을 것이지만, 관심이 있다 한들 저 멀리 대도시에서 일어나는 녹음 기술의 발달이 자신의 인생에 어떤 영향을 미칠지 추론해내기도 만만치 않았을 것이다. 그는 그

---

13  나심 니콜라스 탈레브, 『블랙스완』, 동녘사이언스

저 새롭게 등장한 피아노 곡을 더 잘 연주하기 위해 열악한 환경에서도 열심히 연습하고 또 연습했을 뿐이다.

그런데 어느 날 녹음 기술의 발달은 CD라는 것을 탄생시켰다. 작고 둥근 이 은색 원반 안에는 이미 오래전에 사망한 미국 천재 피아니스트인 블라드미르 호로비츠의 연주곡이 들어 있다. 이제 사람들은 시골 피아니스트의 소박한 라이브 연주보다는 언제 어디서나 듣고 싶을 때 들을 수 있는 세계적인 피아니스트 호로비츠의 영원불멸의 연주를 듣기 시작하였다. 그렇게 되자 시골 피아니스트는 저임금에 허덕이며 별 재능도 없는 어린아이들에게 피아노 레슨이나 하는 신세로 전락했다. 그 전에는 시골이라지만 그래도 자신만의 무대와 관객이 있는 어엿한 연주가였는데 말이다. 기술 발달의 도움으로 죽은 호로비츠가 살아 있는 피아니스트의 시장을 빼앗은 셈이다. 누구의 잘못일까? 죽은 호로비츠의 잘못일까, 아니면 살아 있는 피아니스트의 잘못일까? 그것도 아니면 아무 생각 없이 발전에 발전만 거듭하는 기술이 죽일 놈일까? 피해자는 분명 있는데 가해자는 없는, 아니 딱히 누구라고 지목하기 힘든 상황이다.

그러나 가만히 속을 들여다보면, 아이팟처럼 대박을 터뜨리든 시골 피아니스트처럼 뒤통수를 맞든 상황이 발생하기 전에 불확실동인이 생겨났음을 알 수 있다. 아이팟의 경우에는 냅스터가, 시골 피아니스에게는 녹음 기술의 발달이 작은 나비의 날갯짓이었다. 그러나 그들의 삶에 불확실동인이 생겨났지만 스티브 잡스 정도가 아니면 아무나 쉽게 그것을 알아채지 못한다는 것이다. 따뜻한 봄날 사방에서 예뿐 나비들이 날갯짓을 하는데, 그중 내 삶에 토네이도를 불러올 나비를 어떻게 찾아낼 수 있을 것인가?

Chapter 2
# 직관과 상상, 그리고 통찰

인간에게는 자신의 잠재적인 힘이나 장점을 발휘하여 불확실성을 기회로 바꾸는 능력이 있다. 스티브 잡스의 아이팟·아이튠즈 사례에서 보았듯이, 미래가 불확실하기에 완전히 새로운 아이디어를 개발할 수 있는 가능성이 높아지는 것이다. 어쩌면 불확실성 때문에 인생에 '대박'이라는 것이 존재하는 것일지도 모른다. 세상의 모든 것이 확실하다면, 우리는 정해진 노선에 따라 살아갈 수밖에 없다. 안정적이기는 하겠지만 썩 재미있지는 않을 것이다. 그러나 아직까지도 사람들은 불확실성을 기회보다는 위협의 요인으로 생각하기 때문에 이를 회피하려는 성향이 더욱 강하다.

인간은 본능적으로 불확실성을 싫어한다. 지금 당장 허락이든 거절이든 확답을 받는 것이 낫지, 며칠 뒤에 이야기해줄 테니 기다리라고 하면 다들 싫어한다. 불확실하다는 것은 이거다 저거다 결정이 안

된 상태이며, 또 어떻게 결정 날지 알 수 없는 상태를 의미한다. 상황이 불확실하면 그 상황 속에 있는 '나'는 의사결정을 하기가 어렵다. 나의 삶이 내가 아닌 불확실성에 지배되기 때문이다. 그것은 같은 돈이라도 현재 확실하게 내 손에 쥐어진 백만 원의 가치가 일 년 뒤 쥐어질 백만 원의 가치보다 훨씬 큰 이유다.

타조는 사나운 맹수에게 쫓기면 도망을 가다가 자신의 머리를 덤불 속에 숨긴다고 한다. 자신에게는 맹수가 보이지 않겠지만, 맹수에게는 타조의 커다란 몸뚱어리가 확연히 보인다. 숨으나 마나 한 어리석은 행동이다. 이를 고사성어로 '장두노미藏頭露尾'라 한다. 원래는 거짓을 숨기려 해도 커다란 실마리가 다 드러나 있는 것을 빗댄 말이다. 맹수에게 쫓기는 위협을 피하기 위해 머리를 덤불 속에 박는 어리석은 모습은 오늘날 점점 커지는 불확실성을 대하는 현대인의 모습과 어딘가 닮아 있다는 생각이 든다.

불확실성이 없는 것처럼 행동한다고 불확실성에서 벗어나는 것은 아니다. 불확실성에 대응하기 위해서는 우선 불확실성에 대한 선입견부터 바꿔야 할 것이다. 진실은 이렇다. 첫째, 좋든 싫든 우리는 점점 더 불확실한 세계에서 살게 될 것이다. 불확실성은 이제 우리 삶에서 당연한 존재로 받아들여야 한다. 둘째, 모두 경쟁자들을 모방하여 더 '잘'하려고만 하는 세상에서 경쟁자와 '다르게' 하려면, 오히려 불확실성 속에서 기회를 찾을 수 있다. 불확실성 속에 차별화의 기회가 있다는 것이다. 20세기 최고의 사회심리학자인 에리히 프롬도 "확실성만 추구하면 의미를 놓치게 된다. 불확실성이야말로 인간이 역량을 발휘할 필수조건이다."라고 했다.

토네이도가 나타나기 전에 이미 불확실성을 유발시키는 환경동인이 존재한다. 이 불확실동인을 '나비의 날갯짓'이라 했다. 그러므로 불확실성에 대응한다는 것은 바로 불확실동인 즉, 나비의 날갯짓을 찾아내고 그것들이 불러올 수 있는 수많은 토네이도를 상상해내어 다양한 대응 전략을 준비하는 것이 될 것이다. 바로 여기에 '직관력과 상상력'이 필요하다.

이렇게 정의 내리고 나면 그것이 무엇인지는 알겠는데, 항상 '어떻게'라는 의문이 남기 마련이다.

## 직관력, 나비야 나비야 어디에 숨었니

사전事前적으로 불확실성을 잔뜩 품은 나비 날갯짓을 찾는 것은 훌륭한 전략을 만들기 위해 매우 중요하다. 공의 뒤를 쫓아가는 선수보다 공이 향하는 곳에 먼저 가서 결정적 기회를 만드는 선수가 축구를 잘하는 선수인 것처럼, 불확실동인의 뒤를 쫓기보다는 그것이 향하는 지점에 먼저 가서 기회를 노리는 것이 훨씬 '전략적'이기 때문이다.

앞선 사례에서 보듯이 토네이도를 몰고 오는 나비의 날갯짓은 처음에는 아주 사소해 보인다. 그렇기 때문에 보통 사람들의 눈에는 잘 띄지 않는다. 그 나비가 그 나비이니 웬만한 통찰력이 없이는 그럴 만도 하다. 봄이면 꽃이 핀 곳에는 나비가 지천으로 날아다닌다. 그중에서 어떤 나비가 토네이도라는 예기치 못한 사건을 불러올 나비인지 사전에 알 수 있을까?

그냥은 모른다. 몇 가지 정지 작업을 해야 한다. 우선 TPO를 정해야 한다. 앞서서 여러 번 언급하였던 시간Time, 장소Place, 상황Occasion 말이다. TPO를 정하면 범위가 좁혀지기 때문에 불확실동인을 찾기가 보다 수월해진다. 그러기 위해서는 불확실동인을 찾으려는 목적이 분명해야 한다. 누가 어떤 이유로 그것을 찾으려는지 명확하면 TPO를 설정할 수 있다.

원래 TPO는 마케팅 용어다. 시간과 장소, 상황에 맞는 다양한 생활양식에 따라 시장을 세분화하고 여기에 맞는 마케팅 수단을 제공한다는 개념이다. 특히 패션업계에서는 TPO에 따라 시장을 세분화할 수 있다. 예를 들면, 일상생활에서 편하게 입을 수 있는 간편한 옷차림의 캐주얼 시장과 사회인으로서 공식적인 자리에 맞게 입는 오피셜 시장 등으로 나눌 수 있다. 하지만 이 TPO는 비단 마케팅에서 시장을 세분화할 때에만 활용할 수 있는 것이 아니다. 불확실성에 대한 전략을 수립할 때도 마찬가지로 활용된다. 여기서 '시간'은 우리가 불확실성에 대해 준비할 때 언제까지 그 시간축을 정할 것이냐 하는 문제다. 무한한 시간을 두고 불확실성을 논할 수는 없다. 불확실성은 시간축이 길어지면 길어질수록 커지기 마련이다. 이미 4차 산업혁명이 진행 중인 오늘날 5년 이후의 불확실성에 대해 논하는 것은 의미가 없을지도 모른다. 5년 이후는 불확실한 세계라기보다 무지의 세계에 가깝기 때문이다. 그러므로 불확실성에 대해 논하려면 우선 시간축, 그것도 5년 이내의 시간축을 먼저 설정해야 한다.

그러나 이것만으로는 부족하다. '어디서?'에 대한 답으로 공간축을 또 정해야 한다. 가령, 시간축을 3년 이내로 설정했다면, 3년 이내 전 세계에서 일어나는 모든 일들을 다 살펴볼 수는 없다. 일정한 공간적 한계가 필요하다. 이때 공간은 지역적인 공간일 수도 있고, 개념적인 공간일 수도 있다. 지역적 공간이란, 말 그대로 국내, 해외로 구분되는 물리적 장소다. 구체적일수록 좋다. 반면 개념적 공간은 회사, 가정 등과 같이 추상적 장소다. 예를 들어, 가정이란 이사를 가면 지역적으로 변할 수 있다. 하지만 가족 구성원이 만드는 가정이라는 개념적 공간은 지역적 공간에 관계없이 존재한다. 엄마는 아이들을 데리고 캐나다에 있고, 아빠는 한국에서 열심히 일을 하는 기러기 가정도 '가정'이라는 개념적 공간 속에서는 함께 존재한다고 볼 수 있다.

마지막이 '상황'이다. 주어진 시간과 장소에서 벌어지는 상황이나 주체자가 처한 경우를 의미한다. '향후 3년 내Time, 우리 회사에서Place 사업 부장으로서Occasion 내가 직면하고 있는 불확실동인은 무엇인가?'라고 질문을 던진다면 좀 더 용이하게 불확실동인을 찾을 수 있을 것이다.

TPO를 설정하고 나면 그 안에서 여러 가지 환경 동인들을 찾아낼 수 있다. 그중에는 큰 영향력을 가지고 있으나 주어진 TPO 내에서 변화의 속도와 방향이 불확실한 동인을 찾아야 한다. 그러나 이렇게

TPO를 정해서 범위를 좁혔다 하더라도 불확실동인이 바로 눈에 보이는 것은 아니다. 나름대로는 TPO를 통해 울타리를 쳐놓았기 때문에 그렇지 않은 경우보다는 불확실동인을 찾기 수월하겠지만, 그것만으로는 충분하지 않다. 불확실동인을 찾기 위해서는 소위 '직관'이라는 것이 필요하다.

사람들은 통상 '인식-이해-추론'의 단계로 사고를 전개시킨다. 가장 먼저 외부 상황에 대해 인식하는 것에서부터 사고를 시작한다. 이때 인식을 담당하는 것은 오감, 즉 시각, 촉각, 미각, 청각, 후각이다. 이런 오감은 웬만한 동물들에게도 있다. 그런데 사람들에게는 여기에 더해 제6의 감각이 있다. 우리는 이것을 육감이라고 한다. 육체가 느낄 수 있는 오감 이외의 감각 능력이 육감이다. 별다른 이유 없이 오싹함을 느낀다거나, 주변 분위기가 미묘하게 변하고 있는 것이 그저 느껴지는 경험을 한 적이 있을 것이다. 이것이 육감이다. 이러한 육감은 강하고 약하고의 차이는 있지만 평범한 사람도 누구나 가지고 있다.

보통은 이렇게 여섯 가지의 감각 능력을 통해 '인식'된 것을 '이해'하고, 마지막으로 '추론'하여 결론에 이른다. 그런데 감지한 것에 대해 이해와 추론을 거치지 않고 바로 결론에 이를 수 있는 역량이 있는데, 이것이 바로 직관력直觀力이다.

사람들은 직관이라 하면 남의 일이라고 생각하는 경향이 있다. 직관 같은 것은 타고난 사람들, 또는 훈련 받은 사람들에게나 해당하는 것으로 생각하기 때문이다. 하지만 평범한 사람들도 직관력을 가지고 있다. "척 보면 압니다."라는 말이 있다. 그것이 바로 직관력을 달리 표현한 말이 아닐까 싶다. 서당개 삼 년이면 풍월을 읊는다고 아무리 못 배운 무지렁이라도 어느 분야에서 얼마간의 경험을 쌓으면 어느 정도는 '척 보면 아는' 수준이 되는 것이다. 즉 따로 자료를 찾아보고 시간 내서 분석하지 않아도, 어떤 대상의 실체나 본질을 금새 알아차릴 수 있는 수준이 된다는 것이다.

인간의 심리와 행동을 바탕으로 경제를 연구하는 행동경제학에는 '휴리스틱heuristic'이라는 개념이 있다. 휴리스틱은 '찾아내다, 발견하다'라는 그리스 말에 어원을 두고 있다. 문제를 해결해야 하는 상황에서 명확한 실마리가 없을 경우에 사용하는 편의적 방법이다. 보통 쉬운 말로는 어림셈, 간편추론법이라고도 한다. 휴리스틱에 대비되는 개념은 '알고리즘algorithm'이다. 알고리즘은 일정한 순서대로 풀어가면 정확한 답을 얻을 수 있는 정해진 방법이다. 예를 들어, 수학공식은 쉽고도 명확한 알고리즘이다. 그러나 알고리즘을 통해 답을 찾으려면 반드시 분석이나 계산 단계를 거쳐야 한다. 반면, "백지장도 맞들면 낫다", "급할수록 돌아가라"와 같은 속담은 일종의 휴리스틱이다. 반드시 그렇지는 않지만 대부분 현실에서 유용하게 활용할 수 있는 방법이다. 귀찮은 분석 단계 없이 간편하게 사용할 수 있다.

요즘 TV에서 유행하고 있는 각종 경연 프로그램에서도 휴리스틱의 좋은 예를 볼 수 있다. 유명한 가수, 프로듀서들이 나와서 경연에 참가한 아마추어들의 노래와 춤 실력을 평가한다. 그들은 참가자들이 첫 소절을 부르는 것만 듣고서 평가를 내리기도 한다. 일종의 직관으로 휴리스틱이 작동한 것이다. 이뿐이 아니다. 주말에 아이들과 야구를 할 때도 휴리스틱을 경험할 수 있다. 타구가 떠서 높이 날아갈 때 공을 잘 보고 뛰어가서 공이 떨어지는 지점에 정확히 글러브를 갖다 댈 수 있다면 이것도 일종의 휴리스틱이 작동한 것이다. 야구선수가 아니더라도 이런 종류의 휴리스틱은 자연스럽게 타고난다. 기업이 비싼 돈을 들여 하고 있는 광고, 선전, 브랜드도 사실 소비자가 상품을 선택할 때 휴리스틱을 활용하기 쉽도록 하고 있는 사례다. 소비자는 그 상품의 전문가가 아니더라도 휴리스틱을 활용해 까다로운 성분 분석이나 품질 테스트 등을 하지 않고도 좋은 상품을 선택하고자 한다.

이렇듯 휴리스틱은 특정 영역(적절한 상황, 생태, 환경)에서 사용하기 위해 타고나거나 배워서 가지게 된 도구로, 인간의 직관적 판단이나 결정에 매우 중요한 구실을 하고 있는 것은 확실하다. 이 분야에서는 행동경제학에 대한 연구로 노벨경제학상을 수상한 대니얼 카너먼이 유명하다.

그는 "휴리스틱은 대단히 경제적이고 일반적으로 효과가 있다. 비록 휴리스틱이 체계적이고 예측 가능한 오류를 낳기도 하지만 그 결과로 생길 수 있는 선입견을 잘 이해하면 불확실한 상황에서의 판단과 의사결정을 개선할 수 있다."고 주장한다.[14] 확실히 '척 보면 아는'

---

14  대니엘 카너먼, 『생각을 위한 생각』, 김영사

이 휴리스틱은 불확실한 환경에서 인간이 보다 효율적으로 대응할 수 있도록 도와주는 측면이 있다는 것이다. 앞에서 제시한 '향후 3년 내 Time, 우리 회사에서Place 사업부장으로서Occasion 내가 직면하고 있는 불확실성은 무엇인가?'라는 질문에 오랫동안 그 회사에 근무한 사람이라면 휴리스틱을 활용하여 직관적으로 불확실동인을 찾아낼 수도 있을 것이다.

그러나 카너먼도 우려했듯이 이 도구는 불안정한 측면이 있다. 말 그대로 간편추론법이다 보니, 오랫동안 근무한 회사, 가정 등과 같이 자신에게 익숙한 상황에서는 비교적 유용하게 쓰이지만 그렇지 않은 상황에서는 자칫 심각한 실수를 유발할 수도 있기 때문이다.

가령, 노련한 소방관은 화재 진압 상황에서 시간을 들여 분석적 판단을 한 뒤 행동을 취하는 것이 아니라, 그간 쌓인 경험과 노하우를 활용하여 짧은 시간에 최적의 행동을 찾아낸다. 휴리스틱을 제대로 작동시킨 것이다. 하지만 아무리 노련한 소방관이라고 해도 살인 현장에서 범인이 남긴 단서를 찾는 데 휴리스틱을 작동하기는 어려울 것이다. 그것은 그 분야의 전문가인 노련한 형사의 몫이다.

그러나 불행히도 우리의 삶에 영향을 미치는 불확실동인은 단순히 자신이 익숙한 분야에서만 생기는 것은 아니다. 자신이 모르는 분야에서도 불확실동인이 발생할 수 있다. 앞서 시골 피아니스트에게 CD 녹음 기술이라는 전혀 생소한 사건이 불확실동인이었듯 말이다. 이에 대해 컬럼비아 경영대학원 교수인 윌리엄 더건은 익숙한 상황에서 발휘되는 직관과 달리, 익숙하지 않고 불확실한 상황에서 환경 변수를 파악하고 해결책을 찾아내는 '전략적 직관'의 개념을 제시하였다.

> 전략적 직관은 좀 더 천천히 좀 더 의식적으로 이루어지며, 과거의 전문성만으로는 충분치 않은 새로운 상황에서 작동한다. 전문가의 직관은 익숙한 상황에서 작동하며, 일을 더 빨리 더 잘할 수 있게 해준다. 한편 전략적 직관은 익숙하지 않은 상황, 즉 모든 전략적인 상황에 크고 작은 차이가 있는 경우에 작동한다.[15]

'전략적'이라는 말은 우리가 흔히 생각하듯이 자신의 이익을 위해 비열한 속임수를 쓴다거나 교묘하게 잔머리를 쓰는 것을 의미하지 않는다. 전략적이라는 말은 상황에 따라 다양한 의미를 가질 수 있지만 필수적으로 지니고 있는 의미는 '환경의 불확실성과 경쟁의 상대성'을 고려한다는 것이다. 그러므로 전략적 직관은 불확실한 환경이나 타인과의 상호작용이 일어나는 상황에서 내리는 직관적 판단이라고 해석할 수 있을 것이다.

위에서 예를 든 소방관이 가족과 여행을 가기 위해 난생 처음으로 비행기를 탔다고 하자. 잔잔한 하늘을 순항하던 비행기가 갑자기 태평양 상공에서 거대한 난기류를 만나 심하게 요동치기 시작했다. 승무원들도 이렇게 심한 난기류는 처음인지 당황한 기색이 역력하다.

---

[15] 윌리엄 더건, 『제7의 감각, 전략적 직관』, 비즈니스맵

비행기가 어떻게 될지 모르는 불확실성이 커지면서 공포에 질린 승객들은 여기저기서 비명을 지르며 아우성을 치기 시작한다. 소방관은 화재라는 위기 상황에서의 대처 방법은 훈련도 받고 경험도 많이 했다. 생명이 위태로운 불확실한 상황에서도 당황하기보다는 침착해야 생존 가능성을 높인다는 지식은 머리뿐만 아니라 몸에도 새겨져 있다. 그러나 비행기는 처음 탔고 난기류도 처음 겪기 때문에 위기라 해도 자신이 훈련 받고 경험한 익숙한 상황은 아니다. 하지만 화재 시 대처 방법과 같이 이미 알고 있는 지식과 난기류라는 현 상황에서 스스로 파악한 정보 등을 결합한다면, 비록 자신에게는 생소하고 불확실한 상황이지만 생존을 위해 중요한 요소들(가령 침착함, 위기상황 시 매뉴얼화된 행동 요령 등)을 인식하고 그에 맞는 최적의 행동을 실행에 옮길 수 있을 것이다. 또 공포로 인해 심리적 공황 상태에 빠진 다른 사람들을 어떻게 도와야 하는지도 판단할 수 있다.

'전략적 직관'에서는 자신이 이미 알고 있는 지식과 정보, 그중에서도 '과거의 사례'들을 조합하고 여기서 새로운 아이디어를 창조하는 역량이 매우 중요하다고 윌리엄 더건은 강조한다. 하지만 '과거의 사례'에 자신이 직접 경험한 사례만 있어서는 안 된다. 익숙하지 않은, 그래서 더더욱 불확실성이 높은 상황에서 자신의 경험을 통한 지식과 정보에만 의존하는 것은 위험하기 때문이다. 그래서 전략적 직관에서는 간접 경험 즉, 책이나 타인을 통해 알게 된 사례들이 중요시된다. 이것이 바로 전략적 직관이 휴리스틱과 다른 점이다.

이렇듯 전략적 직관을 제대로 구사하기 위해서는 기존에 알고 있는 지식과 정보는 물론, 현재 직면한 상황에 대한 지식과 정보도 많아야 한다. 그러나 현실을 보자. 디지털 기술의 발달로 다양한 지식과 정보가 여기저기 널렸지만 풍요 속에 빈곤이라고, 정작 당면한 문제 해결을 위해 필요한 지식과 정보는 찾기가 쉽지 않다. 더구나 위기 상황에서는 더욱 그렇다. 그렇다면 늘 지식과 정보가 부족한 상황에서 어떻게 해야 전략적 직관을 활용할 수 있을까?

이렇게 제한적인 지식과 정보를 활용하여 필요한 결론을 도출하는 능력을 호소야 이사오는 '지두력地頭力[16]'이라고 명명했다. 지두력은 말 그대로 정보나 자료가 충분치 않은 불확실한 상황에서 생각하는 힘을 통해 결론을 찾아가는 능력이다. 나는 한자 그대로 해석해서 '맨땅에 헤딩하는 사고'라고 한다. 가만히 생각해 보면, '맨땅에 헤딩하는 사고'라는 말도 어느 정도 뜻은 통한다. 이 지두력에서는 '페르미 추정'이 핵심이다. 원자력의 아버지라고 불리며 1938년 노벨물리학상을 수상한 물리학자 엔리코 페르미는 시카고 대학에서 강의를 할 때, 학생들에게 뜬금없는 퀴즈를 자주 낸 것으로 유명하다. "시카고에 피아노 조율사는 몇 명이나 있을까?" 등이 페르미 추정의 고전으로 알려져 있다. 아무것도 알려 주지 않은 상황에서 현재 알고 있는 지식·정보와 스스로 생각하는 능력만을 가지고 미지의 답을 찾아가는 것이다. 전략적 직관이 뛰어나려면 이 지두력이 뒷받침되어야만 한다.

---

[16] 호소야 이사오, 『지식에 의존하지 않는 문제해결 능력 지두력』, 이레

난기류 상황에 처한 소방관은 생전 처음 맞이하는 상황이지만 높은 상공에서 불규칙한 바람에 흔들리는 비행기가 최악의 경우에 어떻게 될지는 스스로 추론할 수 있을 것이다. 필요한 지식과 정보를 얻을 순 없지만, 스스로 알고 있는 지식과 정보만으로 '최악의 경우라도 비행기가 공중 폭발하지 않을 것이고, 다만 균형을 잃고 추락하다가 바다 위로 불시착할 가능성이 높다'는 것을 생각해 내고 그 상황에 대비해 현재 어떤 준비를 해야 하는지 알아낸다면 그것도 일종의 지두력 때문이다. 지두력이 있어야 생경한 상황에서 전략적 직관을 발휘할 수 있다.

지두력을 대표하는 '페르미 추정' 문제는 그간 경영컨설팅 회사에서 신입 컨설턴트를 뽑을 때 단골로 활용되었다. 그 이유는 경영컨설팅을 비롯한 여러 문제해결형 전문직에서는 선직관 후분석의 방식을 선호하기 때문이다. 정답을 맞추는 것보다는 제한된 지식과 정보만으로 답을 찾아가는 과정이 얼마나 논리적이고 합리적인가, 또는 얼마나 독창적인가가 채점 기준이다.

이제 이 방식은 일반 기업에서도 인재 등용 시 종종 활용하고 있다. 불확실성이 커지는 경영 환경에서 일반 기업에게도 이러한 선직관 후분석의 방식이 매우 필요한 역량이 되었기 때문이다.

하지만 아직도 많은 사람들이 불확실성이 높은 환경에서도 충분한 자료나 정보가 있어야 분석을 하고 결론에 이를 수 있다고 생각한다. 그래서 무조건 자료 수집부터 하는 경우가 많은데, 이는 무엇을 공부할지 정하지도 않고 도서관으로 달려가 눈에 띄는 책을 마구잡이로

읽는 것과 같다. 그러므로 먼저 중요하지만 불확실해 보이는 환경 동인을 찾아내고 관련성이나 패턴 등을 알아내기 위해 직관력을 동원해야 한다. 자료 수집은 그 다음의 문제다.

안개가 자욱한 불확실의 바다에서 올바른 방향을 찾고, 곳곳에 숨어 있는 불확실동인들을 파악하기 위해서는 날카로운 휴리스틱을 활용한 직관력이 필요하다. 특히 그 바다가 자신에게 생경한 곳이라면 그냥 직관력이 아닌 '전략적 직관'이 요구된다. 그리고 이를 제대로 활용하려면 제한적 지식과 정보만으로 결론을 도출할 수 있는 '지두력'이 반드시 필요한 것이다.

## 상상력, 토네이도 상상하기

설사 불확실성을 잔뜩 머금은 나비를 찾았다 하더라도, 이것이 어떤 토네이도를 불러올 것인지는 알 수 없다. 이것을 알아야 대응 방안을 마련할 수 있을 텐데 말이다. 기업 경영에서는 소위 시나리오를 통해 토네이도를 그려낸다. 이를 '시나리오 경영'이라고 한다. 최근 경기 불황이 닥칠 때마다 대기업을 중심으로 시나리오 경영을 수행하고 있다. 향후 불확실성이 더욱 높아질 것으로 예상되는 만큼, 이에 대한 대응 전략을 수립하는 시나리오 경영이 더욱 중요시될 것이다.

사실 시나리오는 영화나 연극의 각본脚本 혹은 극본劇本을 이르는 말이다. 한마디로 문학작품인 것이다.

그런데 어떻게 이런 영화나 연극과 같은 예술 장르에서 활용되는 시나리오가 미래를 상상하는 데 활용되는 것일까? 물론, 순수 예술작품으로써의 시나리오와 기업 경영에 있어 불확실한 미래를 상상하기 위한 시나리오는 큰 차이가 있다. 하지만 한 가지 동일한 것은 바로 '개연성 있는 스토리'이다.

절대적으로 확실치 않으나 그럴 거라고 생각되는 성질을 '개연성'이라고 한다. "음주 전후 이성에 대한 호감도를 조사해 본 결과 알코올이 감정 호르몬에 영향을 미칠 개연성이 높은 것으로 나타났다."처럼 꼭 그렇지는 않지만 그럴 거라고 생각되는 성질을 말한다. 만약 술을 마신 뒤엔 모든 남녀가 항상 이성에 대한 호감도가 높아진다는 연구 결과가 나왔다면 알코올과 이성에 대한 호감도는 '필연성'을 가진다고 할 수 있다. 개연성은 필연성은 아니다. 그렇다고 무작위적인 우연성도 아니다. '그럴 수 있겠구나'라고 고개가 끄덕여지는 정도에 따라 개연성이 높다 혹은 낮다라고 표현할 수 있다.

건물을 나서려는 순간 갑자기 국지성 소나기가 폭포처럼 쏟아진다. 다음 중 어느 것이 더 개연성이 높은 장면일까?

1) 다시 건물로 들어가서 소나기가 다소 잠잠해질 때까지 기다렸다가 우산을 펴고 길을 나선다.
2) 천둥벌거숭이처럼 날뛰며 빗속을 뛰어간다.

건물을 나서는 사람이 양복을 차려입은 신사라면 1번이 개연성이 높다 할 것이고, 학교가 파하고 집에 가려는 시골 개구쟁이들이라면 2번도 개연성이 높다 할 수 있다. 이처럼 개연성은 그 당시의 TPO에 따라 판단이 달라질 수 있다. 그러나 확실한 것은 예술작품 시나리오건 경영 기법 시나리오건, 시나리오는 개연성이 높은 스토리여야 한다는 것이다.

그럼에도 많은 사람들이 시나리오와 예측을 아직도 혼동하고 있다. 시나리오는 예측과 확연히 다른 방법이다. 예측은 과거에서 현재까지의 추세를 미래에 적용해 미래를 그려내는 것이다. 물론 향후 일어날 가능성이 높은 새로운 변수들을 반영하여 미래를 그려낸다. 그러나 아무리 새로운 변수를 반영한다 해도 과거의 추세가 많은 부분 반영되기 마련이다. 또한 이러한 예측에서 그려내는 미래는 여러 개가 아니라 단 하나뿐이다. 그러므로 예측은 불확실성이 낮은 세상에서 미래를 그리는 적당한 방법이다. 과거-현재까지의 추세가 현재-미래까지도 거의 적용이 되는 그런 연속적인 환경 말이다. 앞에서 언급한 '평범한 세상'과 같은 환경이라면 큰 오차 없이 단 하나의 확실한 미래를 예측할 수 있을 것이다.

하지만 시나리오는 불확실동인으로 구성되기 때문에 '극단의 세계' 같은 환경을 전제로 한다. 과거와 연속적이지 않은 세상을 전제로 하기 때문에 단순한 예측보다는 불확실동인들이 각각 어떻게 관계를 맺고 있는가, 어떤 인과관계로 미래에 영향을 미치는가에 대한 설명이 핵심이다. 따라서 시나리오를 만들 때는 정량적인 분석보다는 인과관계를 중심으로 한 정성적 분석이 사고방식의 중심이 된다. 또한 불확실동인들 간의 인과관계가 다양한 형태로 나타날 수 있기 때문에 전혀 다른 미래가 여러 개 그려지게 된다. 불확실성이 높은 환경에서는 시나리오를 통해 여러 개의 미래를 그려내는 것이 예측을 통해 하나의 미래를 그리는 것보다 훨씬 유용하다.

그러므로 시나리오를 통해 미래를 그릴 때에는 불확실동인을 잘 찾아내는 것은 물론이고, 상상력을 통해 이들을 잘 조합할 수 있어야 한다. 이때 그려지는 미래는 개연성이 있는 스토리여야 한다. 절대적으로 그렇지는 않더라도 '그럴 것 같다'는 느낌이 들어야 한다는 뜻이다. 상상력의 나래를 편다고 해서 남들이 납득할 수 없는 자신만의 세계에서 미래를 그려내서는 안 되는 것이다.

예측이 가능한 필연적 환경, 즉 현재 시점에서도 확실한 요소들은 대체적으로 미래에 대한 밑그림이 된다. 정작 미래를 여러 가지 모습으로 달라지게 하는 것은 우연적 환경이다. 불확실동인에 의해 만들어지는 몇 가지 미래에 대한 상상들을 이 밑그림과 조합해 다양한 미래를 만들어내게 된다.

불확실동인은 어렵긴 하지만 사전에 그 실체를 발견할 수 있다. 그리고 정확히 예측은 할 수 없지만 각각의 불확실동인이 어떤 방향으로 얼마나 빨리 움직일 것인지, 개연성 높은 상상을 할 수 있다면 어떤 미래가 만들어질지에 대한 몇 가지 대안을 그려낼 수 있다.

이렇듯 시나리오는 불확실성을 고려하여 미래의 환경을 그리는 것이고, 그에 대한 전략은 내가 원하는 바를 달성하기 위해 각각의 시나리오에서 무엇을 어떻게 할 것인가를 정하는 것이다. 많은 사람들이 시나리오 그 자체를 전략이라고 생각하는데 이는 잘못된 생각이다. 시나리오는 미래에 대한 개연성 높은 상상일 뿐이다. 전략은 각각의 상이한 시나리오에 맞는 대응책으로써 다시 만들어져야 한다.

이 시나리오 기법에서 중요한 것은 필승할 수 있는 정교한 전략이 아니라, 상상력을 통해 개연성 높은 미래를 미리 인식하고 있느냐이다. 그것이 좋든 나쁘든 미래를 미리 인식하고 있다면 실제 그런 미래가 닥쳐왔을 때 당황하지 않고 평소 생각해 오던 것을 실행할 수 있다는 것이다. 또는 최악의 미래를 미리 그려보고 그러한 상황이 닥쳤을 때 필요한 것들을 준비할 수도 있다.

하지만 시나리오 기법은 결코 미래를 통제하겠다는 의도를 가진 것은 아니다. 어떤 미래가 오더라도 적응해 나가겠다는 것이다. 이런 시나리오 기법은 기업과 거대한 조직에만 필요한 것이 아니다. 개인이라 할지라도 삶에 대해 불확실한 동인들을 찾아 시나리오를 그리고 적응 전략을 가지고 있어야 한다. 개인의 삶도 불확실성이 커지고 있기 때문이다. 물론 기업과 같은 거대 조직은 모든 경우의 수를 다 고려하여 매우 정교한 전략을 개발할 것이다. 평범한 개인의 경우에는 그렇게까지 하기 어렵거니와 그럴 필요도 어렵다. 하지만 적어도 이 짙은 안개 뒤에 어떤 미래가 기다리고 있는지 인식은 할 수 있어야 한다. 그래야 순진한 나비에게 뒤통수 맞는 일을 방지할 수 있다. 그런 맥락에서 직관력과 마찬가지로 개연성 있는 상상력 또한 불확실성의 시대에 개인에게 반드시 필요한 지적 역량이라 할 수 있을 것이다.

## 통찰력, 보이지 않는 것을 보는 능력

이렇듯 존재하지만 분간이 어려운 나비의 날갯짓(불확실동인)을 직관력을 통해 찾아내고, 그러한 나비의 날갯짓이 가져올 미래의 토네이도를 상상력으로 그려낼 수 있는 능력이 바로 통찰력이다. 통찰력insight, 洞察力이란 '눈에 보이지 않는 것을 볼 수 있는 능력'이라는 의미다.

이 대목에서 '직관력, 상상력 그리고 통찰력? 듣기에는 다 좋은 소리인데, 이것을 평범한 사람들이 어떻게 가질 수 있는가?'라는 의문이 들 수도 있다. 상대방에게 엉망진창으로 얻어맞고 코너로 들어오는 권투 선수에게 코치라는 사람이 한다는 소리가 "야, 괜찮아. 이길 수 있어. 다음 라운드에는 겁먹지 말고 성큼성큼 전진해서 상대편 펀치는 다 피하고 대신 스트레이트 한 방만 먹이면 네가 이겨!"라고 하는 아주 옛날 개그가 생각난다. 그걸 누가 몰라, 어떻게 해야 스트레이트를 먹일 수 있는지를 말해줘야지! 선수는 속으로 이런 볼멘 소리를 할 것이다.

안 좋은 소식은 직관력이나 상상력을 단기간에 키울 수 있는 비결 따위는 없다는 것이다. 그러나 좋은 소식은 평범한 사람에게도 기본적인 직관력과 상상력은 갖춰져 있으며 이를 꾸준한 연습으로 키워나갈 수 있다는 것이다. 그리고 이것이 점점 더 불확실성이 커지는 세상에서 생존하고 발전하는 데 필요한 도구가 될 것이라는 점이다.

이런 정신적 도구를 키우기 위해선 당연히 의도적으로 노력해야 한다. 직관력과 상상력을 위한 수련은 물론, 관련 서적을 공부하는 것이다. 그러나 여기서 그쳐서는 안 된다. 가장 좋은 것은 자신이 하는 일, 즉 직장에서 두 역량을 활용하도록 노력하는 것이다. 어떤 일을 하든 직관력과 상상력은 필요하다. 평소에 그것을 의식적으로 사용하지 않아서 모를 뿐이지, 보통 사람들도 누구나 이 두 가지 역량을 무의식적으로 매일 활용하고 있다. 이제 그것을 더욱 자주 활용하려고 의도적으로 노력해야 한다.

나의 경우에는 지하철을 타고 가는 동안 지하철 벽면에 붙어 있는 특정 기업의 광고를 보면서 그 기업이 직면하고 있는 불확실동인과 그로 인한 미래 시나리오가 어떨까 하고 상상의 나래를 펼치는 연습을 한다. 물론 그것이 맞는지 틀린지는 확인할 수 없다. 미래의 일이기도 하고, 지하철에서 내리면 잊어버리니까 말이다. 하지만 짬이 날 때마다 그렇게 머리 쓰는 연습을 하는 것 자체가 중요하다. 특히 피곤한 날에는 자리에 앉아 있는 사람들의 옷차림, 읽고 있는 책, 들고 있는 가방 등을 보고 누가 어느 역에서 내릴 것인지를 추론하는 연습도 해 본다. 연습도 되고, 재미도 있지만 어떤 때는 기가 막히게 나의 추론이 맞아떨어져 자리를 차지하기도 하니 그야말로 일석삼조다.

얼마 전부터 "검색 대신 사색을 하라"라는 말이 유행하기 시작했다. 세상은 스마트폰의 출현으로 한 단계 더 진화되었다. 이제 인터넷은 개인의 주머니 속으로 침투하여 지하철, 거리, 카페 등 어디서나 세상을 장악하고 있다. 덕분에 사람들은 손수 자신의 두뇌를 활용하여 사색하지 않아도 된다. IT 미래학자 니콜라스 카의 말을 빌자면, '기억과 사색을 아웃소싱'한 것이다.[17]

만약 지하철에서 광고판을 보고 그 회사의 불확실동인을 찾아보라고 하면 바로 스마트폰으로 검색을 시작할 것이다. 그 회사의 과거 역사는 물론이고, 주식시장에 상장된 회사라면 각종 전문기관에서 제공한 분석 리포트를 통해 그 회사가 직면할 다양한 이슈를 몇 분 내에 제시할 것이다. 그러나 정작 당사자의 직관력과 상상력은 어떤 기능을 했는가. 인간의 두뇌는 손가락의 움직임을 통제할 뿐, 두뇌가 해야 할 직관과 이를 통한 추론, 그리고 상상은 모두 스마트폰이 대체한다.

그러나 스마트폰이 아무리 뛰어나도 미래를 그려내지는 못한다. 더구나 그려진 미래에 대한 대응방안도 만들어내지 못한다. 결국은 사람의 두뇌, 즉 사고하는 힘이 중요하다. 그러니 이것을 절실하게 깨닫고 스마트폰의 유혹에서 벗어나는 것부터 시작해야 한다.

요즘은 고등학교 시절부터 소위 스펙 쌓기가 유행처럼 되었다. 영어로 '사양, 명세서' 등을 뜻하는 'Specification'의 준말인 이 스펙은 2004년 이미 우리나라 국립국어원의 신어新語 자료집에 포함되었다. 취업 준비생들은 출신 학교와 학점, 토익 점수와 자격증 소지 여부,

---

17 니콜라스 카, 『생각하지 않는 사람들, 인터넷이 우리의 뇌구조를 바꾸고 있다』, 청림출판

그리고 해외연수나 인턴경험 유무 등을 종합해 '스펙'이란 두 글자로 줄여 부르고 있다. 학창 시절 자신이 확보할 수 있는 외적 조건의 총체가 스펙인 셈이다.

"정글 같은 이 세상에서 게임의 룰이 그렇게 만들어져 있는데 어쩔 수 없지 않느냐."고 하는 사람도 있을 것이다. 이 말도 틀린 건 아니다. 하지만 맞는 말도 아니다. 단순히 경쟁자들과 비슷한 스펙을 쌓기만 한다면 절대적으로 나아지는 것은 있겠지만 상대적으로 나아지는 것은 없다. 달려도 달려도 제자리인 '레드퀸의 세계'이자 '헬조선'인 것이다. 스펙을 쌓는 것은 나쁘지 않지만 반드시 방향이 있어야 한다. 결국 직장 생활을 포함하여 그 너머의 삶에서 가장 중요해질 직관력과 상상력을 키울 수 있도록 스펙을 쌓아간다면 점점 더 불확실해지는 시대에 진정한 경쟁력을 만들어갈 수 있다. 환경의 불확실성이 높아질수록 가지고 있는 지식이나 정보보다는 직관력이나 상상력, 즉 통찰력이라는 '지적 역량'이 더욱 중요한 무기가 될 것임은 자명하기 때문이다.

Part IV

# 지형시세 地形時勢, 개인전략의 핵심요소

Chapter 1
# 가치 대 목표

　　　　　　인간은 태어나서 '자신과의 경쟁'부터 경험하게 된다. 물론 형제가 많은 집에서 태어나는 경우에는 아버지가 사오신 간식거리를 두고 형제 간에 쟁탈전이 벌어지는 등 아주 어렸을 때부터 '타인과의 경쟁'에 노출되기도 한다. 그러나 형제 간의 경쟁은 가끔 있는 반면 걷고, 대소변을 가리고, 말을 알아듣고, 말하고, 읽고 쓰는 행동 등등 과거의 자신보다 더 나아지는 연습은 항상 하게 된다. 그렇기 때문에 인생의 초기에는 '더 잘하기' 전략을 익히는 것이 훨씬 유용하다.

　　어떻게 해야 더 잘하기 전략을 익힐 수 있을까? 자신과의 경쟁에서 더 잘하기 전략은 롤모델을 설정하고 일신우일신 해나가는 것이라고 했다. 그러므로 일단은 모방에 뛰어나야 한다. 이 땅의 많은 엄마들이 아이들에게 항상 "너보다 공부 잘하는 애들이랑 놀아라!"라고 했던 것은 그냥 하는 말이 아니다. 전략적으로 매우 심오한 의미를 담고 있다. 항상 모방을 통해 자신보다 더 나은 존재들에게 배우라는 의미로 더 잘하기 전략을 강조한 것이다.

그런데 여기서 중요한 것은 모방을 하기 전에 정작 '누구를' 그리고 '무엇을' 모방할 것인가를 정하는 것이다. 어렸을 때는 그저 공부를 더 잘하는 사람을 따라만 하면 되는 것으로 생각한다. 그러나 나이가 들면서는 당장 필요한 것을 나보다 더 잘한다는 이유만으로 그를 따라 하기에는 뭔가 부족함을 느끼게 된다. 누구를 모방할 것인가, 즉 누구를 인생의 롤모델로 삼을 것인가는 그렇게 단순한 질문이 아니다. 이것은 한 인간이 인생 전반에 걸쳐 어떤 삶을 살아갈 것인가를 결정하는 매우 중요한 일이다. 여기에 보통은 간과하기 쉬운 핵심포인트가 있다. 바로 '가치를 추구하는 삶'을 살 것인가, '목표만을 달성하는 삶'을 살 것인가를 정하는 것이다.

## 가치를 추구할 것인가, 목표만 달성할 것인가

가치를 추구하는 삶과 목표만을 달성하는 삶은 어떤 차이가 있을까? 경영학계의 명품 저서 『좋은 기업을 넘어 위대한 기업으로』에 나오는 구절을 살펴보자.

> 여우는 여러 가지 목표를 동시에 추구하며 세상의 복잡한 면면들을 두루 살핀다. 그들은 '어지럽고 산만하고 여러 단계를 오르

는' 탓에 자신의 생각을 하나의 종합적인 개념이나 통일된 비전으로 통합하지 못한다. 그에 반해, 고슴도치는 복잡한 세계를 모든 것을 한데 모아 안내하는 단 하나의 체계적인 개념이나 기본 원리 또는 가치로 단순화한다. 고슴도치는 세상이 제아무리 복잡하건 관계없이, 모든 과제와 딜레마들을 지나치다 싶을 정도로 단순한 고슴도치 개념으로 축소시킨다. 고슴도치는 자신의 개념에 다소나마 부합하지 않는 것들에는 전혀 관심이 없다.[18]

이 책에 따르면 좋은 기업과 위대한 기업의 큰 차이 중 하나가 앞에서 설명한 '여우와 고슴도치'의 차이이다. 좋은 기업은 여우처럼 약삭빠르게 세상의 변화에 대응한다. 그래서 그때그때 유행하는 것들을 놓치지 않으려고 애쓴다. 세상이 변화할 때마다 새로운 목표를 세우고 그것을 달성하기 위해 최선을 다한다. 비록 어디로 가는지는 모르지만 어쨌든 열심히 간다.

그러나 고슴도치는 다르다. 고슴도치라고 세상의 변화에 무심한 것은 아니다. 변화를 유심히 살피고 어떻게 대응할 것인지 고민한다. 그러나 고슴도치에게는 언제나 변하지 않는 하나의 가치가 있다. 마치 스티븐 코비가 『성공하는 사람들의 일곱 가지 습관』에서 강조한 인생의 북극성같이, 결코 도달할 수는 없지만 올바른 방향을 알려주는 가치다. 세상이 아무리 변해도 그 가치를 포기하지 않는다. 가치를

---

[18] 짐 콜린스, 『좋은 기업을 넘어 위대한 기업으로』, 김영사

추구하는 데 필요한 목표를 세우고 달성해나갈 뿐이다.

개인의 삶에서도 이러한 진리는 그대로 적용될 수 있다. 자신과의 경쟁뿐만 아니라 타인과 경쟁을 할 때도 추구하는 가치가 있어야 한다. 가치가 있는 사람과 없는 사람은 성장할수록 차이가 점점 커지게 된다. 삶 전체를 관통하는 가치를 추구하는 사람들은 누구를 모방하더라도 자신의 가치에 부합되는 대상을 선정해서 모방한다. 목표를 수립하고 이를 달성할 때도 마찬가지다. 추구하는 가치는 없고 달성해야 할 목표만 있는 사람들도 열심히 모방을 한다. 하지만 모방의 대상과 이유가 그때그때의 상황에 따라 달라진다. 똑같이 열심히 세상을 살지만 일관성이 없고 축적되는 것도 없다.

조직 심리학자들에 따르면, 사람들에게 동기를 부여하는 방법에는 크게 두 가지 유형이 있다고 한다. 내적 동기와 외적 동기가 그것이다. 전자는 사람들이 어떤 행위 자체에 몰입하게 될 때 발생한다. 사람들은 행위 자체를 소중하게 생각하며 수행하는 것으로부터 즐거움을 얻는다. 반면, 후자는 우리가 잘 알고 있는 당근과 채찍이라는 외부적 도구들에 의해 발생한다. 긍정적인 보답인 당근에는 칭찬, 승진, 금전적 보상 등이 포함된다. 부정적 결과에 대한 채찍은 상관으로부터의 질책, 실패에 따른 명예의 추락, 직책 상실, 해고 등이다. 이런 것을 피하기 위해 사람들은 최선을 다하게 된다.

'가치를 추구하는' 사람들은 대부분 내적 동기에 따라 움직인다. 이런 사람들은 진취적이고 창조적으로 문제를 해결하려 한다. 즉 외부의 당근과 채찍에 의해서만 동기가 부여된 경우와 비교해볼 때, 이들은 더 다양하고 광범위한 가능성을 고려하고 더 많은 대안들을 연구하며 사람들과 더 많은 지식을 공유한다. 그뿐만 아니라 자신이 처한 상황을 보다 본질적으로, 그리고 멀리 내다보려고 노력한다.

하지만 '목표만을 달성하는' 사람들은 당근과 채찍 같은 외적 동기의 영향을 받는다. 외적 동기는 사람들로 하여금 당근을 확보하거나 채찍을 회피하기 위한 행동에만 초점을 맞추도록 한다. 정해진 기준에 맞추어 목표치를 달성하는 것에만 집중하게 된다. 몇몇 기업에서 유행하는 "숫자가 인격이다."라는 말은 이에 대한 자조 섞인 표현이다. 일부 기업에서는 숫자로 주어진 목표 앞에서 가치 추구 등을 얘기하는 것은 아마추어적인 탁상공론이라고 생각하는 문화가 존재한다. 가치를 등한시하고 목표만을 달성하려는 이런 문화는 기업을 올바른 방향으로 이끌지 못하므로 매우 위험천만한 것이다.

한 개인의 관점에서 보면, 인생의 초기에는 이 두 가지 유형의 차이가 잘 보이지 않는다. 인생의 전반기에 맞이하는 경쟁, 즉 자신과의 경쟁, 그리고 타인과의 일방경쟁은 비유하자면 '산을 올라가는 경쟁'이라 할 수 있기 때문이다. 대부분의 사람들에게 산 정상이라는 공통의 목적지가 있다. 더 잘하기 전략을 통해 부지런히 올라가기만 하면 된다. 오르고자 하는 산꼭대기의 높낮이와 그곳에 도착하는 시간에는 각자 차이가 있겠지만, 경쟁 방법은 서로 간에 크게 다르지 않다.

인생 전반기에 벌어지는 게임의 양상이 이렇다 보니, 가치를 추구하는 것과 목표를 달성하는 것 사이에 차이가 없어 보인다. 둘 다 같은 산에서 같은 봉우리를 목표로 열심히 올라가야 하니 말이다. 그러나 한 사람은 자신이 추구하는 가치를 실현하기 위해 봉우리에 오르는 것이고, 다른 한 사람은 봉우리에 오르는 것이 외부에서 정해놓은 목표라 그것을 달성하려고 오르는 것이다. 한 사람은 내적 동기를 가지고 있고, 다른 한 사람은 외적 동기를 가진 것이다.

## 바다를 건너는 인생 후반전

그러면 그 차이는 어디서 나타나는가. 바로 '바다를 건너는' 인생 후반기의 경쟁에서 나타나게 된다. 이때는 게임의 룰이 달라진다. 바다를 건널 때는 눈에 보이는 명확한 지형지물이 없다. 그러므로 방향을 잘 잡아야 한다. 즉 올바른 방향을 알려주는 나침반이나 북극성이 필요하다. 그 다음에는 순풍이 불어줘야 한다. 다시 말해, 운도 따라야 한다.

누가 더 높은 봉우리를 오를 것인가를 놓고 경쟁하는 인생 전반기의 경쟁도 간단하지만은 않다. 부모를 잘 만나면 남들은 걸어서 올라가는 산을 헬기를 타고 오르기도 한다. 그 정도는 아니더라도 기능이 좋은 등산장비 덕에 보통 사람들보다 앞서서 더 높은 봉우리에 도달하는 사람들도 있다. 그러다 보니 인생의 전반기라는 같은 시기에 어떤 이는 에베레스트 정상에 오르기도 하고, 어떤 이는 설악산, 한라산에 올라 마음껏 소리도 질러 본다. 그러나 어떤 이는 동네 뒷산에 오르는 것으로 만족해야 한다. 이렇듯 타고난 여건에 따라 차이가 나지만 그렇다고 불평만 하고 있을 수는 없다. 자신에게 주어진 출발점에서 최선을 다해, 사력을 다해 조금이라도 더 높은 곳에 도달할 수 있도록 노력해야 한다. 바로 이것이 더 잘하기 전략이다. 주어진 시간 안에 조금이라도 더 잘할 수 있도록 최선을 다하는 것이다.

하지만 인생은 여기서 끝나지 않는다. 인생은 산을 오르기만 하는 것은 아니기 때문이다. 산 다음에는 바다가 있다. 후반기에 접어들면 다들 바다로 나가야 한다. 에베레스트의 정상에 오른 사람도, 한라산에 오른 사람도, 동네 뒷산에 오른 사람도 다 바다로 나가야 한다. 물론 전반기의 성취가 후반기에 영향을 미친다. 대양으로 나가 수준 높은 글로벌 항해사들과 경합을 벌이느냐, 해안가 근처 바다에서 고만고만한 사람들과 경합을 하느냐의 차이가 있을 수 있지만 어쨌거나 이제는 바다로 가야 한다. 이것은 학교를 졸업하고 사회로 나간다는 의미이다. 직장에 취직을 하든, 자영업을 하든, 농사를 짓든 이제는 정해진 목적지를 향해 열심히 달리는 전략만으로는 부족하다. 경쟁도 일방경쟁뿐만 아니라 대결경쟁의 양상도 나타나기 시작한다. 동료처럼 보이는 경쟁자에 의해 피해를 볼 때도 있다. 또 불확실성의 안개가 자욱하여 달리다 보면 내가 어디로 가고 있는지 분명치 않을 때가 있다. 때로는 목적지가 어딘지 모를 뿐만 아니라 목적지를 알아도 왜 그리로 가야 하는지 분명치 않을 때도 있다. 사회는 확실히 학교 같지 않다. 모든 것이 불확실하고 유동적이다.

이처럼 바다는 산과는 확연히 다르다. 그러다 보니 삶의 대부분의 문제, 특히 심각한 문제는 바다를 건널 때 생긴다. 우선은 산을 오르는 경쟁에서 바다를 건너는 경쟁으로 게임의 룰이 바뀌었음에도 이를 깨닫지 못하기 때문에 문제가 생긴다. 게임의 룰이 변한 것을 깨달았다 하더라도 이미 바다 한가운데서 올바른 방향을 정할 나침반이나 북극성이 없기 때문에 또 문제가 생기는 것이다. 산은 고정되어 있어 지도를 가지고 길을 찾을 수 있지만 바다는 고정되어 있지 않아 지도만 가지고 길을 찾기는 어렵다. 바다에서는 바람이 불지 않는 무풍지대도 만나게 될 것이고, 거센 파도 때문에 자신의 의지와 관계없이 여기저기 휩쓸려 다니기도 한다. 때로는 주변에 같이 항해하던 배들과 헤어져 혼자 외롭게 망망대해에 떠 있게도 될 것이다.

그러므로 바다를 항해할 때는 남들보다 더 빠른 속도가 필요한 것이 아니다. 올바른 방향이 먼저이다. 즉, 추구하는 가치가 있어야 한다는 말이다. 같은 목표를 놓고 치열하게 경쟁할 필요도 없다. 바다는 넓고 섬이나 항구는 얼마든지 있으니, 각자에 맞는 목적지를 정하면 된다. 방향만 올바르다면, 꼭 남들이 좋다는 항구만을 고집할 필요가 없다.

## 가치, 이룰 수 없는 꿈

그렇다면 올바른 방향, 즉 가치란 무엇일까? 세르반테스의 『돈키호테』를 각색한 뮤지컬 〈맨 오브 라만차〉에는 '이룰 수 없는 꿈 The Impossible

~~Dream~~'이라는 노래가 있다. 첫 구절을 감상해 보자.

불가능한 꿈을 이루려 하며,
이길 수 없는 적과 싸우고
참을 수 없는 슬픔을 참아내고,
감히 용감한 자들도 가지 못한 길을 가는 것

고칠 수 없는 잘못을 바로잡고,
그대보다 훨씬 앞서 나아가고
그대의 팔이 너무도 지쳤을 때 한 번 더 시도하고
닿을 수 없는 별을 향해 손을 뻗는 것,
이것이 바로 내가 추구하는 바입니다.

(중략)

정신이 오락가락하던 깡마른 노인인 돈키호테가 여관의 매춘부이자 하녀인 알돈자를 둘시네아 공주라 여기고 깍듯하게 대한다. 알돈자는 그것이 매우 기분 나빴다. 마치 자기를 우롱하는 것 같았기 때문이다. '이제는 이런 깡마른 미친 늙은이마저 나를 멸시하고 조롱하는구나.' 하고 생각했을 것이다. 어느 날 밤 여관 앞마당에서 알돈자는 "도대체 당신의 정체가 무엇이냐!"고 돈키호테에게 따진다.

그때 돈키호테가 일어나서 자신이 어떤 사람인지 이 노래로 설명한다. 자신은 정녕 이루어지지 않는다 해도 그것이 올바른 길이라면 끊임없이 그 길을 가는 정의로운 기사라는 내용이 담겨 있다. 이 노래는 가치를 추구하는 것이 어떤 것인지 잘 표현하고 있다.

가치란 목표처럼 달성할 수 있는 것이 아니다. 죽을 때까지 추구할 수는 있지만 달성할 수는 없는 존재다. 바다를 항해할 때 우리는 북극성을 보고 방향을 찾는다. 배는 결코 북극성에 도착하지 않지만 항해사는 시도 때도 없이 북극성을 바라보면서 항해한다. 이것이 가치다. 삶의 방향을 알려주는 북극성 같은 존재, 그러나 결코 도달할 수 없는, 돈키호테의 말을 빌자면 바로 '닿을 수 없는 별 unreachable star' 말이다.

종교에서는 그런 가치를 쉽게 발견할 수 있다. 사랑, 자비, 헌신, 희생 등이 그런 가치다. 종교인들은 사랑이나 자비를 삶의 궁극적인 가치로 삼고 열심히 실천한다. 그것을 실천하는 방식은 다 다르다. 노숙자들에게 무료 점심을 제공할 수도 있고, 어려운 사람들을 돕기 위해 기부금을 낼 수도 있다. 하지만 어느 쪽이건 자신이 북극성으로 삼고 있는 가치를 추구하는 것이다. 그러나 그들 중 어느 누구도 죽는 순간, "나는 나의 가치를 완전하게 달성했다."라고 할 수 없을 것이다. 사랑을 달성했다, 혹은 자비를 달성했다고 할 수 없듯이 말이다. 부지런히 실천할 수는 있지만 결코 완료할 수 없는 것이 바로 가치다.

우리는 "부모를 잘 만났다."는 말을 자주 쓴다. 대개는 부모의 재산이 많거나 지위가 높을 때 쓰는 말이다. 하지만 그 말의 진정한 의미는 올바른 가치를 자식에게 심어줄 수 있는 부모를 만났을 때를 의미하는 것이 아닌가 싶다. 한 인간에게 있어 올바른 가치를 획득하는 가장 좋은 방법은 부모에게 물려받는 것이다. 올바른 가치를 가지고 살아가는 부모의 모습을 보면서 아이들도 자연스럽게 그 가치를 자신의 북극성으로 받아들인다.

그러나 불행히도 그렇지 못한 사람들도 많다. 이것은 부모가 돈이 많건 적건, 또는 많이 배웠건 적게 배웠건 상관없다. 부모에게 올바른 가치를 물려받지 못한 상태에서 열심히 산을 올라가는 경쟁의 기술만 배운 사람들은 바다에서 난관에 부딪치게 된다. 학교 다닐 때 공부를 잘하던 친구가 사회에 나와서 학교 때만큼 뛰어난 성과를 내지 못하는 것을 보고 위안을 삼은 적이 없는가? 늘 반에서 1~2등을 다투던 친구가 대기업에 들어가서는 경쟁에서 밀리고, 또 사업을 해도 성과를 내지 못하는 경우도 많이 본다. 그 원인 중 하나가 바로 나침반 없이 바다로 뛰어들었기 때문이다. 방향이 없으니 노력을 해도 투입 대비 성과의 측면에서 효율성이 떨어질 수밖에 없다.

누구나 경쟁을 잘하고 싶을 것이다. 그러나 이를 위한 필요조건은 바로 삶을 관통하는 가치를 가지는 것임을 깨달은 사람은 그리 많지 않다. 경쟁은 결코 그 자체로 나쁘거나 좋다고 할 수 없다. 그러나 경쟁을 하는 방식은 나쁘거나 좋을 수 있다. 가치를 가지고 있느냐, 아니면 목표만 가지고 있느냐에 따라 경쟁의 방식은 큰 영향을 받는다. 추구하는 가치가 없고 목표만 있는 경우에는 무조건 이기기 위한 소모적인 경쟁으로 치닫게 될 가능성이 높다.

## 개인 전략의 핵심요소, 지형시세(地形時勢)

그러므로 부모들은 아이들에게 누구를 닮으라고 요구하기 전에, 그리고 보다 많은 스펙을 쌓으라고 종용하기 전에 인생 전체를 두고 추구할 가치를 찾도록 도와주어야 한다. 그래야 삶에서 어떤 분야를 선택할 것인지 정할 수 있다. 이렇게 자신이 활동해 나갈 영역, 즉 지(地)가 선택되면 자연스럽게 롤모델을 찾을 수 있다. 그러나 모방 대상을 결정했다고 다 되는 것은 아니다. 그때부터 스스로 규율을 세워 놓고 이를 꾸준히 지켜 나가며 롤모델의 스킬, 지식, 네트워크 등을 모방해가야 한다. 이것은 '형(形)을 구축한다'라고 할 수 있다. 그렇게 되면 시(時)가 왔을 때 이를 놓치지 않을 것이며, 지-형-시가 합쳐지면 자연스레 세(勢)를 형성하게 되어 주도권을 쥐고 어떤 경쟁이든 승리로 이끌게 된다. 이때 지는 선택하는 것이며 형은 스스로 구축하는 것, 시는 포착하는 것이며, 세는 저절로 형성되는 것이다. 이것이 바로 개인 전략의 핵심요소인 '지형시세'이다.

일단 전쟁을 하든 비즈니스를 하든 가장 먼저 해야 할 것은 어디서 할 것인지를 정하는 일이다. 어느 장소가 나에게 가장 유리할 것인지 판단해야 한다. 개인의 삶에서도 마찬가지이다. 대개 좋든 싫든 어떤 분야에서 일을 할 것인지를 정해야 한다. 그러한 지(地)는 물리적 공간뿐만 아니라 추상적 공간도 될 수 있다. 자신의 활동 분야이자, 경쟁의 장이 되는 것이다. 그러나 다시 한 번 강조하지만, 지를 선택하기 전에는 평생을 두고 추구할 담대하고 높은 가치를 설정해야 한다. 뜻이 크고 높으면 눈앞에 벌어지는 소소한 이익과 손실에 일희일비하지 않을 수 있다. 즉 '추구할 가치'를 가진 자들은 어떤 경우에도 방향을 잃지 않는다.

이렇게 경쟁의 공간을 확보하면 다음으로는 경쟁을 하기 위해 필요한 역량을 다듬고 쌓아야 한다. 군대가 진지를 쌓고 병사들을 전투 지형에 맞추어 훈련을 시키는 것이나, 기업이 연구개발과 영업 마케팅 등의 기능을 강화하는 것 등이 모두 형$_{形}$을 구축하는 것이라 할 수 있다. 개인으로 보면 자신이 선택한 분야인 지$_{地}$에 필요한 지식과 스킬, 네트워크 등을 열심히 쌓는 것이라 할 수 있다.

그리고 어떤 성공이든 시$_{時}$를 만나야 가능하다. 시는 외부에서 오는 것이지만 내부의 형$_{形}$이 쌓여 있지 않다면 시가 온다 한들 느낄 수도 잡을 수도 없게 된다. 형$_{形}$만 잘 구축한다고 성공하는 건 아니지만, 형$_{形}$을 구축하지 않으면 성공은 물 건너간다. '진인사대천명$_{盡人事待天命}$'이라는 말도 그런 의미다. 지를 잘 선택하고 형을 구축하는 등 스스로 할 수 있는 것을 모두 하고 시를 기다리라는 것이다. 시는 어쩌다 오고, 어쩌다 오지 않는 것이 아니다. 누구에게나 반드시 오게 되어 있다. 다만 사람들이 깨닫지 못할 뿐이다. 문밖에서 행운이 노크를 하고 있는데, 뒤뜰에서 행운의 네잎클로버를 찾느라 그 소리를 듣지 못하는 어리석음을 범하는 것이다. 그래서 '준비된 자만이 기회를 얻을 수 있다'고 하지 않았던가. 여기서 준비란 지와 형이고, 기회는 시다.

이렇게 지형시가 만나면 세$_{勢}$라는 것이 형성된다. 세는 하나의 기운이다. "그것이 대세大勢다."라고 할 때의 의미다. 대유행, 누구도 꺾을 수 없으며 심지어 저항하기도 힘든 커다란 기운을 의미한다. 전쟁이나 비즈니스, 그리고 개인의 삶에서도 이러한 세가 형성될 때가 있다. 마케팅에서는 이러한 세의 발달 단계를 구분하였다. 기업이 신상품을 시장에 내놓았을 때, 처음에 몇몇 얼리어답터들의 관심을 끌게 되면 이를 유행fashion 단계라고 한다. 그러다가 이것이 대중에게 받아들여지면 트렌드trend라는 단계로 접어들고, 여기서 한 단계 더 나아가면 문화culture의 단계까지 발달할 수 있다. 유행-트렌드-문화의 단계를 거치면서 세가 더욱 강화되는 것이다. 이러한 세가 형성되면 승리, 즉 자신의 목표를 달성하는 것은 시간 문제다.

『초한지』를 보면 귀족 출신의 항우와 평민 출신의 유방이 진시황 이후 천하를 놓고 싸우는 이야기가 나온다. 결론은 잘 알려져 있듯, 평민 출신의 유방이 승리한다. 항우는 진시황의 폭압에 맞서 난을 일으킴으로써 대중의 절대적 지지와 존경을 받는 귀족 집안의 자제였다. 출신도 좋은데 타고난 역발산기개세力拔山氣蓋世에 인물까지 뛰어난, 그야말로 당대의 영웅이었다. 반면, 유방은 저잣거리 건달에 지나지 않았다. 한마디로 인생 전반기에 산을 오르는 경쟁에서 항우가 에베레스트 정상에 올랐다면 유방은 그저 동네 뒷산 정도에 올랐던 것이다. 항우가 미국에서 박사학위를 받고 대기업 임원으로 시작했다면, 유방은 지방대학교를 성적도 시원치 않게 졸업해서 중소기업 말단사원부터 시작한 격이다.

그런데 바다를 항해하는 동안 전세가 역전되었다. 항우는 전혀 몰랐던 것을 유방이 알았기 때문이다. 항우는 바다를 항해하는 것이 어떤 게임인지 몰랐다. 현재의 지에서 벌어지고 있는 게임의 룰을 몰랐기 때문에 결과적으로 자신에게 필요한 형形이 무엇인지 몰랐고, 그래서 그것들을 갖추지 못했다. 항우가 그렇게 된 가장 큰 원인은 너무 잘났기 때문이다. 에베레스트 꼭대기에 있다 보니 모든 것이 만만하게 보인 탓이 크다. 반면, 모든 것이 부족했던 유방은 알았다. 현재의 지에서 어떤 유형의 경쟁이 벌어지고 있는지, 그래서 바다를 항해할 때 필요한 것들이 무엇인지를 간파했던 것이다. 그래서 그것들을 착실하게 쌓아갔다. 자신에게 부족한 것들을 다른 사람에게서 구하기 위해 유능한 인재들을 발탁하고 대접하며 나름대로 필요한 형形을 구축했다.

결국 항우는 '사면초가'라는 사자성어로 유명한 해하의 전투에서 스스로 목숨을 끊는다. 이때 강을 건너가 훗날을 도모하자고 설득하던 부하들에게 "하늘이 나를 알아주지 않아 여기서 막을 내리노라."라고 말한다. 그러나 항우는 형形이 충분치 않아서 시를 만나지 못한 것이지, 하늘이 자신을 알아주지 않아 시를 못 만난 것이 아니다. 반면 유방은 네트워크를 꾸준히 키워 튼튼한 형形을 구축했다. 그리고 비록 작은 시를 만나도 이것들을 착실하게 활용하여 더욱 자신의 형形을 강화해나갔고, 끝내는 천시天時를 포착하고 세를 일으켜 황제의 반열에까지 올랐던 것이다.

자신이 선택한 가치를 평생 추구할 수 있는 지를 선택하고, 그곳에서 벌어지는 경쟁의 유형에 따라 적절한 형形s을 축적해가면 소소한 시들을 만난다. 소소하다고 무시하지 말고 성실하게 그 시를 포착하여 활용하다 보면, 언젠가 축적되었던 것들이 돌풍을 일으키고 이로 인해 세가 형성된다. 세가 형성되면 우리 삶은 한 단계 진화한다.

# Chapter 2
# 지地를 선택하라

　　때는 기원전 334년 늦가을, 제법 끝이 서늘한 바람이 페르시아의 이수스 만을 스치고 있었다. 황금빛 투구는 중동의 이수스 만을 비추는 오후 햇살을 받아 번쩍였으며 흰색 망토는 바람에 흩날렸다. 이날 마케도니아의 알렉산더는 전투복에 특히 신경을 썼다. 왜 아니겠는가. 그동안 그리스 연합국을 그토록 괴롭혀 왔던 대제국 페르시아의 마지막 숨통을 끊어버리는 날이지 않은가. 이 젊고 혈기 왕성한 정복자는 이날을 기념하고 싶었을 것이다.

　　후대의 역사가들은 알렉산더가 하얀 깃털이 달린 번쩍이는 투구를 쓰고 적진을 향해 돌진하던 그날의 모습은 보는 사람들을 매혹시킬 정도였다고 기록하였다. 그러나 나이에 비해 뛰어난 전략적 혜안을 가진 그는 전투복에만 신경을 쓴 것이 아니었다. 무엇보다도 이수스 만 반대쪽 수십만의 페르시아군이 포진한 지형을 상세히 정찰하라고 지시했다.

페르시아군의 막대한 희생은 페르시아의 다리우스 대제가 이수스 만의 협곡에서 전쟁을 벌이기로 마음먹었을 때부터 예견된 일이었다. 페르시아 기병들은 넓고 광활한 평원에서의 전투를 많이 겪어보았으나 작은 골짜기라는 비좁은 공간에서의 전투 경험은 충분치 않았다. 반면 산악 지형이 많아 작은 고립 지역을 기병들의 훈련 장소로 이용하던 마케도니아군들에게 이수스 만의 협곡지역은 자신들의 장점을 유감없이 발휘할 수 있는 지형이었다. 알렉산더가 자신의 병력보다 5배나 많은 페르시아 대군 앞에서도 가장 화려한 전투복을 차려 입고 당당하게 돌격할 수 있었던 이유는 이러했다.

역사가 증명하듯이, 승리하는 전략을 만들기 위한 첫 번째 핵심요소는 지地라고 할 수 있다. 이는 경쟁이 일어나는 공간을 의미한다. 그러나 지地는 반드시 물리적인 공간만 의미하는 것은 아니다. 심리적인 공간과 추상적 공간, 또 그 공간 내에서 경쟁 상대와 대비한 상대적 위치를 포함한다. 그러므로 전략적인 개념에서 지地는 '경쟁이 일어나는 공간과 그 안에서 나의 상대적 위치'라고 정의할 수 있다. 유능한 전략가는 경쟁을 벌일 공간과 자신의 상대적 위치를 스스로 선택할 수 있어야 한다.

이러한 지地에는 자신이 우위를 가질 수 있는 곳과 전혀 우위를 가질 수 없는 곳이 있다. 우위를 가질 수 있는 곳은 다시 두 가지로 나눌 수 있다. 하나는 경쟁 상대에게나 나에게나 중요한 지地이고 다른 하나는 나에게만 유리한 지地이다. 우위를 가지지 못한 지地 역시 두 가지로 나눌 수 있는 데 첫 번째가 '남들이 간과 혹은 무시하는 지地'이고, 두 번째는 '자신이 원하지 않는, 어쩔 수 없이 참여하게 된 지地'이다.

물론 '모두에게 중요한 지地'를 차지할 수 있다면 가장 좋을 것이다. 그것이 어려우면 상대적 우위를 가질 수 있는 자신만의 생태적 틈새로서 지地를 선택하면 좋다. 그러나 이렇게 우위가 있는 지地를 선택하기 어려운 경우가 많다. 이럴 때에는 비록 허접스러워 보여도 남들이 간과하고 있는 지地에서 시작하는 것도 고려해볼 만하다. 하지만 그곳에 안주하기보다는 역량을 키워서 욱일승천旭日昇天할 비전과 전략을 반드시 갖추어야 한다.

상황이 어쩔 수 없어 자신이 원하지 않는 지地에 있다고 해서 실망할 필요는 없다. 이런 경우에는 주어진 지地의 특성을 잘 고려하면 된다. 특성을 잘 활용하여 주어진 공간 내에서 자신의 위치를 전략적으로 설정하는 것이다. 이러한 전략적 위치 설정은 한 번으로 끝나는 것이 아니라 지속적으로 이루어져야 한다. 주어진 공간 자체가 자신에게 유리한 지地가 아닐 경우에는 더욱 그렇다. 그러면서 형을 쌓고 시를 기다리다 보면 원하는 지地로 갈 수 있는 기회가 생길 것이다.

## 나에게 경쟁우위가 있는 지(地), 없는 지(地)

우선 경쟁우위가 있는 지地를 살펴보자. 당연한 말이지만, 전쟁에서 자신이 적보다 우세한 영역에서 싸울 수 있느냐 하는 것은 매우 중요한 일이다. 손자孫子는 우세한 경쟁 영역을 차지하는 데 두 가지 방법이 있다고 했다. 첫째는 전략적으로 중요한 영역을 차지함으로써 우위를 확보할 수 있다. 둘째는 적보다는 자신에게 더 유리한 싸움터에서 싸울 수 있다면 또한 우위를 확보할 수 있다.

첫 번째인 전략적으로 중요한 영역이란, 적과 나 모두에게 중요한 영역이다. 적들의 움직임을 완벽하게 견제할 수 있는 감제고지瞰制高地(적의 활동을 살피기에 적합하도록 주변이 두루 내려다보이는 고지) 같은 곳이다. 이런 곳은 먼저 차지하는 것이 중요하다. 그래야 지형상의 이점을 누릴 수 있다. 또 먼저 차지하기 때문에 적이 도착하기 전에 자신의 모든 전투 자원을 결집시키고 정비할 수 있는 여유가 생긴다. 그러므로 적보다 전투 준비를 더 완벽하게 잘할 수 있다. 감제고지와 같이 전략적으로 중요한 지를 차지하기 위한 사례는 전쟁 역사에 차고도 넘친다. 전략적으로 중요한 영역은 나뿐만 아니라 적들도 알고 있다. 게다가 서로 호시탐탐 그곳을 노리기 때문에 먼저 움직여야 한다는 것도 알고 있다. 그러다 보니 어쩔 수 없이 직접경쟁을 통한 소모전이 벌어지는 경우가 많다.

그러나 두 번째인 나에게 유리한 싸움터는 나에 비해 적에게 불리한 곳이다. 싸움터가 적보다 자신에게 더 유리하다는 것은 지형이 자신이 보유한 자원과 잘 맞는다는 뜻이다. 그러한 지형은 자신의 강점은 강화시키고 약점은 보완해주고 덮어주기도 한다. 그러므로 그런 곳으로 적을 유인하여 전투할 수만 있다면 승리를 보다 확실하게 장담할 수 있다. 따라서 적으로 하여금 어쩔 수 없이 그 싸움터에서 싸울 수밖에 없는 상황을 만드는 것이 중요하다.

상대적 경쟁우위 영역을 선택한 사례로는 베트남 전쟁이 유명하다. 베트남 전쟁은 잘 알다시피, 미군과 북베트남 공산군과의 전쟁이었다. 물리적 자원이 턱없이 부족한 북베트남군은 미군을 직접 공격하지 않고 소모전을 회피했다. 대신 밀림 속에 숨어서 게릴라전으로 산발적 전투를 벌였다. 자기 나라에서 방어전을 펼친 북베트남군은 자신이 싸우고 싶은 전투 지역을 주도적으로 선택할 수 있었고, 이로 인해 절대적 자원의 열세를 극복할 수 있었다.

북베트남 병사들도 습기와 해충으로 가득하고 민간인의 지원을 받을 수 없는 정글을 싫어했다. 그러나 정글 속에서는 거대한 미군도 한 사람 한 사람의 병사로 해체되어 버리기 때문에 북베트남군 대 미군이라는 구도를 한 사람의 북베트남 병사 대 한 사람의 미군 병사의 전투로 바꿀 수 있었다. 정글 속에서 북베트남군은 자신들에게 유리한 장소와 시간을 선택해서 싸우다 손해가 감당하기 어려울 정도가 되기 전에 정글 깊숙이 자리한 북베트남 성역으로 도망가버렸다. 반면, 미군은 항상 포병과 항공기가 접근할 수 있는 범위 내에서만 주둔할 수 있었기 때문에 북베트남군이 정글 속에 있는 한 적의 주력 군대를 포위하고 섬멸하는 것은 아예 불가능했다.

베트남전을 승리로 이끈 북베트남의 지도자 호치민은 바로 이러한 점을 예의주시하고 전쟁의 지地를 먼저 선택함으로써 베트남전을 국가 간의 총력전이 아닌, 소부대 간의 보병 전투라는 게임으로 만들기 위해 노력했다. 결국 북베트남 병사의 입장에서는 미국의 B52전략폭격기나 항공모함이 아니라 소총을 든 미군 병사와 싸움을 한 것이다. 따라서 북베트남군이 미군의 물량에 압도되는 일이 없었고, 대등하거나 오히려 유리한 입장에서 미군과 싸울 수 있었다.

상대적 경쟁우위가 있는 영역에서 싸운다는 것은 자신의 강점을 이용할 수 있는 영역에서 싸운다는 것을 의미한다. 그러나 이 경우에는 상대가 순순히 그 영역으로 따라 들어와야 한다는 전제가 있다. 즉 상대가 베트남전의 정글처럼 나에게 유리한 지역으로 따라 들어올 수밖에 없는 경우에만 가능하다는 것이다. 그러나 항상 그러한 전제가 가능한 것은 아니다. 상대도 자신에게 유리한 지地를 고수하려 하기 때문이다.

전략적으로 중요한 영역이나 자신에게 특별히 유리한 영역을 쉽게 선택할 수 없을 경우에는 차선책으로 상대가 간과하고 있는 지地를 선택하는 방법이 있다. 이것은 자신의 강점을 이용하는 것을 전제로 하지 않는다. 아무런 강점이 없을 수도 있고, 심지어 강점을 새로이 구축해야 되는 수도 있다. 그러나 이 원칙의 중요성과 생명력은 손자孫子가 지적하는 바와 같이, 소수의 약한 세력도 적이 간과한 영역을 잘 활용할 때 전쟁에서 승리할 여지와 가능성은 얼마든지 있다는 점이다.

이 경우의 사례는 전쟁보다는 비즈니스 쪽에서 많이 찾을 수 있다.

1970년대 일본 기업들의 전략이 좋은 사례이다.[19] 일본 기업들은 자신들의 제한된 자원을 의식하여 서구의 거대 기업들과 경쟁을 피할 수 있는 독특한 사업 영역을 찾으려고 노력했다. 예를 들어 유럽과 미국은 자동차, 오토바이, 복사기, 가전기구, 텔레비전 및 오디오 등에서 주로 대형 제품과 고가품을 만드는 데 주력했지만 일본은 저렴한 소형의 유사제품을 만드는 데 집중했다. 소형 제품 영역은 유럽과 미국 제조업자가 완전히 간과한 경쟁 영역이었다. 그들은 일본 상품에 대해 아무런 경계심도 없었다. 실제로 일본이 소형 자동차와 오토바이 혹은 탁상용 복사기를 만들었을 때 그것들을 장난감이라 무시해버렸고 일본의 위협에 대응하기 위해 어떠한 전략적 대응도 하지 않았다.

자신이 지닌 특별한 강점은 없으나 거대 경쟁자들과 경쟁을 하지 않아도 되는 이점으로 인해 처음부터 일본은 시간적 여유를 가지고 자신만의 독특함을 발전시킬 수 있었다. 그 결과 일본의 제품 스타일, 디자인, 엔지니어링 방법 그리고 인사관리 철학이 서구 업체들과 완전히 차별화되었다. 결국 이러한 차별화는 서구 기업들이 일본 기업을 따라잡기 어렵게 만들었다.

또 다른 사례로는 월마트의 초기 전략을 들 수 있다.[20] 지금은 세계를 호령하는 월마트도 창업 당시에는 아주 미약한 존재였다. 1962년

---

**19** 위추호우 등, 『손자병법과 전략경영』, 석정
**20** 조안 마그레타, 『경영이란 무엇인가?』, 김영사

샘 월튼은 미국 아칸소 주 로저스에 있는 인구 4천 500명의 조그마한 마을에서 처음 월마트를 열었다. 당시 미국을 주름잡던 K마트와 같은 대형 할인점들은 주로 뉴욕, 시카고와 같이 구매력이 풍부한 도시 상권에 집중해 있었다. 하지만 샘 월튼은 비록 구매력이 풍부한 상권이라 해도 이미 대형 경쟁자들이 득실거리는 대도시는 자신의 지(地)가 아니라고 생각했다. 그래서 그는 경쟁 상대들이 간과하고 있는 인구 5천 명에서 2만 5천 명 사이의 고립된 작은 시골 마을을 자신의 지(地)로 선택했다. 샘 월튼의 말처럼 "다른 경쟁 상대들이 아무도 신경 쓰지 않는 작은 시골 마을에 괜찮은 크기의 가게를 여는 것"이 그의 전략이었다.

샘 월튼이 고립된 시골 마을을 지(地)로 선택한 데에는 두 가지 이유가 있었다. 첫 번째, 이런 마을은 가까운 도시라고 해야 4시간 정도 차를 타고 가야 한다. 사정이 이러니 큰 도시의 할인점보다 싸거나 가격이 같기만 해도 굳이 멀리 가지 않고 월마트에서 물건을 살 것이라는 확신이 있었다. 그러나 정말 중요한 이유는 두 번째이다. 샘 월튼이 택한 작은 마을은 대부분 대형 업체가 하나 이상 들어오기에는 상권이 너무 작았다. 월마트가 먼저 진출해 있으면 다른 경쟁 상대들에게는 그다지 매력적인 상권이 아니었던 것이다. 그래서 월마트가 신속하게 입점을 하면 자연스럽게 상권이 보호받는 효과를 누릴 수 있었다.

작은 시골 마을은 사실 월마트에게도 크게 매력적일 리 없다. 그리고 특별히 그런 마을에서 남들보다 사업을 더 잘할 수 있는 경쟁우위가 있었던 것도 아니다. 그러나 구매력이 풍부한 대도시 상권에서 사업을 하던 K마트를 비롯한 기존 대형 경쟁사들은 '작은 시골 마을'이라는 지(地)를 무시하고 있었다. 그랬기 때문에 월마트 입장에서는 그곳이 골리앗의 견제를 받지 않고 힘을 기를 수 있는 전략적 지라 판단한 것이다. 샘 월튼은 이 점을 노렸던 것이다.

## 개인의 삶과 지(地)

개인의 삶에서도 전쟁이나 사업의 경우처럼 지(地)라는 개념이 있다. 개인의 입장에서 지(地)라는 것은 삶의 전반에 걸쳐 생계도 해결하고, 자아실현도 할 수 있는 활동 분야라고 보면 된다. 우리나라에서는 고등학교나 대학을 졸업하고 사회로 진출할 때쯤 자연스럽게 지(地)에 대해 고민을 시작할 것이다.

   개인의 경우에도 경쟁자나 자신 등 '모두에게 중요한 분야'가 있다. 바로 사회적으로 인정받는 분야이다. 국회의원, 고위 공무원, 의사, 검사, 변호사, 유명대학 교수, 유명 기업의 임원 등과 같이 선거를 통해 선출되거나 어려운 자격시험이나 경험을 통해 얻을 수 있는 직업들이 그런 유형이다. 오늘날 그런 종류의 직업을 가진 사람들이 국민에게 존경을 받느냐 비난을 받느냐는 다른 문제이다. 어쨌든 그런 직업을 가지게 되면 다른 사람들보다 많은 권력과 우위를 점하는 것은 부인할 수 없는 사실이다. 어쩌면 그렇기 때문에 더 욕을 먹는 경향도 있지만 말이다.

많은 부모들은 자식들이 그런 안정적이고도 사회적으로 인정받는 직업을 가졌으면 하고 바란다. 그러다 보니 많은 사람들이 사회적으로 인정받고 있는 영역에서 '더 잘하기 전략'을 통해 열심히 경쟁한다. 그런 영역으로 진출하기 용이한 대학 학과의 경쟁률이 높은 것이나, 고시촌에 방마다 빽빽이 수험생이 차는 것이나, 이름난 대기업으로 지원이 몰리는 현상들이 모두 그에 대한 방증이다.

그러나 사회에서 존경 받고 인정받는 영역에서 성장할 기회는 한정적인데다가 이미 포화상태이기 때문에 결국은 제로섬 경쟁을 해야 한다. 이런 경쟁에서는 내 옆의 친구가 잘되는 것이 바로 내가 잘못되는 것을 의미한다. 요즘 TV 예능 프로그램에서 한창인 각종 서바이벌 게임이 마치 그런 사회의 축소판을 보여주는 것 같다. 반드시 누군가는 낙오해야 한다. 그리고 소수만이 승자의 반열에서 영광을 누릴 수 있다. 그래야 다른 경쟁자들도 더 열심히 하고, 시청자들도 재미를 느낀다. 참가자 모두가 승리를 공유하면 시청률은 뚝 떨어질 것이다. 하지만 TV에서 그런 프로그램을 하기 전부터 우리 사회는 이미 '남들이 좋다는 분야'에서는 치열하게 서바이벌 경쟁을 해왔다. 그렇다면 평범한 사람들은 모두 이렇게 사회적으로 인정받는 지(地)로 뛰어들어 '더 잘하기 전략'을 해야 하는 것일까?

다행히도 꼭 그렇지는 않다. '자신에게 유리한 지(地)'를 찾을 수 있다면 소모전에 시달릴 필요가 없다. 그렇다면 개인에게 있어 '자신에게 유리한 지(地)'란 무엇일까? 어릴 적부터 일찌감치 음악이나 미술 분야에 천재성을 보이는 사람들은 태어날 때부터 '자신에게 유리한 지地'를 가지고 있는 행운을 누린다. 물론 타고난 천재라고 노력을 하지 않는 것은 아니지만 남들은 고민하면서 자신의 지地를 찾아 헤맬 때, 그들은 아무런 고민 없이 이미 자신이 가지고 있는 천재적 자산에 맞는 지地를 선택할 수 있다. 자신에게는 유리하고 남들에게는 그다지 유리하지 않은 지地를 말이다. 그러나 타고난 천재의 경우야 흔치 않은 사례이니 그렇다 치고, 평범한 사람들의 경우에는 '자신에게 유리한 지地'란 어떤 것일까? 이런 경우를 생각해보자. 평범한 재능을 가진 사람들이라도 부모의 사업이나 직업을 이어받는 경우는 그 일이 '자신에게 유리한 지地'라고 볼 수 있다. 왜냐하면 이들은 어릴 때부터 부모에게서 남들이 받지 못하는 체계적 훈련을 받을 수 있기 때문이다. 그런 훈련을 통해 해당 분야에서 경쟁우위가 생기게 되는 것이다.

우리 주변에서도 부모의 사업이나 직업을 자식들이 이어가는 경우를 자주 볼 수 있다. 유명한 음식점을 자식들이 대를 이어 운영한다든가, 나전칠기 등과 같은 명장의 기술이 대를 이어 전해진다든가 하는 것이 좋은 사례다. 이들은 아주 어릴 때부터 어머니나 아버지가 하는 일을 자주 보아왔고 무의식 중에 그 직업을 동경하게 된다. 나이가 들면서는 부모의 사업이나 직업을 물려받을 수 있도록 부모로부터 알게 모르게 많은 도움을 받게 된다. 요즘 말로 소위 '금수저'들이라 할 수 있다. 이런 금수저 경우에는 '사업이나 직업을 물려주는 부모' 자체가 경쟁우위가 된다. 그러나 여기에는 중요한 전제가 있다. 부모의 사업이나 직업을 자식이 좋아해야 한다는 것이다. 드라마에서는 그렇지 않은 경우가 종종 등장한다. 아버지가 재벌인데, 사업에는 전혀 관심이 없는 아들, 또는 아버지가 법조인이라서 아들도 법관을 시키려고 하는데 아들은 미술에만 푹 빠져 있는 경우 등. 이런 경우에는 '자신에게 유리한 지地'라고 할 수 없을 것이다.

그러나 현실에서는 아주 어릴 때부터 부모의 직업을 보고 배우면서 자라다 보면 어느새 그것을 좋아하고 평생 자신이 해야 할 일이라고 생각하는 경우가 더 많다. 그렇게 생각하면서 열심히 공부하다 보면 그 분야에서 남들보다 뛰어난 경쟁우위를 가지게 된다. 나중에는 부모가 가진 남모를 비법도 물려받을 것이고, 전문가 집단과 네트워크도 고스란히 물려받기 때문에 경쟁우위는 더욱 견고해진다. 그러나 타고난 천재성을 가진 경우도 드물지만, 사업이나 직업을 물려줄 부모를 만나는 것도 흔한 경우는 아니다. 대부분의 평범한 사람들은 평범한 재능에 평범한 부모 밑에서 자란다. 이런 경우에는 타고난 재능이나 부모 덕분에 준비된 경쟁우위라는 것이 없다. 그럼 어떻게 자신의 지地를 찾아야 하는 것일까?

## 좋아하고, 돈도 벌고, 또 내가 제일 잘나갈 수 있는 곳

'모두에게 중요한 지地'에서의 치열한 경쟁에 자신이 없다면, 가장 먼저 '자신에게 유리한 지地'를 찾아보는 것이 좋다. 타고난 천재성이나,

사업이나 직업을 물려줄 부모가 없어도 스스로 '자신에게 유리한 지地'를 찾거나 개척할 수 있다. 자신이 '금수저'가 아니라고 실망만 할 일은 아니다. 전략을 통해 전세를 역전시킬 방법을 얼마든지 찾을 수 있기 때문이다.

'자신에게 유리한 지地'를 찾기 위해서는 반드시 다음의 세 가지를 고려해야 한다. 자신이 좋아하는 일, 돈을 벌 수 있는 일, 마지막으로 자신이 가장 잘하는 일, 즉 세계 최고가 될 수 있는 일이어야 한다. 이 세 가지 조건이 겹치는 곳이 바로 '자신에게 유리한 지地'가 될 수 있다.

이는 앞서 언급했던 『좋은 기업에서 위대한 기업으로』에 나오는 '고슴도치 개념'과 일맥상통한다. 위대한 기업들은 항상 세 가지 조건이 겹치는 영역에서 자신들의 사업을 전개했다. 때로는 다른 영역에서 돈을 벌 수 있는 기회가 생겨도 세 가지 조건에 부합하지 않으면 그야말로 과감히 포기했다. 도대체 그 세 가지 조건이 무엇이길래 성공할 수 있는 다른 기회들도 포기한단 말인가.

가장 먼저 '자신이 좋아하는 일'이다. 어떤 사람이든 열정이 느껴지는 일이 있을 것이다. 자신에게는 그런 일이 없다고 생각하는 경우가 있지만, 가만 보면 자신의 열정에 맞는 일을 찾아보지 않은 경우가 태반이다. 평생 무엇을 하고 살면 가장 행복할 것인지 구체적으로 생각해보면 몇 가지는 떠오르기 마련이다. 초등학교 시절 소풍 가는 날 새벽에 느꼈던 두근거림처럼 나를 유혹하는 일이 있는가? 이 일이라면 한동안 돈을 받지 않더라도 해 봤으면 좋겠다는 느낌이 드는 일이 있는가? 그런 질문에 부합하는 많은 후보들을 찾아보라. 그러나 열정이 느껴지는 일이라고 해서 그것이 다 '자신에게 유리한 지(地)'는 아니다. 다음 조건을 충족시켜야 한다.

두 번째는 '돈을 벌 수 있는 일'이다. 좋아하는 일을 하면서도 먹고 사는 문제가 해결이 된다는 것이다. 가령 자신이 좋아하는 일이 '쇼핑하기'라면 좋아하는 일을 할수록 돈을 벌기는커녕 돈을 낭비하기만 한다고 생각할 것이다. 그러나 바쁜 사람들을 위해 대신 쇼핑을 해준다면, 자신이 하고 싶은 일도 하고 수고비도 챙길 수 있다. 돈을 벌 수 있는 일이란 '자신이 하고 싶은 일을 하면서 수입을 창출하는 방법이 있는가?'라는 질문에 대한 해답이다. 이 두 가지 조건만 갖추어도 충분하지 않을까 싶을 것이다. 당장은 이 두 가지 조건만으로도 만족스럽겠지만 불행히도 재미있으면서도 돈을 벌 수 있는 일이 있다면 서서히 경쟁자들이 몰려오기 시작할 것이다. 단기간 하고 끝낼 일이 아니라 길게 보고 평생의 업으로 삼으려면 두 가지 조건만으로는 부족하다. 그래서 마지막 조건이 필요한 것이다.

가장 중요한 것이 세 번째 조건이다. '자신이 가장 잘하는 일, 또는 자신이 세계 최고가 될 수 있는 일'이다. 그런데 이 말을 듣자면 이상한 생각이 든다. 세계 최고가 될 수 있는 일이란 마치 타고나거나 개발된 경쟁우위가 있는, 그것도 세계적으로 절대적 경쟁우위가 있는 일을 의미하는 것 같다. 그런 게 있는 사람들은 그렇게 한다 치고, 그럼 그런 경쟁우위가 없는 사람들은 어떻게 하란 말인가? 마지막 조건에서 우리는 딜레마에 부딪치기 쉽다. 그러나 다행히도 여기서 '자신이 가장 잘한다' 혹은 '세계 최고가 된다'의 개념은 남들보다 절대적으로 탁월한 역량을 가지고 있는 경우만 의미하는 것이 아니다. 특정 지地에 한해서 남들에 비해 상대적으로 유리한 자산이나 조건을 가지기 때문에 내가 제일 잘할 수 있거나 또는 내가 스스로 만들어낸 영역이기 때문에 내가 제일 잘할 수 있는 것이란 의미도 있기 때문이다. 1960년대 북베트남군은 세계 최강의 군대가 아니었지만 베트남의 깊은 정글에서는 세계에서 가장 강력한 전사였던 것처럼 말이다.

짐 콜린스가 제시한 간단한 사례를 한번 보자. 웰스파고Wells Fargo는 1852년 설립되어 샌프란시스코에 본사를 두고 있는 금융 회사이다. 전 세계적으로 28만여 명의 임직원이 있으며, 미국에서는 세 가구당 한 가구 꼴로 이 회사의 서비스를 이용하고 있다. 2011년 자산 기준 미국에서 4번째로 큰 은행이며 시가총액으로는 최대 기업이다. 이렇듯 지금은 대형 글로벌 금융 회사이지만, 처음부터 그랬던 것은 아니다. 이 회사도 1980년대 중반에는 금융 회사라면 누구나 부러워할 씨티은행을 롤모델로 삼았고, 당연히 글로벌 금융 회사가 되기 위해 노력했다. 그러나 곧 경영진들은 스스로에게 날카로운 질문을 던지게 된다. '우리가 다른 어떤 회사보다도 더 잘할 수 있는 잠재력을 갖고 있는 것이 무엇이고, 더 잘할 수 없는 것은 무엇인가? 그리고 우리가 노력하고 있는 분야에서 세계 최고가 될 수 없다면, 우린 대체 무엇 때문에 그 일을 하고 있는 것일까?'

웰스파고는 '세계적 금융 회사가 되는 일에서는 최고가 될 수 없음을 솔직히 인정했다. 그 분야에서는 시티은행처럼 되기 어려울 뿐 아니라 다른 글로벌 금융 회사와도 경쟁이 어렵다는 것을, 비록 자존심은 상하지만 용기 있게 인정했다. '하면 된다'보다는 냉정하게 현실을 직시한 것이다. 그러나 여기서 끝난 것이 아니다. 웰스파고는 자기들이 세계 최고가 될 수 있는 일로 관심을 돌렸다. 미국 서부, 그리고 소매금융에 초점을 맞추고 은행을 비즈니스처럼 경영하는 일이었다. 자신들의 지(地)를 그 당시의 역량에 맞게 정하자, 그 분야에서는 세계 최고가 될 수 있었다. 해충이 득실대는 정글에서는 북베트남군들이 당시 세계 최강이라고 불리던 미군과도 대등하게 맞설 수 있었던 것처럼 웰스파고도 자신들이 선택한 지에서는 세계 최강의 경쟁자들에게 뒤지지 않았다.

웰스파고가 자신의 지(地)를 선택할 때 쓴 전략이 바로 '다르게 하기 전략'이다. 세계적으로 인정받는 기업을 롤모델로 삼고 그 기업처럼 되기 위해 비슷한 목표를 가진 경쟁 상대보다 더 잘하려고 노력하기보다 자신만이 최고가 될 수 있는 다른 분야를 찾은 것이다. 여기에 대해 짐 콜린스는 다음과 같이 강조했다.

> "'세계 최고가 되는 일'이란 최고가 된다는 목표, 최고가 되는 전략, 최고가 되려는 의지, 최고가 되기 위한 계획이 아니다. 그것은 당신이 무엇에서 최고가 될 수 있겠는지를 아는 것이다. 이 차이는 절대적으로 중요하다."

개인의 경우도 이와 같이 다르게 하기 전략으로 '자신이 세계 최고가 될 수 있는 분야'를 찾을 수 있다. 요즘처럼 과잉 경쟁이 만연한 상황에서는 이러한 노력이 더더욱 절실하다. 다들 대학을 나와서 사회적으로 인정된 대기업에 취직하려고 하다 보니, 경쟁은 과열되고 패배자가 양산되는 현상이 발생한다. 바로 '더 잘하기 전략'의 역설이다.

하지만 사회적으로 널리 알려지거나 많은 사람들이 부러워하는 분야가 아니더라도 자신이 좋아하고, 또 돈벌이가 되고 자신이 가장 잘할 수 있는 생태적 틈새를 찾아낸다면 거기서는 자신이 승자가 될 수 있다. '넘버원number one이 아닌 온리원only one'이 될 수 있는 것이다.

자신만의 생태적 틈새로써 지地를 선택한 사례는 '스타트업Start-up' 기업에서 찾을 수 있다. 그들은 자신이 하고 싶은 일을 사회적 수요에 맞춰 새로운 영역으로 창조하는 특성이 있다. 그런 특성에 부합하는 사례로 '드론계의 애플'이라 불리는 스타트업 기업을 들 수 있다. 아니 스타트업으로 시작했지만 지금은 이미 기업 가치가 100억 달러가 넘었으니 스타트업이라 부르기는 어려울 것 같다. 바로 중국의 DJIDa-Jiang Innovation이다.

2006년 중국 심천에서 당시 27세의 프랭크 왕이라는 청년이 이 회사를 창업했다. 프랭크 왕은 초등학교 때부터 모형 헬기에 푹 빠져 있었다. 그때부터 언젠가는 자신이 이런 모형 항공기를 만들겠다는 꿈을 키우기 시작했다. 청년이 되어 홍콩과기대에 진학한 후 프랭크 왕은 본격적으로 모형 헬기, 그중에서도 FCFlight Controller를 만들기 시작한다. 전공 수업까지 빼먹으면서 자신의 꿈에 몰입했던 열정이 결국 그를 스타트업 창업으로 이끌었다. 또한 관심을 가졌던 FC 기능에 대한 기술 역량이 드론 사업의 성공에 결정적 기여를 하게 된다.

프랭크 왕은 초등학교 때 이미 자신의 지(地)를 구축하기 시작한 것이다. 그리고 그 지(地)가 점점 자신만의 경쟁우위가 있는 지(地)가 되었다. 너무너무 재미있고(열정), 그래서 남들보다 잘할 수 있게 된(역량) 분야에서 이제는 어마어마한 돈까지 벌게 된 사례이다.

기업가라는 관점에서 보면 프랭크 왕은 이미 성공했다. 그것도 아주 크게 성공했다. 또한 중국은 땅이 너무 넓고, 온라인 상거래인 이커머스나 모바일커머스로 연간 수백 조씩 거래가 일어나는 곳이다. 2017년 11월 11일 광군제 단 하루 동안 알리바바에서만 28조 원의 거래가 일어났다. 그러니 향후 온라인으로 팔리는 물건을 배달할 용도로 그 넓은 중국 땅을 날아다닐 드론을 상상하면 앞으로도 어마어마하게 성장해 갈 것이다.

그런데 성공한 사례를 보면 이해가 되지만 왠지 남의 일 같고 나랑은 상관없는 것 같은 느낌이 든다. 그래서 이번에는 성공하지는 못했지만 과감하게 시도 중인 사례를 살펴보고자 한다. 성공할 수도 있고 실패할 수도 있을 테지만, 우리가 눈여겨 봐야 할 대목은 그들의 용기이다. 자신들만의 생태적 틈새로 과감하게 파고들어가 남들과 다르게 세상을 살려고 하는, 그리고 기어이 살아내는 그들의 용기다. 그 용기가 있어야 자신만의 경쟁우위를 찾아낼 수 있다.

지난 2011년 서울 유명 사립대에 '공개 이별선언문'이라는 대자보가 붙었다. 이 대학 신방과 4학년 장혜영씨[21]가 더 이상 의미가 없는 대학 생활을 그만두겠다는 자퇴 선언문이었다. 남들은 인서울in-Seoul, 서울에 있는 대학에 들어가기도 힘들다는 마당에 무슨 호강에 겨운 소리인가 하는 사람도 있었지만 당사자인 그녀는 사뭇 진지했다. 그녀는 이별선언문에 이렇게 썼다.

"새들에게 날개의 자유가 있다면 인간으로 태어난 우리에게는 스스로가 믿고 사랑할 것을 선택할 자유, 그렇게 선택한 아름다움을 지켜낼 자유, 즉 '사랑에의 자유'가 있습니다."

그녀는 그렇게 명문대를 스스로 그만두었고 18년간 열악한 장애인 시설에 수용되어 있던 자신의 한 살 아래 여동생을 세상으로 데리고 나왔다.

"사람들이 좋은 삶의 방식이라고 이야기하는 거 있잖아요. 명문대에 가고 대기업에 취직하고…… 이런 게 더 많은 자원을 확보해줄 것 같지만 그걸 위해 사는 동안 동생은 말라 죽어가고 있고 그 시간은 절대 다시 돌아오지 않죠. 설사 그렇게 자원을 확보했다 하더라도 동생에게 가장 중요한 자원은 시간인데, 얘를 위해

---

[21] 한겨레, 2017, 10, 20 기사: 갇힌 삶을 넘어 무사히 할머니가 될 수 있을까

서 쓸 시간이 없다는 건 너무 명확한 거예요. 기존의 방식으론 절대 내가 원하는 내 자리를 만들 수 없다고 생각했어요."

다니던 학교를 정상으로 졸업하고 좋은 기업에 취직하는 것이 동생에게 더 좋은 조건을 만들어 줄 수 있지 않느냐는 질문에 그녀는 남들이 속삭이는 핑크빛 내일보다 동생과 함께 부대끼는 '오늘'이 더 소중하다고 대답한 것이다. 그녀는 현재 인간 중심의 다큐멘터리와 애니메이션을 만들고 글 쓰는 것을 자신의 지(地)로 삼았다. 그 분야는 그녀가 관심과 열정을 가진 분야이기도 하고, 애니메이션 고등학교를 졸업하고 대학에서는 신문방송학을 전공한 만큼 역량도 있는 분야이다. 게다가 그녀 스스로 만든 상황- 대학을 자퇴하고 장애인 동생과 살아가는 - 역시 그녀가 이런 분야에서 활약하는 데 도움이 될 수도 있다. 그래서 유튜브에는 그녀가 동생과 살아가는 평범하지만 행복한 일상을 담은 다큐멘터리, 그리고 사회적 이슈들에 대한 그녀 나름대로의 생각과 철학을 담은 창작 동영상이 꾸준히 올라오고 있다. 그럼 돈은 어떻게 버느냐고? 타고나길 지독한 흙수저로 태어난 그녀이기에 가지고 있는 돈은 없다. 다만 4차 산업시대의 젊은이답게 크라우드펀딩으로 창작을 위한 자금을 모았고 지금까지는 기대 이상의 성원을 받았다.

그녀의 이 감동적이고 아름다운 시도가 어떤 궤적을 그려갈지 자못 궁금하지만 예단하기는 어렵다. 하지만 많은 사람들이 사회에서 좋다고 인정한 목표를 향해 마지못해 '더 잘하기 전략'에 매달리면서

'헬조선'을 탓할 때, 그녀는 용기 있게 남들이 가지 않는 오솔길을 통해 자신만의 생태적 틈새를 찾아가고 있다. 자신에게 유리한 지(地)는 이렇게 용기 있는 사람들에게만 허락되는 것임을 그녀가 증명할 수 있기를 바란다.

## 경쟁우위가 없는 곳에서도 전략은 있다

하지만 아무것도 가진 것이 없어 '모두에게 중요한 지(地)'는 물론이고 '자신에게 유리한 지(地)'도 찾기 힘든 경우에는 어떻게 해야 할까. 나는 이것을 꼭 강조하고 싶다. 누구나 '자신에게 유리한 지(地)'를 찾을 수 있다는 것을. 다시 말해 누구나 자신만의 생태적 틈새는 있기 마련이다. 물론 어딘가 존재하는 것을 그저 찾기만 하는 것은 아니다. 지금 세상에 없다면 장혜영씨처럼 스스로가 생태적 틈새를 만들어가야 한다. 그러나 지금 뚜렷한 역량이 없어 생태적 틈새를 찾아갈 그 어떤 실마리도 없다면, 일단은 '남들이 간과하는 지(地)'를 찾아 자신의 역량을 키워가는 것도 전략적 선택이 될 수 있다.

요즘 도시에 사는 사람들 사이에 '귀농'이 인구에 회자되고 있다. 도시의 소모적 경쟁에 지친 사람들이 농촌으로 가서 새로운 삶을 모색하는 것이다. 아직까지는 귀농에 성공한 사례보다 실패한 사례가 더 많지만 그럼에도 불구하고 귀농을 꿈꾸는 사람들은 더 늘고 있는 것 같다. 그리고 이제는 미리미리 준비하는 덕에 성공하는 사례도 늘고 있다. 남은 평생을 자연과 더불어, 그야말로 자연스럽게 살기 위해 귀농하는 사람들이 대부분일 것이다. 굳이 자신에게 유리한 지地는 아니지만 경쟁자들이 넘쳐나는 분야는 아닌지라 그것이 좋아 귀농하는 사람들도 많다. 개중에는 남들이 간과한 시골에서 힘을 키워 차세대 농부로 성공하는 케이스도 있다. 대도시에서 헬스클럽을 운영하던 양희숙씨는 IMF 이후 계속되는 경기 침체를 견디다 못해 2003년 헬스클럽을 접고 충남 태안으로 귀농했다. 일단 도시를 떠나 농촌으로 피신한 것이다. 고향도 아닌 곳에서 한 번도 해 보지 않은 농사를 한다는 것은 쉽지 않은 일이었다. 하지만 도시에서의 고난을 겪어 본 그녀였기에 그 누구보다도 강하게 단련이 되어있었다. 처음에는 텃밭을 가꾸는 정도로 시작하였으나 지금은 '뜨락애愛'라는 어엿한 브랜드의 농촌 체험장을 운영하고 있다. '남들이 간과하는 지地'는 나에게도 특별할 것이 없는 곳이다. 하지만 일단 한숨을 돌릴 수는 있다. '모두에게 중요한 지地'처럼 끊임없는 경쟁에 시달리지 않아도 되기 때문이다. 그리고 다시 힘을 모아 그곳을 '자신에게 유리한 지地'로 탈바꿈시킬 수 있다.

어쩌면 '남들이 간과한 지地'에서 다시 시작할 수 있는 것도 다행인지 모른다. 대부분의 사람들은 어쩔 수 없는 이유로 자신이 '원하지 않는 지地'에서 원하지 않는 경쟁을 해야 한다. 원하지 않는 지地는 자신의 의지에 의해서가 아니라 어쩔 수 없이 참여하게 된 영역을 의미한다. 능력도 배경도 없어서 원하는 직장은 다 떨어지고, 겨우 얻게 된 자신의 적성과 전혀 맞지 않는 직장, 또는 처음에는 좋은 직장이었지만 세월이 흘러 더 이상 미래가 보이지 않는 직장, 결국 명예퇴직을 하고 생계를 위해 어쩔 수 없이 시작한 전혀 생소한 사업 등이 그 예가 될 수 있다. 이런 지地는 일부러 선택하는 곳은 아니다. 어쩔 수 없어 떠밀려 온 것이다. 그러나 이런 경우에도 '자신에게 유리한 지地'로 갈 수 있는 전략은 있다. 그 '원하지 않는 지地'는 자신의 의지대로 정한 것이 아니지만 그 속에서의 상대적 위치는 자신의 의지로 정할 수 있다. 그리고 상대적 위치를 정할 수 있다면 지형적 특성의 불리함을 어느 정도 극복할 수 있다. 주어진 지地의 특성을 파악하여 주어진 공간 내에서 자신에게 유리한 상대적 위치를 선점하는 것이다.

이것은 또 하나의 다르게 하기 전략이다. 경영학계의 저명한 학자인 마이클 포터 교수도 "차별화는 동일한 목표를 달성하기 위해 경쟁자와 아예 다른 활동을 하거나, 경쟁자와 같은 활동을 하되 이를 다르게 수행함으로써 창출된다."라고 말한 바 있다. 아예 다른 지地를 선택하여 자신의 꿈을 실현해가면 좋지만, 그것이 어렵다면 경쟁 상대가 득실거리는 지地에서도 다른 방법으로 살아갈 수 있다는 말이다.

똑같이 직장생활을 해도 한 사람은 자신을 그저 월급을 받는 피고용인으로 생각하고 그에 맞게 행동하는 반면, 다른 사람은 자신이 회사와 계약을 맺고 자신의 전문성을 파는 독립된 계약자로 인식하고 행동한다고 생각해보자. '피고용인'은 회사에 고용된 사람이다. 회사가 시키는 대로 복종하며 살아가는 사람들이다. 이들은 늘 변화의 대상이 되어왔던 사람들이며, 직장 상사의 뜻에 의존하며 사는 사람들이다. 그들은 자신의 시간을 직장에 판 사람들이다. 한마디로 조직에 대한 의존도가 높은 사람들이다. 그러나 '독립 계약자'란 스스로가 또 하나의 기업이라고 생각하는 사람들이다. 그래서 직장과 자신이 대등한 위치에서 계약을 맺은 공급자와 공급받는 자의 관계에 있다고 보는 것이다. 자신이 가지고 있는 전문성을 현재의 직장에 파는 것이다. 피고용인과 외면의 조건이나 처한 환경은 동일하지만 내면의 자세가 전혀 다르다. 한마디로 심리적으로 조직 의존도가 낮은 사람이다.

동일한 사람이라도 자신을 '피고용인'으로 생각하느냐, '독립 계약자'로 생각하느냐에 따라 큰 차이가 난다. '피고용인'은 자신에게 주어진 일들을 업무시간 안에 야단맞지 않을 정도로만 해내며 월급날만 기다린다. 반면 '독립 계약자'는 주어진 일들을 가능한 한 자신이 훗날 하고자 하는 일들과 연계시켜 자신의 전문성을 계발하기로 한다. 시간이 갈수록 '피고용인'은 점점 지금의 직장에 대한 의존도가 높아진다. 그래서 결국 직장 내의 사다리를 타고 위로 올라가는 경쟁에 매달리게 된다. 직급이 올라갈수록 경쟁의 관문은 좁아지고, 경쟁에서 자신의 전문성보다는 정치력의 비중이 커진다.

'피고용인'이 그러는 동안 '독립 계약자'는 자신의 전문성을 갈고닦는 자신과의 경쟁에 몰두한다. 독립 계약자로 살다 보면 피고용인으로 사는 것보다 진급이라는 경쟁에서 밀릴지도 모른다. 하지만 독립 계약자는 자신의 진정한 꿈을 찾기 위한 준비에서는 밀리지 않을 것이다. 피고용인은 자신의 꿈에서 점점 멀어지지만 독립 계약자는 꿈을 향해 작지만 의미 있는 한 걸음 한 걸음을 떼 왔기 때문이다.

나 역시 비슷한 경험을 했다. 지난 2000년 잘 다니던 미국계 컨설팅회사가 실적을 이유로 갑작스런 철수를 선언했다. 그 이후로 나는 두 개의 직장을 더 거쳤다. 하지만 2000년 이전과 이후 나의 태도는 확연히 달라졌다. 2000년 이전에 나는 '피고용인'이었다면 2000년 이후에는 '독립 계약자'로 변해 있었다. 그렇다고 직장에서 내게 부여한 임무를 소홀히 한 것은 아니다. 나의 전문적 역량을 키우면서 직장에도 기여할 수 있는 방향으로 에너지를 투자한 것이다.

사실, 나에게 전략 컨설팅은 매우 매력적인 분야였지만 직급이 올라가면서 맡아야 했던 영업과 조직관리는 그렇지 못했다. 어쩌면 나는 점점 더 내가 '원하지 않는 지(地)'를 향해 가고 있었는지 모른다. 하지만 컨설팅 기업에 있으면서 직급이 올라가면 피할 수 없는 일이 바로 영업과 조직관리였다. 적어도 당시 내게는 그랬다. 그 영업과 조직관리를 매우 잘하는 사람들도 있다. 그들에게는 그 분야가 '자신에게 유리한 지(地)'인지도 모른다. 하지만 내게는 그렇지 않았다. 피할 수 있는 일도 아니었다. 2000년 후반에 위기를 겪지 않았다면, 나 역시 내게 어울리지 않는 영업과 조직관리를 경쟁자들보다 더 잘하기 위해 열심히 노력했을지 모른다. 하지만 그때 이런 생각이 들었다. '내가 원하지 않는 것을 영원히 추구할 수는 없다. 결국 경쟁력을 갖추기 위해서는 내가 원하는 것을 해야 한다.' 그 후로 나는 내게 주어진 영업과 조직관리를 부지런히 하면서도 내가 원하는 분야와 끊임없이 연계시켰다. 그렇다고 직장에서 나의 업무를 태만히 한 적은 없다. 남들보다 잘하지는 못했겠지만 평균 정도의 성과는 거두었다. 가령 영업을 할 때도 단순한 미팅과 식사보다는 세미나나 토론 등을 통해 나의 전문성이 좀 더 발휘될 수 있도록 했으며, 조직관리에서도 팀원들의 역량 향상을 위해 여러 가지 교육훈련 프로그램을 만들고 그것을 내가 직접 진행했다. 결국 그런 일들은 직장이 부여한 임무를 수행하면서도 나의 전문성을 키우기 위한 노력이었던 것이다.

솔직히 그 당시 직장을 나와서 1인 기업으로 독립해야겠다는 구체적인 계획을 가지고 있었던 것은 아니다. 나의 업무는 '원하지 않는 지地'였지만, 나의 직장은 모두 훌륭한 곳이었기 때문이다. 하지만 사람의 일은 모르는 것이기 때문에 '막연한 미래'를 준비하고 있었던 것이다. 피고용인의 입장이라면 그런 준비를 하기는 어렵다. 스스로를 독립 계약자라고 생각하고 있었기 때문에 그런 준비가 가능했다고 지금도 믿고 있다.

'군계일학群鷄一鶴'은 이 경우와 의미가 조금 다른 사자성어이지만, 글자 그대로만 해석한다면 많은 닭(피고용인)의 무리 속에 한 마리의 학(독립 계약자)이 있는 것이다. 그 학은 닭과는 상대적 위치가 다르다. 같은 지地에서도 스스로를 단순한 피고용인으로 인식하고 행동하느냐 아니면 독립적인 계약자로 인식하고 행동하느냐에 따라 삶의 질과 방향이 달라질 수 있다. 그 인식과 행동의 차이가 동일한 지地 안에서 상대적 위치의 차이인 것이다.

|  | 경쟁우위가 있는 지(地) | | 경쟁우위가 없는 지(地) | |
|---|---|---|---|---|
|  | 모두에게 중요한 지(地) | 나에게 유리한 지(地) | 남들이 간과하는 지(地) | 원하지 않는 지(地) |
| 개념 | -경쟁자나 나에게나 똑같이 전략적으로 중요한 영역 | -자신이 보유한 자원과 잘 맞는 영역으로 경쟁자보다는 자신에게 유리한 영역 | -경쟁자가 무시하는 영역으로 나에게도 특별한 강점이 없는 영역 | -자기 의지에 의해서가 아니라 어쩔 수 없이 참여하게 된 영역 |
| 전략 | -상대보다 먼저 차지함으로써 우위를 가질 수 있음 | -좋아하고, 돈이 생기고, 세계에서 제일 잘하는 세 가지 조건이 겹치는 곳을 찾을 것 | -당장 남들보다 뛰어난 강점이 없어 우회전략을 활용할 때 선택할 수 있음 | -상대적 위치를 잘 선택하여 남들과 다른 방법으로 경쟁하려고 노력할 것 |

## Chapter 3
# 형形을 구축하라

'노 페인 노 게인No pain, No gain'이라는 말이 있다. 얻고자 하는 목표가 있다면 고통을 감내해야 한다는 말이다. 말이 간결하면서도 의미하는 바가 깊어서 어린 시절부터 늘 유념하고 있다. '그렇지, 세상에 공짜는 없는 거야. 늘 합당한 대가를 치러야 하는 게 세상의 이치야.' 일이 잘 풀리지 않을 때 이 말로 스스로를 위안하곤 했다.

그러나 더 깊이 살펴보면 '노 페인 노 게인'이라는 맥락 속의 페인pain은 육체적 정신적 고통으로 병이나 골칫거리에 의한 수동적인 고통보다는 스스로 감수하는 고통이라는 뉘앙스가 강하다. 피하려면 피할 수 있다. 그럼에도 감내하는 고통이다. 왜? 바로 게인gain을 위해서. 즉 자신이 원하는 바를 달성하기 위해 스스로 감내한다는 의미이다. 무엇을 스스로 감내하는가? 바로 형形을 축적해가는 과정에서 생기는 고통을 감내하는 것이다.

비장함이 흐르는 무협영화가 갑자기 떠오른다. 억울하게 살해된 부모님의 원수를 갚기 위해 주인공은 산속 깊숙이 은둔하고 있는 고수를 찾아간다. 복수를 목적으로 하는 한, 무술을 가르치지 않겠다는 고수의 허락을 받기 위해 비가 오나 눈이 오나 마당에 무릎을 꿇고 받아주기만을 기다린다. 많은 시간이 흐르고 마당에 첫눈이 쌓일 때 즈음 고수는 싸리비를 던지며 퉁명스럽게 마당을 청소하라고 한마디 한다. 드디어 승낙을 받은 것이다. 이때부터 필름이 빠르게 돌아간다. 봄, 여름, 가을, 겨울 배경이 바뀌면서 주인공이 고수에게 수없이 구박을 받아가면서 어려운 무술을 익히는 장면이 나온다. 그러다가 따뜻한 햇살이 비치는 어느 봄날 주인공과 고수는 들꽃이 만발한 언덕 위에서 대련을 하고 있다. 서로 하늘을 붕붕 날아다니다가 어느새 제자인 주인공이 스승을 연습 게임에서 이기게 된다. 다소 겸연쩍을 텐데 이를 굳이 숨기며 만족스러운 듯 껄껄껄 웃는 고수. "이제 더 가르칠 것이 없다. 하산하여라." 이 말과 함께 시작되는 무협영화를 누구나 한 번쯤은 보았을 것이다.

여기서 몇 번이고 반복되는 '봄, 여름, 가을, 겨울'의 절대적인 시간을 투자하여 배우고 익히는 그 과정을 바로 '형의 구축'이라고 한다. 그리고 거기에는 어쩔 수 없이 고통$_{pain}$이 따르는 것이다. 하지만 이 과정을 거치지 않으면 절대 자신의 목표$_{gain}$을 달성할 수 없다. 무협영화에서만 그런 것이 아니고 동서고금 세상의 이치가 그렇다.

그 이치대로라면 자신에게 맞는 지$_{地}$를 선택한 후 누구나 그 지$_{地}$에 맞는 형$_{形}$을 구축해야 한다. 일반적으로 형$_{形}$이란 지$_{地}$에서 필요로 하는 기술, 지식, 경험, 관계 등을 의미한다. 그러나 어떤 지地를 선택하는가에 따라 쌓아야 할 형形은 많이 다를 수 있다. 하지만 근본적으로 꾸준히 자신을 갈고닦고 수련하는 것은 공통사항이다. 배워야 하고 익혀야 하는 것이다. 자신만의 것으로 만들기 위해 절대적인 시간을 투자하며 희망을 버리지 않고 버텨내야 한다. 이럴 땐 단군신화에 나오는 곰, 즉 웅녀가 되어야 한다. 마늘만 먹는 고통을 스스로 감내하면서 절대적으로 요구되는 시간과 불확실성을 버티면서 차근차근 내실을 다져야 한다. 이러한 원칙은 '자신에게 유리한 지地'는 말할 것도 없고, '모두에게 중요한 지地'에서도 반드시 지켜져야 한다. 이미 경쟁우위를 가졌다고 형形의 구축을 소홀히 하는 순간, 경쟁 상대의 손쉬운 목표가 되기 때문이다.

## 스킬(skill), 지식(knowledge), 네트워크(network)

손자孫子는 "전쟁을 잘하는 장수는 먼저 적으로 하여금 나를 이길 수 없게 만들어 놓고, 적이 잘못을 범하기를 기다려 승리를 쟁취한다."라고 강조하였다. 승리하는 군대는 우선 승리의 조건을 다 갖추고서 전쟁을 시작하고, 패배하는 군대는 일단 전쟁을 시작한 후 승리를 연구한다. 여기서 승리의 조건을 갖추는 것이 바로 '형形을 갖춘다'는 것이다. 쉽게 설명하자면, 군대를 특수한 목적에 따라 훈련시키고, 자신이 위치한 고지를 적의 기습으로부터 지키기 위해 다양한 방책을 마련하는 등의 활동이 바로 형形을 갖추는 것이다. 이러한 형形은 지地를 선택하기 전부터 기본적인 것은 만들어 갈 수 있으며 지地를 선택한 후, 특히 경쟁 상대 대비 상대적 위치를 설정한 후에는 지地의 특성에 맞추어 매우 상세한 형形을 구축해야만 한다.

나폴레옹 역시 "부대의 지휘관은 만약 적군이 정면에서, 우측에서, 혹은 좌측에서 공격해 온다면 나는 어떻게 방어할 것인가에 대한 답을 가지고 있어야 한다. 만약 이러한 상황에 대해 현재의 병력과 배치 상태가 완벽하지 않다면 뭔가 잘못된 것이며, 반드시 이를 바로 잡아야 한다."라고 형形에 대해 강조하였다.

그렇다면 개인의 경우에는 무엇이 형形이 되는 것일까? 인생을 살아가는 데 있어 어떤 지地를 선택하더라도 형形은 반드시 축적되어야 한다. 또 형形의 내용은 지地에 따라 다르더라도 형形을 구성하는 요소는 지地와 관계없이 동일하다. 바로 스킬, 지식, 네트워크다. 개인이 갖추어야 할 형形에서 가장 기초가 되는 것은 스킬이고, 그 다음이 지식, 그리고 네트워크의 순이다. 이 세 가지 중 어느 하나 빠짐없이 갖춰져야 한다. 형形의 세 가지 요소가 빠짐없이 균형 있게 갖춰지지 않으면 역량을 극대화시키지 못하게 된다.

먼저 가장 기초가 되는 것은 스킬이다. 스킬이란 인생을 살아가는 데 필요한 기술이다. 또 자신만의 노하우일 수도 있다. 어떤 지地를 선택하느냐에 따라 어떤 스킬이 필요한지 결정된다. 당신이 피아니스트라면 당연히 피아노 연주를 위한 스킬이 필요할 것이다. 개그맨이라면 순발력과 연기력 등과 관련된 스킬이 필요할 것이다. 이렇게 다양한 스킬 중에서 가장 기본이 되는 스킬은 '생각하는 스킬'과 '소통하는 스킬'이다. 생각하는 스킬은 그야말로 생각을 잘하는 능력이다. 그리고 소통하는 스킬 역시 잘 듣고, 읽고, 쓰고, 말하는 능력이다. 사람이 어떤 지地를 선택하든지 이 두 가지 스킬은 기본적으로 필요하며 중요성은 아무리 강조해도 지나치지 않다. 바로 '핵심 스킬core skill'인 것이다.

그 다음은 자신이 선택한 지地에서 필요로 하는 지식이다. 어떤 지地를 선택하든 관계없이 인생을 살아가기 위해 기본적으로 갖춰야 할 지식도 있지만, 자신이 선택한 지地에서 반드시 필요한 전문 지식도 있다. 기본적인 지식은 학교에서 열심히 배우는 것들이다. 그리고 전문 지식은 직업을 선택한 후 직장에서 배우고 익히는 것이다. 지地가 바뀌게 되면 배워야 할 전문 지식도 바뀌게 된다. 그러므로 가능하다면 직장은 바꾸더라도 업業, 즉 하는 일은 일관되게 유지하는 것이 전문성을 극대화하는 데는 더 유리하다.

형形의 3요소 중 마지막은 네트워크다. 이것은 다른 사람들과의 관계를 말한다. 직장이라면 자신의 윗사람, 동료, 아랫사람 등과의 관계다. 직장을 떠나 더 넓은 네트워크도 있다. 자신의 지地에서 서로 도움을 주고 받을 수 있는 네트워크에 접속되어 있는가, 그리고 자신은 그 네트워크의 중심을 차지하는 허브인가, 아니면 변방에 있는 하나의 노드인가 등이 중요하다.

좋은 형形을 구축하기 위해서는 스킬, 지식, 네트워크가 하나도 빠지지 않고 균형 잡힌 모습으로 계발되어야 한다. 그렇지 않고 하나라도 빠지게 되면 지속적인 성장을 하기가 어려워진다.

핵심 스킬이 부족한 경우를 생각해보자. 초등학교에서 대학교까지 평균 이상의 성적으로 졸업하고 또 자신의 지에서 필요로 하는 전문지식도 잘 갖추었다. 게다가 오지랖이 넓어서 여기저기 좋은 사람들과 폭넓은 네트워크도 쌓았다. 그런데 논리적이면서 창의적으로 생각하는 스킬과 다른 사람들과 소통하는 스킬이 부족하다면 어떻게 될까? 아마도 자신의 지식과 네트워크를 창조적으로 활용하기는 어려울 것이다. 좀 더 부정적으로 얘기하면, 핵심 스킬이 부족한 경우에는 지식과 네트워크를 어느 수준 이상으로 쌓아가기조차 힘들 것이다.

그렇지만 핵심 스킬만 잘 갖추어져 있다고 해서 문제가 없는 것은 아니다. 즉 지식과 네트워크가 부족한 경우다. 머리는 창의적이고 언변도 뛰어나며, 다른 사람들이 횡설수설 말해도 무슨 의미인지 파악이 빠르다. 하나를 들으면 열을 안다. 그런데 제대로 배우지 못하고 주변에 자신의 잠재력을 키워줄 사람은커녕, 자신의 잠재력을 알아봐주는 사람조차 없다. 이런 사람은 어떻게 될까? 자신의 역량을 극대화시키는 데 한계가 있을 것이다. 다 그렇지는 않겠지만 경우에 따라서는 자신의 타고난 스킬을 비정상적으로 활용할 가능성도 있지 않을까. 사기꾼들을 보라. 멀쩡한 사람들도 속여 넘기는 그들을 가만 살펴보면 생각하는 스킬은 물론이고 소통하는 스킬이 매우 뛰어나다는 것을 알 수 있다.

지식이 부족한 경우에도 한계를 만난다. 뛰어난 스킬도 갖추고 있고 훌륭한 인적 네트워크도 갖췄지만, 학교에서는 공부를 게을리하고 직장에서도 배우는 것을 좋아하지 않는 사람들이 있다. 기본적으로 머리가 똑똑하고 주변에 좋은 인맥이 많아서 어린 시절에는 남들과의 경쟁에서 뒤처지지 않는다. 그러나 시간이 지나면 결국 지적 체력이 달리게 된다. 세상은 빠르게 변해가는데 머릿속에는 온통 철 지난 지식뿐이다. 기업에 가 보면 이런 류의 사람들이 많다. 40대 중반이 넘은 관리자들 중 그런 사람들을 종종 만날 수 있다. 사람이나 업무를 통제하고 관리하는 것은 알고 있지만, 자신의 전문 영역이 없다. 이 역시 지속적으로 성장하기 어려운 존재들이다.

그렇다고 지식만 잔뜩 쌓으라는 얘기는 아니다. 지식만 쌓여있고 스킬과 네트워크가 부족한 경우도 문제가 많다. 머리가 영특하다는 소리를 듣지는 못했지만, 타고난 성실성으로 열심히 공부했고, 대학교까지 무사히 마치고도 모자란 듯해서 석사, 박사 학위까지 땄다. 하지만 창의적인 사고나 소통의 스킬이 부족하고, 공부만 하느라 주변에 폭넓은 인맥도 구축하지 못했다. 이런 경우 자신의 머릿속에 가득 차 있는 지식을 자신만의 것으로 재창조하기 어렵고 그 지식의 가치를 알아줄 사람도 없다. 그저 평생을 지식 저장 창고로 지낼 가능성이 높다.

마지막으로 네트워크가 취약한 경우는 또 어떨까? 똑똑한데 성실하기까지 하여 학교에서도 공부를 잘했고, 직장에 들어와서도 필요한 스킬과 지식은 성실하게 배우고 익혔다. 그러나 주변 사람들과의 관계가 좋지 않다면? 간혹 천재적 면모를 보이는 사람들 중 성격이 괴팍하여 주변 사람들과 협력관계를 구축하지 못하는 사람들을 보게 된다. 보통 사람들이라도 내성적인 성격으로 인간관계 구축이 서툰 경우도 있다. 이런 사람들도 자신의 지地에서 명백한 한계를 만나게 된다. 어떤 분야든 개인이 혼자 힘만으로 성장할 수 있는 데에는 한계가 있기 때문이다.

그런데 더 최악의 경우는 네트워크만 있고 스킬과 지식이 부족한 경우이다. 이런 경우는 드라마에서 쉽게 볼 수 있다. 부자 아버지 밑에서 어려움 없이 살아온 경우가 좋은 예이다. 좋은 머리를 물려주지 못한 부자 아버지는 자식을 좋은 학교에 보냈지만 자식은 별로 공부를 잘하지도 못하고 관심도 없다. 다만 아버지의 자리를 물려받음으로써 훌륭하고 풍부한 인적 네트워크에, 그것도 허브로 접속하게 되는 것이다. 그러나 네트워크의 허브는 리더로서 중요한 역할을 해야 한다. 스킬도 지식도 없이 그런 자리를 유지하고 발전시키기는 어렵다. 결국 언젠가는 네트워크의 변방으로 밀려나고 마는 것이다.

## 가장 중요한, 그러나 가장 부족한 핵심 스킬

평범한 사람의 인생을 살펴보면, 지식에는 많은 투자를 한다. 초등학교부터 대학교까지 총 16년이라는 세월 동안 우리는 삶에 필요한 지식을 배운다. 네트워크에 대해서도 비교적 일찍 중요성을 깨닫는다. 학교에 다닐 때는 친구들, 그리고 사회에 진출하면 '높은 사람들'과의 관계의 중요성을 배운다. 하지만 유독 형形의 3요소 중 가장 기본이라 할 수 있는 스킬의 중요성을 간과하는 경우가 많다. 스킬 중에서도 선택한 지地와 직접적인 관계가 있는 스킬은 열심히 배우고 익힌다. 그러나 핵심 스킬이라고 할 수 있는 생각하는 스킬과 소통하는 스킬에 대해서는 그 중요성에 비해 많은 시간을 투자하지 않는다. 물론 핵심 스킬을 배우기는 하지만 상대적으로 지식이나 네트워크에 비해 그 비중은 매우 적다. 정작 사회에서는 이 핵심 스킬이 매우 유용한 데도 말이다. 그래서 대학을 다 마치고 사회에 나와도 상사들에게 "처음부터 가르쳐야 한다."는 한숨 어린 소리를 듣는 것이다.

스킬이라는 것은 지식과 다른 특성을 가지고 있다. 스킬에 대해 속속들이 이해하고 기억한다고 해서 자신의 것이 되는 건 아니다. 가령 여러분이 무술의 고수가 되고 싶어서 영화에나 나올 법한 비급을 구했다고 하자. 이 비밀스런 방법론을 일주일 내내 읽어서 다 이해하고 달달 외웠다. 그렇다고 해서 그 다음 날 아침, 여러분의 육체가 '황홀한 삼단 돌려차기'를 할 수 있게 되는 것은 아니다. 아무리 무술의 동작과 원리를 이해하고 사진처럼 명확하게 기억하고 있어도 황홀한 삼단 돌려차기가 가능하려면 절대적인 시간을 투자하여 훈련해야 한다. 스킬은 그저 아는 것만으로는 부족하기 때문이다. 몸으로 '익힌 것'만이 오롯이 내 것이 된다. 이것이 바로 스킬이 가진 첫 번째 특성이다.

　두 번째 특성은 어떤 지地를 택하든 핵심 스킬은 공통적으로 필요하다는 것이다. 지식이나 네트워크도 당연히 필요하지만, 이것들은 어떤 지地를 택했는지에 따라 달라진다. 의사를 택한 사람과 창업가를 택한 사람이 배우는 지식이나 참여하는 네트워크가 확연히 다른 것처럼 말이다. 그러나 의사나 창업가나 모두 생각하고 소통하는 스킬은 반드시 필요하다.

　그래서 굳이 형形의 3요소 중에서 중요성을 따진다면, 핵심 스킬이 가장 기초적이고 공통적이기 때문에, 또 자신의 것으로 만드는 데 다른 요소들에 비해 훨씬 더 많은 시간이 필요하기 때문에 상대적으로 더 중요하다고 할 수 있다. 그러나 상대적 중요성이 더 큼에도 불구하고 지식이나 네트워크에 비해 스킬이 덜 강조된 것도 사실이다. 그래서 이번 장에서는 중요하지만 간과되어온 핵심 스킬, 그중에서도 보다 기본적인 생각 스킬에 대해 좀 더 상세하게 알아보고자 한다.

　생각하는 스킬, 즉 사고력에는 두 가지 세부요소가 있다. 하나는 사실에 입각한 논리fact based logic, 두 번째는 행동 지향적 창의action oriented creativity다. 다시 말해 논리적인 사고와 창의적인 사고에 사람들이 쉽게 간과하는 것들을 강조한 것이다. 논리는 사실에 근거해야 한다. 검증되지 않은 자신의 견해에 입각하여 논리를 펴게 되면 객관적인 사고가 어렵다. 객관적인 사실에 기반을 둔 논리를 통해 현상에 가려져 있는 본질을 파악할 수 있는 역량이 필요하다. 이를 통해 현실을 피상적이지 않고 입체적으로 인식할 수 있기 때문이다.

청소년 시절에는 누구나 한 번쯤 추리 소설에 빠진 적이 있을 것이다. 거기에 나오는 탐정들이 바로 '사실에 입각한 논리' 전문가들이다. 오귀스트 뒤팽, 셜록 홈즈 등 듣기만 해도 가슴이 두근거리는 탐정들의 활약상을 살펴보면 사실에 입각한 논리라는 것이 어떤 것인지 쉽게 알 수 있다. 이러한 탐정들의 탁월한 능력 중 하나는 모든 것을 아주 세밀하게 관찰하여 경찰들이 미처 파악하지 못한 것을 이해하는 것이다. 경찰이나 탐정이 본 것은 모두 똑같다. 하지만 경찰은 실패(보통 추리 소설에서 그렇단 얘기다)하고 탐정은 성공한다. 탐정이 성공하는 이유는 바로 주도면밀한 성격, 즉 모든 것을 완벽하게 조사하고 사소한 것 하나도 놓치지 않는 성격 때문이었다.

이들의 추리 기법 중에 또 다른 중요한 특징은 명확한 것처럼 보이는 사실조차 일단 의문을 던져본다는 점이다. 최초의 탐정소설로 유명한 에드거 앨런 포의 『모르그 가의 살인사건』을 한번 살펴보자. 사건의 전말은 이렇다. 모르그 씨의 저택에서 그 부인과 딸이 무참히 살해된 사건이 발생했다. 경찰은 며칠이 지나도록 범인의 단서조차 밝혀내지 못하고 있었다. 다만 목격자의 증언에 따라 범인이 2층 창문을 통해 침입했고, 알아듣지 못할 외국어를 사용했다는 것 정도가 알아낸 전부였다. 경찰은 외국인이면서 몸이 매우 민첩한 사람들을 용의선상에 올린다. 그렇다면 범인은 영어를 할 줄 모르는 외국인일까? 그렇다면 왜 살인을 했을까? 살해동기는 무엇일까?

그러나 뒤팽은 경찰이 무심히 넘긴 사실 중 "범인이 알아듣지 못하는 외국어를 사용했다."는 부분을 의심한다. 그리고 의문을 던진다. 외국어이기 때문에 알아듣지 못할 수도 있지만, 논리적으로 볼 때 또 하나의 가능성이 있다. 인간의 언어가 아니기 때문에 사람들이 알아듣지 못할 수도 있지 않을까? 이러한 추리는 용의자의 범주를 더 넓히게 된다. 외항선 선원이나 외국에서 들어온 서커스단에서 용의자를 찾던 경찰들과는 달리, 뒤팽은 보다 다양한 가능성을 볼 수 있게 된 것이다. 결국 범인은 사람이 아니라 동물원을 탈출한 오랑우탄으로 밝혀진다. 이렇듯 눈에 보이는 피상적인 것에서 멈추지 않고 이를 기반으로 그 알맹이 속을 파고들어가는 논리적 추론을 통해, 벌어진 상황을 입체적으로 인식하는 능력이 바로 사실에 입각한 논리다.

그리고 창의성에서도 마찬가지로 사람들이 쉽게 간과하는 것들이 있다. 남들과 다른 생각, 세상에 존재하지 않았던 새로운 생각이 무조건 유용하다고는 할 수 없다. 행동으로 옮겨질 수 없는 막연한 새로움이라면 의미 있는 창의성이 아니기 때문이다.

학자들은 통상 창의성을 세 가지로 나눈다.[22] 우선 예술적 창의성 artistic creativity 이다. 피카소나 반 고흐 같은 사람들은 이러한 예술적 창의성이 뛰어났기 때문에 남들과 다른 새로운 방식으로 그림을 그렸다고 볼 수 있다. 다음은 과학적 창의성 scientific creativity 이다. 뉴턴, 아인슈타

---

22 앤드류 라제기, 『리들, 비즈니스 창의성을 일깨우는 부와 성공의 수수께끼』, 명진출판

인 등이 좋은 사례이다. 이들은 과학적 창의성으로 이전에 없던 새로운 과학 이론을 정립했다. 마지막은 고안적 창의성conceptual creativity이다. 이는 기업가, 상품개발자, 의사, 부모를 비롯한 보통 사람들이 자신에게 당면한 문제를 해결하는 데 활용하는 창의성이다. 고안적 창의성은 삶이나 사업상의 문제를 해결하거나 채워지지 않은 요구, 또는 욕망을 충족시킨다는 목표를 가지고 있다.

보통 사람들에게 가장 중요한 창의성은 바로 고안적 창의성이다. 삶을 살아가면서 생기는 다양한 문제점들에 대한 해결책을 고안해 내는 창의성이기 때문이다. 사춘기 자녀와의 관계가 점점 멀어져 고민이 깊은 아빠의 경우를 생각해 보자. 이 문제를 해결하기 위해 사춘기 자녀가 즐겨 찾는 온라인 게임을 익혀 익명의 ID로 온라인에서 자녀와 대화를 시도하고 온라인 게임을 통해 자녀를 이해하기 시작한다면 그 아빠는 자신의 가정 문제를 해결하기 위해 고안적 창의성을 발휘한 것이다. 스티브 잡스가 아이패드와 아이튠즈라는 새로운 유무형의 제품을 만든 것은 과학적 창의성이겠지만, 이를 활용하여 일반 사람들의 니즈(음반에 수록된 모든 음악이 아니라 원하는 음악 한 곡만을 구입하고 싶어하는)에 대한 해결책을 제공하는 비즈니스모델을 만든 것은 고안적 창의성이 작동한 사례이다.

이 세 가지 창의성의 공통된 핵심은 행동으로 옮기지 않는다면 아무런 성과를 만들어낼 수 없다는 것이다. 그저 기발한 아이디어만으로는 성과를 창출할 수 없다. 행동으로 옮길 수 있는 창의성이 중요하다는 것이다. 그렇기 때문에 삶에 존재하는 문제를 해결하고자 하는 평범한 사람들의 경우에는 '행동지향적 창의,' 그중에서도 고안적 창의성을 육성하기 위해 노력해야 할 것이다.

## 전략적으로 생각하는 스킬

흔히 '전략적 사고'라는 말을 많이 쓴다. 논리적 사고나 창의적 사고는 잘 알겠는데, 전략적 사고란 또 무엇이란 말인가? 답은 비교적 간단하다. '사실에 근거한 논리'와 '행동지향적 창의'를 통해 주어진 TPO 내의 전략적 문제(경쟁의 상대성과 환경의 불확실성이 반영된 문제)를 찾아내고, 해결책을 개발하는 사고가 전략적 사고다. 개인의 관점에서 설명하자면, 객관적 사실에 입각해서 논리적 추론을 함으로써 직면하고 있는 삶의 문제와 원인을 찾아낸다. 그리고 고안적 창의성을 활용하여 행동으로 옮길 수 있는 해결책을 개발할 수 있는 능력, 이것이 바로 전략적 사고력이다. 사실 논리적 사고나 창의적 사고보다 이것들을 통합하여 삶의 문제를 해결할 수 있는 전략적 사고가 전략적 삶을 살고자 하는 사람들에게는 가장 중요하다. 그런 만큼 형形을 구축할 때도 가장 우선적으로 구축해야 할 요소라 할 수 있다.

전략적 사고는 엄청난 양의 정보와 분석에 파묻혀야 하는 번거로운 과정이 아니다. 오히려 부족한 정보만으로도 변화하는 상황을 정확히 파악하고, 문제의 본질에 접근할 수 있는 질문과 답을 찾아가는 과정이며, 때가 되면 대답이 완전하지 않다고 해도 단호하게 결정을 내릴 수 있는 능력이다.

　이것은 또한 한 개인이 삶을 전략적으로 사는가, 아닌가를 판단할 수 있는 매우 훌륭한 척도가 된다. 어떤 사람이 항상 이미 발생한 문제를 해결하느라 분주하다면 그는 전략적이지 않은 것이다. 당장 카드 대금을 지불해야 하는 경우, 병원비가 필요한 경우, 전세금 인상분을 지불하기 위해 돈이 필요한 경우 등등이 현재형 문제이다. 이러한 현재형 문제는 특성상 '긴급함'의 지배를 받는다. 중요한지는 모르겠지만 긴급하기는 하다. 그러니 사람들의 시간적, 정신적 그리고 물질적 에너지를 블랙홀처럼 빨아들인다.

　그러나 전략적으로 사는 사람들은 이런 현재형 문제를 해결하기에 급급하기보다는 '미래형 문제', 즉 미래에 있을지도 모르는 문제를 미리 상정하고 지금부터 해결해간다. 향후 2~3년 후 자신이 원하는 미래와 원하지 않는 미래를 설정하고, 그 차이를 도출해서 문제를 미리 설정한다. 그리고 그러한 문제가 아예 발생하지 않도록 지금부터 전략적 해결책을 수행해 가는 것이다. 가령, 자신의 건강, 역량, 연봉 등에서 2~3년 후 자신이 원하는 수준과 원하지 않는 수준을 정하고 그 차이를 도출한다. 그리고 그 차이가 미래 시점에서 발생하지 않기 위해 지금 내가 무엇을 해야 하는지를 찾아내고 이를 실천하는 것이다. 이러한 미래형 문제는 긴급함이 아닌, '중요함'의 지배를 받는다. 긴급하지는 않지만 내 인생에 있어 매우 중요한 문제인 것이다.

| 과거 ▼ | 현재 ▼ | 미래 ▼ |
|---|---|---|

| 현재형 문제 | 미래형 문제 |
|---|---|
| 과거의 원인 때문에 현재 발생한 문제로써 긴급성의 지배를 받음 | 현재 가진 목표를 위해 미래에 설정한 문제로써 중요성의 지배를 받음 |
| 현재형 문제 사례 | 미래형 문제 사례 |
| 매월 집세, 카드 비용 등을 갚기 위해 전전긍긍한다.<br>건강관리를 소홀히 하다가 병원 신세를 지면서 병원비를 구하기 위해 이리저리 알아본다. | 1년 후 자신이 원하는 연봉과 원하지 않는 연봉의 차이를 설정해 놓고 지금부터 그 차이를 메우기 위해 필요한 조치를 취한다. |

물론 인생을 살다 보면 언제나 필연적으로 '현재 발생한 문제'는 있기 마련이다. 아무리 전략적으로 산다 해도, 어느 정도는 현재형 문제에 노출될 수밖에 없다. 다만 '현재형 문제'와 '미래형 문제'의 비중이 중요하다. 당장 눈앞에 닥친 문제를 해결하기 위해 급급하기보다는 미래에 닥칠지도 모르는 문제를 미리 해결해 나간다면 현재형 문제의 출현을 사전에 방지할 수 있고, 결과적으로 현재형 문제의 비중을 줄일 수 있다. 이것이 전략적인 삶이다. 우리가 통상 사적인 자리에서 잘 쓰는 '전략적'이라는 표현에는 '잔머리를 잘 굴리는'이라는 뉘앙스가 들어 있는데, 이와는 180도 다른 것이다. 진정 전략적이고자 한다면 잔머리보다 '큰' 머리가 필요하기 때문이다.

이러한 전략적 사고 스킬은 세상에 지배당하지 않기 위해 전략적으로 살려고 하는 사람이라면 평생을 두고 수련해야 할 중요한 형이다.

## 1만 시간의 법칙

스킬, 지식, 네트워크를 균형적으로 구축해야만 자신의 역량을 극대화할 수 있다. 그러나 형形의 구축은 하루아침에 되는 것이 아니다. 세계적 교육심리학자인 하워드 가드너는 창조성을 다룬 그의 저서 『열정과 기질』에서 10년의 법칙을 강조했다.

> 어느 분야의 전문 지식에 정통하려면 아무리 열광적으로 몰두했더라도 최소한 10년 정도는 꾸준히 노력해야 한다. 창조적인 도약을 이루기 위해서는 자기 분야에서 통용되는 지식에 통달해야 한다. 바로 이런 이유에서 10년 정도의 꾸준한 노력이 선행되지 않으면 의미 있는 도약을 이룰 수 없다. 흔히 모차르트는 이 규칙이 적용되지 않는 예외라고 말하지만, 그 역시 10년간 수많은 곡을 쓴 다음에야 훌륭한 음악을 연거푸 내놓을 수 있었다.

그러나 여기서 하워드 가드너가 언급한 '전문 지식'이란 것은 좁은 의미의 지식만을 의미하는 것은 아니다. 그 분야에 필요한 역량 자체를 의미하는 것이다. 스킬, 지식, 네트워크를 다 포괄하는 의미다.

가드너는 정신분석학의 창시자인 지그문트 프로이트를 이러한 10년의 법칙에 그대로 들어맞는 적절한 사례로 제시했다. 프로이트의 역작인 『꿈의 해석』은 프로이트가 샤르코 임상교실에서 견습생활을 시작한 지 정확히 10년 만에 탄생했다. 그 책으로 프로이트는 견습생에서 한 분야의 대가로 발돋움할 수 있었다. 그 후에도 프로이트는 거의 10년 단위로 계속해서 창조적인 성과물을 세상에 내놓게 된다.

저널리스트 말콤 글래드웰이 『아웃라이어』에서 주장한 '1만 시간의 법칙' 역시 마찬가지다. 그는 모차르트를 언급했다. 6세부터 작곡을 시작한 모차르트도 21세 이후부터 세계적인 걸작을 탄생시키기 시작한다. 천재적인 재능을 타고났음에도 1만 시간 이상의 절대적 시간이 걸린 것이다. 비틀즈도 마찬가지이다. 리버풀의 삼류 록밴드로 시작한 비틀즈는 하루 8시간, 1년에 270일을 연주했다고 한다. 1만 2천 시간 이상의 연습과 시행착오 끝에 전설적인 록밴드가 되었다. 그뿐이 아니다. 이러한 사례는 어디서나 찾아볼 수 있다.

캐나다 몬트리올 맥길대학교의 심리학과 교수이자 신경과학자 다니엘 레비틴은 사례 연구를 통해 이를 증명하였다. 그는 독일 베를린 음악학교에서 다섯 살 정도에 바이올린을 시작한 어린 학생들이 20살이 되었을 때까지 연습 시간을 계산하는 연구를 실시했다. 그 결과 20살에 이미 엘리트 연주자의 반열에 오른 학생들은 평균적으로 누적 연습 시간이 1만 시간이 넘었다. 단지 좋은 연주자로 평가 받는 학생들은 누적 연습 시간이 8천 시간 정도였다.

작곡가, 야구선수, 소설가, 스케이트 선수, 피아니스트, 체스 선수, 숙달된 범죄자, 그밖에 어떤 분야에서든 연구를 거듭하면 할수록 이 수치를 확인할 수 있다. 1만 시간은 대략 하루 3시간, 일주일에 20시간씩 10년간 연습한 것과 같다. 물론 이 수치는 '왜 어떤 사람은 연습을 통해 남보다 더 많은 것을 얻어내는가?'란 질문에 대해서는 아무것도 설명해주지 못한다. 그러나 어느 분야에서든 이보다 적은 시간을 연습해서 세계 수준의 전문가로 탄생한 경우는 발견되지 않았다. 어쩌면 두뇌는 진정한 숙련자의 경지에 접어들기까지 그 정도의 시간을 요구하는지도 모른다.[23]

그가 말하고자 하는 것은 1만 시간만 연습하면 누구나 천재의 반열에 오를 수 있다는 것이 아니다. 어느 분야에서든 세계적 수준이 되려면 타고난 재능의 크기에 관계없이 최소한 1만 시간 정도의 연습 기간이 필요하며 이 기간은 뇌가 그 스킬을 완전히 터득하는 데 걸리는 시간을 의미한다는 것이다.

10년의 법칙, 혹은 1만 시간의 법칙은 바로 형形을 구축하는 법칙이라 할 수 있다. 형의 구축은 지地의 선택과는 달리 더 잘하기 전략이다. 지地에서는 남들이 좋다고 하는 분야를 무조건 선택할 것이 아니라, 자신의 기질과 본성에 걸맞은 생태적 틈새를 찾는 것이 중요하다고 했다. 즉 다르게 하기 전략으로 남들과는 다르지만 자신에게는 적당한 분야를 찾는 것이다. 그리고 그 분야에서 형形을 구축할 때는 자신과의 경쟁에서와 같이 롤모델을 정하고 자기규율을 지키면서 부지런히 일신우일신해야 한다. 그러나 여기서 중요한 점은 형形에서 더

---

[23] 말콤 글래드웰, 『아웃라이어, 성공의 기회를 발견한 사람들』, 김영사

잘하기 전략으로 성과를 보려면 지(地)에서 다르게 하기 전략을 구사해야 한다는 것이다. 즉 자신이 열정을 가지고 있고 어느 정도 소질이 있는 분야, 즉 생태적 틈새를 찾는다면 거기서는 열심히 노력하는 것이 성과를 볼 가능성이 크다. 이 분야에서는 남들보다 탁월한 성과를 올릴 수 있을 가능성이 높기 때문이다. 그러나 만약 지(地)에서 많은 사람들에게 휩쓸려 남들이 하니까 나도 한다는 식으로 분야를 선택한다면, 형(形)에서의 더 잘하기 전략은 소모전이 될 가능성이 크다. 이때는 오히려 다르게 하기 전략을 구사해야 한다. 같은 분야이지만 남들이 쌓지 않는 다른 형(形)을 쌓아가는 것이 형(形)에서 추구할 수 있는 다르게 하기 전략이 될 것이다.

10년 혹은 1만 시간 동안 꾸준히 형(形)을 쌓아가려면 선택한 지(地)와 자신이 구축하는 형(形)에 대한 믿음이 있어야 한다. 하루에 몇 시간씩 공부를 하거나 연습을 한다면 왜 이러한 행위들을 해야 하는지, 꾸준히 하다 보면 무엇이 이루어지는지에 대한 믿음과 확신, 자신감이 있어야 한다. 이처럼 믿음과 확신이 있다면 그 과정에 설혹 어려움이 있을지라도 두려울 것이 없다. 두려울 것이 없다면 언젠가는 반드시 성과를 볼 수 있을 것이다.

## 궁할 때가 기회다

자기규율을 설명하면서 잠깐 언급했던 다산 정약용 선생의 사례를 다시 한 번 살펴보고자 한다. 형形을 구축하는 데 있어 다산 선생 만한 사례는 또 없는 것 같다. 그야말로 삶의 외통수에 갇혔음에도 굴하지 않고 자신이 선택한 지地에서 굳건한 형形을 구축하였다. 그것도 저 외진 귀양지 강진에서 18년 동안 말이다. 어쩌면 그 길 말고는 선택의 여지가 없었는지도 모른다.

『맹자』의 내용 가운데 "진심장盡心章에는 궁즉독선기신窮則獨善其身하고 달즉겸선천하達則兼善天下한다."라는 문구가 있다. 일이 잘 안 풀려서 궁색할 때는 홀로 자기 몸을 닦는 데 힘쓰고, 일이 잘 풀릴 때는 세상에 나가 좋은 일을 한다는 뜻이다. 그중 '궁즉독선기신'이란 말은 인생사라는 게 궁한 때가 반드시 찾아오는 것이니 그때 닥쳐서 당황하지 말고 홀로 있으면서 자기를 돌아보고 몸과 마음을 닦아야 한다는 메시지다. 아마 다산 선생도 그런 생각을 했을 것이다. 그러나 18년의 유배 생활은 살면서 어쩌다 만나는 궁한 처지 정도가 아니다. 스스로 '폐족'이라는 표현을 썼을 정도로 잘나가던 삶이 나락으로 곤두박질친 것이다. 다산의 공부 방법을 정리한 『다산선생 지식경영법』에서 저자 정민 교수는 다음과 같이 말한다.

> 그가 20여 년 만에 자신의 성과를 들고 귀양지에서 서울로 돌아왔을 때, 당대의 학자들도 놀랐다. 놀라다 못해 경악했다. 그의 성과는 대부분 18년간의 강진 유배 생활의 고초 속에서 이룩된 것이다. 한 사람이 뜻을 세워 몰두하면 못할 일이 없다는 것을 그는 몸으로 실천해 보였다. 작업에 몰두하느라 방바닥에서

떼지 않았던 복사뼈에 세 번이나 구멍이 났다. 이와 머리카락도 다 빠졌다. 20년에 가까운 오랜 귀양살이는 다산 개인에게는 절망이었지만, 조선 학술계를 위해서는 벼락같이 쏟아진 축복이었다.

우선 다산은 '참 공부'라는 것을 자신의 지地로 삼았다. 명성을 얻기 위한 공부도, 돈을 벌기 위한 공부도 아니다. 더구나 공부를 위한 공부, 즉 재미 삼아 하는 공부는 더욱 아니었다. 다만 사람의 삶을 가치 있게 향상시키는 공부를 평생의 업으로 삼은 것이다. 그리고 무료하다 못해 죽음과도 같은 유배 생활에 자신만의 규율을 만들고 묵묵히 형形을 쌓아갔다. 새벽에 일어나 한 모금의 정갈한 냇물을 마시고 정신이 들면, 위대한 성현의 말씀을 은은한 정신의 녹차처럼 우려내 음미한다. 그리고 날이 밝으면 시골 무지렁이들을 가르치고, 또 이들을 훌륭한 제자로 키워내 수많은 저술 작업에 밤늦도록 함께 몰두했을 것이다. 다산 선생 정도의 경지에서 형形을 쌓아가는 과정은 거의 종교 행위와 같은 신비함과 숙연함마저 느껴진다.

중국에서도 삶이 궁할 때 형形을 쌓은 사례를 찾아볼 수 있다. 삼국시대가 지나고 세워진 동진東晋이라는 나라에 도간이라는 장수가 있었다. 동진은 일종의 망명정부였는데 이런 불안한 정권 밑에서 도간은 반란군을 진압하는 등 왕조의 기반을 굳건히 하는 데 적지 않은 공을 세웠다. 탁월한 문장으로 이름을 떨친 시인 도연명의 조상이기도 한 도간을 당대 사람들은 '동진의 기둥'이라 불렀다. 311년 형주 일대에서 대규모 반란이 일어났을 때, 도간이 나서서 이를 일거에 제압하자 그의 명성은 하늘을 찔렀다. 그러나 이것이 외려 독이 되어 당시 실세였던 왕돈의 시기를 사게 되었다. 왕돈은 도간의 인기가 도를 넘어서자, 시기심에 못 이겨 도간을 변방의 관리로 좌천시키고 말았다.

지방으로 좌천될 당시 도간의 나이 57세. 요즘 같으면 57세가 상대적으로 젊은 축에 들지만 311년의 57세는 요즘으로 치면 77세나 다름 없는 나이다. 도간은 젊은 시절 가문이 쇠락하여 어려움 속에서 성장하였다. 현의 하급관리부터 한 걸음 한 걸음 실적을 쌓아 마침내 큰 공을 세웠는데 실력자의 농간으로 좌천이라니, 대부분의 사람들은 여기서 자신의 신세를 한탄하면서 자포자기하고 만다. 이미 나이도 적지 않은 마당에 말이다. 그러나 도간은 달랐다. 비록 변방의 관리였지만 중앙정부에서 일을 보듯 자기규율을 철저하게 지키며 그날 할 일을 다음 날로 미루는 법 없이 철저히 수행했다. 그뿐만 아니라 매일 아침 100장의 기와를 날라다 저녁에는 지붕에 올리는 작업을 하루도 거르지 않았다. 신하들이 왜 일부러 그런 힘든 일을 하느냐, 필요하다면 신하들에게 시키라고 만류하자 도간은 이렇게 대답했다. "언젠가 중앙으로 다시 불려갔을 때를 대비하는 것이다. 체력이 떨어지면 아무 일도 할 수 없지 않느냐."

훗날 도간은 다시 중앙 정부로 불려간다. 그리하여 334년 그의 나이 76세로 세상을 떠날 때까지 실력과 성실함, 겸손으로 내외의 신망을 한 몸에 받았다. 그러나 가장 중요한 것은 좌천 당시 보여준 그의 태도였다. 어려움에 처해서도 포기하지 않고 튼실하게 형形을 쌓으며 때가 오기를 기다리는 자세, 그것이 도간의 가장 큰 무기였다.

누구나 좋은 시절 좋은 환경 속에서 형形을 쌓으면 좋을 것이다. 그러나 살다 보면 그렇지 않은 경우가 더 많다. 그래서 나는 항상 지금이 '최선의 조건이다'라고 스스로에게 말하곤 한다. 다시 말해서 '조건이 더 좋다면, 컨디션이 더 좋다면 더 잘할 텐데'라는 말은 성립하지 않는다. 언제나 주어진 TPO가 최선이라고 생각하고 자신이 할 수 있는 한도 내에서 꾸준히 형形을 쌓아가는 자세가 누구에게나 가장 훌륭한 무기가 될 것이다. 그래야 시時가 왔을 때 그 시를 잡을 수가 있다. 아무리 완벽한 시時, 심지어 천시天時가 온다 한들 지地와 형形이 갖춰져 있지 않다면 잡을 수 없다. 그것이 천시인지 아닌지 구분하기도 어렵지만, 용케 인식한다 해도 잡을 방법이 없기 때문이다.

| 개인의 형(形) | | | |
|---|---|---|---|
| | 스킬 | 지식 | 네트워크 |
| 개념 | −경험과 학습을 통해 축적된 일 처리 기술 | −경험과 학습을 통해 축적된 전문 영역에 대한 지식 | −자신의 가치를 알아주는 사람들과의 관계 |
| 사례 | −생각하는 스킬<br>−소통하는 스킬 | −자신의 업무에 대한 전문 지식<br>−관련 분야에 대한 지식 | −아랫사람과의 관계<br>−동료와의 관계<br>−윗사람과의 관계<br>−고객과의 관계<br>−기타 주요 인물들과의 관계 |

# Chapter 4
# 시時를 포착하여
# 세勢를 일으켜라

몇 해 전에 격투기 경기의 메이저 리그인 UFC에서 한국의 정찬성 선수가 당시 캐나다의 강자였던 마크 호미닉이라는 선수와 시합을 했다. 당시 마크 호미닉 선수는 세계 랭킹 10위 안에 드는 강자였던 반면 정찬성 선수는 유망주이기는 했지만 상위 랭커가 아니었다. 한마디로 언더독(이길 확률이 적은 선수)이었다. 그러나 결과는 정찬성 선수의 케이오승이었다. 그것도 1라운드 시작 후 7초가 되기도 전에 말이다. 아마 격투기 마니아가 아니라도 많은 사람들이 그 경기를 기억할 것이다.

상황은 이렇게 진행되었다. 1라운드 공이 울리자마자 호미닉이 공격적으로 치고 들어오면서 위력적인 레프트 훅을 휘둘렀다. 정찬성은 갑작스런 공격에 흠칫 놀라는 듯했으나 프로 선수답게 거의 본능적으로 상대의 훅을 살짝 피했다. 그 다음이 재미있는 대목이다. 자신이 휘두른 훅이 허공을 가르는 찰나, 그 잠깐 동안 호미닉의 안면이 무방비로 드러났다. 정찬성은 바로 그 순간에 필살의 라이트 스트레이트를 호미닉의 안면에 작렬시킨다. 불의의 일격을 당한 호미닉은 다운을 당했고, 정찬성은 바로 마무리 펀치를 날려 상황을 종료하였다. 이 모든 일이 1라운드 공이 울리고 7초 안에 일어났다. UFC 역사상 보기 드문 케이오승이다. 최단시간에 KO로 끝난 것도 그렇지만 언더독이 탑독(이길 확률이 높은 선수)을 이긴 이변이었기 때문에 더욱 그랬다.

시時란 바로 이런 것이다. 정찬성을 한 수 아래라고 판단한 호미닉은 1라운드 공이 울리자마자, 갑작스레 선제 공격을 가했으나 정찬성은 이를 본능적으로 피했다. 그 순간 정찬성에게 시時가 찾아온 것이다. 이미 UFC 무대에서 시합할 정도면 격투기 세계에서는 최고 레벨의 프로 선수들이니 안면을 무방비로 비워두는 시간은 0.5초에 불과할 것이다. 정찬성은 그 0.5초의 시時를 포착하여 회심의 일격을 적중시켰다. 시합이 끝나고 링 아나운서와 인터뷰를 할 때 정찬성은 운이 좋았다고 말했다. 그러자 아나운서가 "운도 좋았지만 뛰어난 실력이 있었기에 그 운을 잡은 것"이라고 했다. 그 말이 진리다. 아무리 시時가 오더라도 형形(격투기 선수의 경우엔 훈련)을 충실히 하지 않았다면 시時를 잡을 수 없었을 것이다. 아니, 시時가 왔다는 것을 깨닫지도 못했을 것이다.

지地를 선택하고 형形을 구축했다면 다음으로는 시時를 기다려야 한다. 시時에서 중요한 것은 지地나 형形처럼 선택하거나 구축하는 것이 아니라, 그 속성상 기다렸다가 포착해야 한다는 점이다. 손자孫子도 "스스로가 형形을 갖추고 적이 실수할 때를 기다려 승리를 쟁취해야 한다."라고 했다. 여기서 '적이 실수할 때'가 바로 시時다. 여기서 말하는 시時는 영어로 타임time이 아니라 타이밍timing이다. 성공과 실패를 가르는 결정적인 타이밍 말이다. 그러므로 시時는 한순간 왔다가 사라진다. 그렇기 때문에 언제나 준비되어 있는 사람만이 그 찰나와 같은 시時를 잡을 수 있다. 그러나 시時를 포착하기 위해 준비보다 더 중요한 것이 있다. 바로 인내다. 왜냐하면 시時는 눈 깜짝할 순간이지만, 그것이 오기까지는 긴 시간이 걸리기 때문이다. 더구나 결정적인 시時는 오랜 시간 인내심과 계획을 가지고 기다려야 오는 경우가 많다.

"무슨 소리냐, 우리나라는 '빨리 빨리' 때문에 성공한 나라인데, 기회가 올 때까지 기다리다가는 경쟁자들에게 기회를 다 빼앗길 뿐이다. 오직 남들보다 더 빨리 움직이는 자가 시를 만나는 것이다."라고 말하는 사람도 있을 것이다. 물론 때때로 서두르는 사람이 더 빨리 목표점에 도달하거나 승리할 때도 있다. 그러나 대부분 서둘렀기 때문에 생기는 새로운 문제들로 위기에 처하는 경우가 많다.

결국, 일부러 시간을 늦추고 기다리는 것이 요긴할 때가 있다. 시간이 흐르면 생각지도 못한 기회가 저절로 나타날 수 있기 때문이다. 따지고 보면 비록 찰나의 순간이지만 정찬성 선수도 경쟁 상대가 앞뒤 가리지 않고 달려드는 동안 뒤로 물러서서 기다렸기 때문에 사태를 장악할 절호의 시時를 잡을 수 있었던 것이다. 그래서 "강한 자가 오래 가는 것이 아니라 오래 가는 자가 강한 것"이라는 말이 성립하는 지도 모르겠다.

## 고통과 인내로 기다린 시(時)

오랜 시간 고통을 인내하여 결정적인 시時를 확보했던 사람 중 역사적으로 가장 유명한 사례는 바로 '와신상담臥薪嘗膽'이라는 고사의 주인공 중 한 명인 구천일 것이다. 구천은 춘추시대 말기에 월나라의 왕이었다. 당시 월나라의 가장 위협적인 경쟁 상대는 오나라였다. 기원전 505년, 구천은 오나라와 전쟁을 해서 당시 강자 중 한 명이던 오나라 왕 합려를 전사시킨다. 그러나 합려에게는 전사의 심장을 가진 아들 부차가 있었다. 아버지의 전사 소식에 부차는 스스로 땔나무 위에서 잠을 자며 아버지의 원수에 대한 복수심을 불태운다. 이것이 바로 '와신臥薪(땔나무 위에 눕다)'이다. 결국 이렇게 절치부심切齒腐心하던 부차는 기원전 494년 월나라와 다시 싸워 월왕 구천을 크게 패배시킨다.

이때부터 구천의 지옥 같은 고통의 '긴 시간'이 시작된다. 전쟁에서 패배한 구천은 여러 대신들을 오나라에 보내 황금과 백옥 같은 값비싼 재물과 노예와 미녀 등을 바치면서 화해할 것을 요청했다. 그러나 아버지에 대한 원수를 갚을 생각에 날마다 땔나무 위에서 잠을 자며 복수심을 불태운 부차는 결코 호락호락하지 않았다. 부차는 구천에게 오나라로 와서 자신의 노복이 될 것을 명령했다. 구천의 아내인 월의 왕비는 자신의 첩으로 삼겠다고 통보했다. 만약 이 명령을 어길 시에는 준비된 1만여 명의 군사로 월나라의 마지막 숨통을 끊어버리겠다고 으름장을 놓았다.

구천의 입장에서는 정신적으로나 육체적으로나 고통스럽고 치욕스런 요구였다. 그러나 오직 자신의 나라와 백성을 위해 오나라 왕의 명령을 따르기로 결심한다. 부차는 구천을 자신의 부왕인 합려의 묘 옆에 있는 석실에 살면서 말을 키우게 했다. 구천은 말을 키우면서 부차의 비위를 거스르지 않도록 조심스럽게 행동했고, 그의 명령과 요구에 무조건 순종했다. 부차가 마차를 타고 출타할 때마다 구천은 세심하게 마차를 몰았다. 그러나 구천이 살아 있으면 언젠가는 반드시 복수할 것이라고 생각한 오왕의 신하들이 호시탐탐 사소한 빌미를 잡아 구천의 목숨을 노렸다. 이런 상황을 모면하기 위해 구천은 부차의 신뢰를 얻어야만 했다. 심지어 병에 걸린 부차의 변을 직접 혀로 맛보며 그의 건강을 진단하기도 했다.

이 모든 치욕과 고통을 참아내며 견딘 지 4년, 구천의 목숨을 건 복종에 감동한 부차는 구천으로부터 영원히 오나라의 속국이 되어 살 것이라는 맹세를 받고 다시 월나라로 돌려보낸다. 그러나 월나라로 돌아온 구천은 원수를 갚아 4년간의 치욕을 씻기로 결심한다. 그는 자신의 복수심을 굳건히 하기 위해 침상 머리맡에 곰의 쓸개를 매달아 놓고 잠자리에 들고 일어날 때마다 볼 수 있게 했다. 밥을 먹기 전에도 항상 쓸개를 먼저 핥아 쓴맛을 느끼면서 부차에게 당한 치욕을 잊지 않으려 했다. 이것이 바로 '상담嘗膽(쓸개를 맛보다)'의 의미이다.

전쟁에서 패하고 왕도 포로가 된 월나라는 군사적으로나 경제적으로나, 또 정신적으로나 피폐해질 대로 피폐해져 있었다. 구천은 또다시 인고의 세월을 보내며 조용히 월나라를 재건하였다. 구천으로서는 복수를 위한 형形을 구축하기 시작한 것이다. 믿을 수 있는 신하들에게 정치와 군대를 맡겨 파괴된 국가의 기틀을 다지게 하고, 자신은 친히 농사를 지으며 백성과 고락을 함께 했다. 왕비도 직접 베를 짜도록 했고 생산을 장려하였다. 이렇게 왕이 직접 솔선수범을 하여 군대와 백성이 함께 분발할 것을 호소하자, 월나라 백성들은 과거의 아픔을 잊고 구천을 어진 임금으로 받들며 저마다 주어진 의무를 충실히 수행하였다.

한편 부차는 구천을 돌려보낸 후, 이웃의 강력한 라이벌을 완전히 자신에게 복종시켰다고 생각했다. 이제 다음 목표는 당연히 중원의 패자霸者가 되는 것이었다. 이러한 야심에 군대를 북쪽으로 보내 제나라, 진나라, 노나라 등 춘추제국들과 전쟁을 시작했다. 오자서라는 현명한 신하가 구천이 언젠가는 복수를 할 것이라며 북쪽 나라들과 전쟁하는 것을 말렸다. 그러나 이미 '중원의 패자'라는 야심에 빠진 부차의 귀에는 그 누구의 말도 들리지 않았다. 게다가 오나라의 북벌전쟁에 구천은 귀중한 보물을 바치고 자신의 군대를 파견하기도 했다. 그는 친히 몸을 굽혀 부차를 알현하기까지 하는 등 적극적인 선심 공작을 펼쳐 오왕의 경계심을 늦추는 데 많은 노력을 기울였다.

그러기를 십수 년, 드디어 구천에게 시時가 찾아온다. 부차가 마침내 북쪽의 강자인 제나라를 정복하고 여러 제후들을 소집한 가운데 맹약을 체결하여 명실공히 패자의 지위에 올랐다. 그러나 구천은 바로 이때가 자신이 복수를 할 수 있는 천시라고 판단한다. 패자가 된 후 부차는 더욱 욕심이 많아져 대규모 군대를 이끌고 다른 나라들을 정복하기 위해 원정을 나가곤 했다. 그때마다 정작 오나라는 무방비 상태로 방치되었기 때문이다. 이 틈을 노려 구천은 오나라 공격에 전력을 투입했다. 월나라는 오나라를 쉽게 격파하고 부차의 아들을 전사시킨다. 이후 잠시 강화를 통해 휴전하기도 했지만, 이미 잦은 전쟁으로 체력이 떨어진 오나라는 오래 버티지 못한다. 기원전 473년 드디어 구천은 마지막 공격을 시도한다. 마무리 펀치를 날린 것이다. 이미 운명이 결정되었음을 직감한 부차는 구천과 같은 치욕을 당하기 싫어 스스로 자결을 하고 만다. 기원전 494년부터 473년까지 정확히 21년이라는 인고의 세월을 버틴 구천이야말로 진정으로 시時를 기다릴 줄 아는 '전략적 인내심'을 가지고 있었던 것이다.

## 운명처럼 찾아온 시(時)

이렇게 구천의 사례처럼 고통의 세월을 참고 견디면서 시時가 찾아오기를 기다리는 경우도 있지만, 마치 운명처럼 시時가 올 때도 있다. 이러한 경우에는 이것이 시時인지 아닌지를 분간할 수 있는 판단력이 매우 중요하다. 2006년 방글라데시에서 노벨평화상 수상자가 나왔다. 바로 무하마드 유누스이다. 그의 업적은 가난한 사람들을 위해 무담보 소액대출인 '마이크로 크레딧'이라는 금융 아이디어를 생각해내고 그라민 은행을 설립하여 그것을 실천한 것이다. 이를 통해 방글라데시의 가난한 사람들에게 삶의 빛을 준 것은 물론이고, 이후 그라민 은행이 하나의 모델이 됨으로써 전 세계 가난한 사람들이 소액 대출의 혜택을 받을 수 있게 한 공로를 크게 인정받았다.

노벨평화상을 받을 만큼 대단한 마이크로 크레딧이라는 아이디어는 우연하게 찾아왔다. 무하마드 유누스는 원래 농업경제학자였다. 미국에서 박사 공부를 할 만큼 유복한 집안 출신이기도 했다. 처음에 그는 방글라데시 치타공대학의 교수로 있으면서, 주변 마을의 농업 생산성 혁신에 관심을 가지고 있었다. 각종 재단으로부터 연구 보조금을 받아서 자신의 학생들로 하여금 주변의 가난한 마을에 협동조합을 만들고, 이를 통해 농업 생산성을 높일 수 있는 다양한 지원 활동을 전개했다. 마을의 농지를 관찰하던 어느 날, 유누스는 수피야 베굼이라는 한 여자를 우연히 만나게 된다. 수피야 베굼은 그 마을의 여느 부녀자와 마찬가지로 하루 종일 대나무 의자를 만들어 팔고 단돈 2센트를 버는 가난한 사람이었다. 그녀와의 대화에서 그는 그녀가 단돈 22센트만 있어도 그 돈으로 대나무를 대량으로 구입할 수 있고, 중간상을 건너뛰고 더 많은 이익을 남길 수 있음을 알게 되었다. 그러나 마을에는 매일 10퍼센트 이상의 고리를 뜯어내는 사채업자밖에 없었기 때문에 22센트라는 돈을 구할 길이 없었다.

처음에 유누스는 단순히 가난한 사람들을 돕겠다는 취지로 수피아 베굼과 같은 처지에 있는 42명의 여자들에게 자신의 돈 27달러를 빌려주었다. 사실 그는 기부를 했다고 생각했다. 돈을 다시 돌려받을 생각은 하지 않았던 것이다. 그런데 놀랍게도 마을 여자들은 그 돈으로 대나무를 사서 이익을 보고, 또 담보 없이 빌려간 그 돈을 한 푼도 남김없이 갚았다. 이 경험으로 유누스는 두 가지의 깨달음을 얻었다. 어떤 사람들에게는 하찮을 수도 있는 금액의 돈으로 가난한 사람들의 삶을 크게 향상시킬 수 있다는 것이 그 첫 번째였다. 그리고 통상적인 인식과는 다르게 가난한 사람들이라도 형편이 된다면 담보 없이 빌려간 돈을 신용 있게 상환한다는 것도 깨달았다.

이때 유누스는 자신이 비록 농업경제학자이고 금융은 자신의 분야가 아님에도 불구하고 자신이 가난한 마을 사람들의 더 나은 삶을 위해 무엇인가 새로운 아이디어를 만들어낼 수 있음을 직감적으로 느꼈다. 바로 시가 찾아온 순간이다. 자신이 전공한 농업경제학도 결국은 방글라데시의 가난을 극복하기 위한 것이었기에 그 목적은 동일한 선상에 있었다. 그래서 비록 농업이 아닌 금융업이었지만, 가난을 극복할 수 있는 아이디어가 찾아왔을 때(시), 별다른 갈등 없이 그것을 포착할 수 있었다. 그리고 그 후 계속해서 아이디어를 발전시켰다.

이렇게 시작한 마이크로 크레딧은 1976년에 이르러 구체적인 프로젝트로 발전했고, 이를 위해 가난한 사람들을 위한 무담보 소액 대출업을 전문으로 하는 그라민 은행을 설립하게 되었다. 여러 극빈 가구가 이 은행의 혜택을 보면서 사업이 차츰 확장되어 1982년에는 2만 8천 명의 회원을 확보했다. 1983년 드디어 천시天時가 찾아왔다. 때가 무르익어 은행은 정식 법인으로 재탄생 했다. 비록 극빈자들을 위한 무담보 대출이었지만 회수율이 매우 높았고 많은 사람들이 극빈 상황에서 어느 정도 벗어날 수 있었다. 2007년까지 그라민 은행에서 700만 명 이상이 대출을 한 것으로 집계된다.

유누스는 가난을 극복할 수 있는 방법을 연구하는 분야에 있었고 (지), 가난을 극복하기 위해 농업과 관련된 여러 가지 프로젝트들을 시도(형)하고 있었다. 그러던 차에 수피야 베굼을 우연히 만났고 거기서 농업이 아닌 금융업을 통해 가난을 극복하는 아이디어를 얻게 된 것이다. 유누스는 항상 방글라데시의 가난과 싸우고 있었기에 마이크로 크레딧이라는 아이디어가 우연을 가장하여 운명처럼 찾아왔을 때 (시) 자신의 전문 분야가 아니었음에도 꽉 움켜잡을 수 있었던 것이다.

그러나 결과적으로 유누스의 이러한 아이디어가 방글라데시의 뿌리깊은 가난을 다 해결주지는 못했다. 한 국가에 뿌리내린 가난은 단순히 필요한 돈을 대출받지 못해서 생긴 것이 아니라 그들의 지난한 역사 속에서 발달해 온 정치, 문화, 경제 등 보다 본질적인 원인이 있다. 그런 관점에서 보자면 그라민 뱅크의 마이크로 크레딧이 애초부터 완벽한 해결책을 줄 수는 없었다. 가난 자체를 뿌리째 없애기 위한 것이 아니라 가난한 개인이 자신의 삶을 조금이라도 개선시킬 수 있는 가능성을 제공하는 것이 그라민 뱅크의 현실적인 가치가 될 수밖에 없었을 것이다. 유누스는 이런 현실적인 가치와 맥락을 같이하는 마이크로 크레딧이라는 아이디어를 그라민 뱅크를 통해 실현한 것이다.

앞서 "경쟁을 잘하기 위해서는 먼저 추구하는 가치가 있어야 한다."고 말한 바 있다. 그것은 시時를 포착할 때도 적용된다. 추구하는 가치가 없다면 진정한 때가 왔을 때 이것을 인식할 척도가 없다. 똑같은 행운의 여신이 찾아오더라도 궁극적인 가치를 추구하면서 같은 맥락상에서 지地와 형形을 준비한 사람들에게는 시時가 될 수 있지만, 그런 것이 없는 사람에게는 시時가 될 수 없는 것이다.

## 세(勢)를 불러오는 천시(天時), 티핑포인트

비록 시時가 중요하기는 하나, 한두 번 때를 놓쳤다고 좌절할 필요는 없다. 시가 세상에 널리고 흔한 것은 아니지만 딱 한 번뿐인 것도 아니기 때문이다. 소소한 시는 여러 번 온다. 그리고 이러한 소소한 시들이 축적되면 천시天時가 오는 것이다. 그런데 이것은 절대 놓쳐서는 안 되는 것이다. 이 둘의 차이를 잘 알아야 한다. 보통 시가 자신의 분야에서 양적 성장을 하기 위한 좋은 기회 정도라면, 천시는 세勢를 일으킴으로써 질적 성장, 즉 진화를 가능케 하는 시다.

이는 '티핑포인트tipping point'라는 개념과 흡사하다. 말콤 글래드웰이 동명의 책을 써서 공전의 히트를 친 바 있는 티핑포인트는 '양적인 축적이 질적인 변화를 가져오는 어느 순간'이라고 정의 된다. 이는 의도적이라기보다는 저절로 생겨난다. 가장 쉬운 예로 얼음이 어는 순간, 즉 액체가 고체로 변하는 순간이 있다. 기온이 계속 낮아져 수온이 떨어지다가 어느 순간 액체가 얼음이라는 고체로 변하게 된다. 그렇게 질적 변화를 일으키는 순간을 티핑포인트라 한다. 그러므로 이러한 티핑포인트 전후의 변화는 영어로 change가 아니라 shift이다. 차원이 달라진다는 뜻이다.

이러한 티핑포인트는 시 중에서도 천시의 속성을 잘 설명하고 있다. 이는 단순히 하나의 승리나 성공의 기회가 아니라, 새로운 존재로의 진화가 이루어지는 타이밍이기 때문이다. 이러한 천시는 작은 시들이 축적되어 어느 순간에 일어난다. 그러므로 지地를 정하고 부지런히 형形을 쌓으면 소소한 시들을 만나게 되고, 이러한 소소한 시를 하나씩 자기 것으로 만들다 보면, 어느 날 나도 모르는 새에 천시를 만나게 되는 것이다.

천시의 사례로 세계 최초로 인쇄술을 발명한 구텐베르크를 들 수 있다.[24] 그가 인쇄술을 세계 최초로 발명했다는 것에 뭔가 의구심을 갖는 독자들이 많을 것이다. 그러나 분명한 것은 그것이 세계 최초는 아니지만, 1450년대 구텐베르크의 인쇄술은 지식의 대량 유통을 가능하게 하여 서구 문화의 혁명, 즉 세勢를 불러일으켰다. 유럽 소설의

---

[24] 리처드 오글, 『스마트 월드, 세상을 놀라게 한 창조성의 9가지 법칙』, 리더스북

융성, 과학적 발견들의 신속한 전파, 미국 혁명과 프랑스 혁명, 민족주의의 도래, 그밖에 구텐베르크가 꿈도 꾸지 못했던 서구 역사의 중요한 전환점이 그의 발명에 의해 촉발되었거나 증폭되었다. 역사적으로 평가할 때, 이후 증기기관도, 전신전보도, 철도나 자동차도, 심지어 컴퓨터까지 어떤 발명도 이에 필적할 만한 영향력을 행사하지 못했다. 이들 모두가 인쇄술 덕분에 가능해진 지식의 대량 유통에 의해 개발됐다는 점만 보더라도 알 수 있다. 구텐베르크의 인쇄기는 인쇄술은 물론, 자신뿐 아니라 넓게는 서구문화 전체의 거대한 천시, 즉 티핑포인트를 가져왔다.

  인쇄술의 발달은 역사가 깊다. 물론 쿠텐베르크가 최초는 아니다. 역사상 가장 오래된 인쇄술의 흔적은 그리스 크레타 섬의 기원전 1700년경으로 추정되는 미노아 유적에서 발견된다. 2,000여 년이 지난 뒤 중국에서 종이가 발명되고 나서 인쇄술은 진화를 거듭한다. 우리나라와 중국, 일본에서는 나무 목판에 한자를 새겨 넣고 여기에 먹을 묻혀 종이에 찍어내는 방식의 인쇄술이 발전했다. 그러다가 1041년경 중국의 필승이라고 하는 대장장이가 점토에 한자를 새기고 이를 구워낸 뒤 나무틀에 끼워서 원하는 글을 인쇄할 수 있는 방법을 발명한다. 나무에 바로 글을 새기는 것보다 한층 더 효율적이었다. 이 아이디어를 더욱 계승하여 발전시킨 것이 바로 우리나라다. 우리나라는 점토가 아니라 금속에다가 한자를 새겨, 효율성뿐만 아니라 내구성도 강화시켰다. 그러나 어째서 인쇄술을 통한 천시는 쿠텐베르크가 포착하게 된 것일까?

먼저 미노아의 경우를 보자. 나무에 문자를 새겨 점토에 찍어내는 미노아의 인쇄술은 베껴 쓰는 과정에서 발생할 수 있는 오류를 없앨 수 있었기 때문에 당시 상류층의 지지를 얻었을 것이다. 하지만 기호화된 문자도, 종이와 같이 편리한 매체도, 또 인쇄물이 필요한 문화도 없었기 때문에 더 이상의 진화는 없었다. 이것이 그리스로 넘어왔을 때는 기술, 문자, 시장, 문화 등이 다 있었지만 결정적으로 '종이'가 없었기 때문에 티핑포인트에 이르지 못했다.

중국의 경우에는 광범위한 지식 시장, 종이와 같은 편리한 매체, 수준 높은 문화 등이 다 갖춰졌으나 편리한 기호 문자가 없어서 한계를 만나야 했다. 한자는 뜻 글자이기 때문에 하나하나를 다 활자화해야 했기 때문이다. 필승이 만든 방법은 효율적이지만, 그것을 한자에 적용하면 그 효율성이 상쇄되고 만다.

그러면 우리나라는 어떤가? 우리나라는 실질적으로 모든 것을 갖춘 최초의 나라였다. 중국이 갖춘 모든 것에 '훈민정음'이라고 하는 결정적인 요소, 즉 과학적인 기호문자까지 갖췄기 때문이다. 그러나 당시 기득권층에서는 이를 허용하지 않았다. 세종대왕이 그렇게 밀어붙였지만 조선시대 기득권층은 자신의 특권을 지키기 위해 한글의 대중화에 적극 나서지 않았다.

결국 인쇄술을 통한 천시는 쿠텐베르크에게 돌아간다. 당시 유럽은 경제 성장으로 지식과 교육에 대한 수요가 증가했다. 교육 주체인 교회도 더 많은 학교를 세워 신의 뜻을 널리 전파하려고 노력했다. 또 자본의 발달도 한몫하여 쿠텐베르크의 아이디어에 투자하려는 자본을 쉽게 구할 수 있었다.

이러한 우호적 조건에 힘입어 그는 20여 년 만에 수세기 전에 개발된 기술을 재발견하고 개량했다. 우리나라가 최초로 근대화된 금속 활자를 발명했다면, 책의 대량 생산을 가로막아온 문제를 해결하고, 책과 텍스트의 생산 방식을 영원히 바꾸는 데 성공한 이는 구텐베르크다. 책을 손으로 베끼던 필사자들은 인쇄 기술이 도입되고 20여 년을 겨우 버티다 영원히 사라졌다. 그 당시 필사자 서너 명이 책 한 권을 베껴 내는데 평균적으로 한두 달이 걸렸다. 구텐베르크가 죽었을 때는 일주일에 500권 정도를 생산할 수 있었다. 생산성이 3만 퍼센트 이상 향상된 셈이다.

쿠텐베르크의 사례처럼 인류 역사에 지대한 영향을 미친 천시는 아니더라도 한 나라에 지대한 영향을 미친 천시의 사례는 얼마든지 있다. 아직도 우리는 '힐링'이라는 말을 자주 쓴다. 무한경쟁에 시달리고 상처 난 현대인의 마음을 치유한다는 의미에서 방송국의 유명 예능 프로그램에서부터 각종 모임까지 '힐링'이라는 개념을 활용하고 있다. 힐링이라는 단어를 듣자면 나는 가장 먼저 제주도 올레길이 떠오른다. 2009년 경기 침체로 심신이 지쳤을 때 제주 올레길을 처음 걸어 본 적이 있다. 이른 새벽, 외돌개가 외롭게 서 있던 바닷가에 난 올레길을, 처음에는 운동 삼아 걸었다. 그런데 나중에는 육체의 운동보다는 마음의 평안을 얻었던 기억이 지금도 생생하다.

제주 올레길을 처음 만든 서명숙씨는 제주도 출신의 언론인이다.

유명 언론사의 편집국장으로 활동하던 그녀는 그야말로 경쟁과 바쁨 속에서 살아가는 평범한 현대인에 지나지 않았다. 그러나 그녀는 바쁜 나날 속에서도 마음 속으로는 파울로 코엘료의 소설『연금술사』에 나오는 산티아고 순례길을 언젠가는 반드시 걸으리라는 꿈을 품고 있었다. 그러다 삶의 전환점에 도달한 그녀는 마침내 사표를 던지고 스페인으로 여행을 떠났다. 그리고 거기서 시민운동가인 '헤니'라고 하는 영국 여성과 우연히 만나게 된다. 헤니는 한국은 24시간 늘 깨어있는 나라 같다는 말로 입을 열었다. 한국은 더 좋은 아파트, 더 좋은 직장, 더 높은 임금 등을 얻기 위해 치열하게 경쟁하는 것이 사회의 전부인 것처럼 보인다는 것이다. 헤니는 비슷비슷한 빌딩에 비슷비슷한 아파트 일색인 획일적인 도시 풍경과 지하철에서 만난 사람들이 타인에게 전혀 미소 짓지 않는 냉랭한 사회적 분위기에 적잖이 충격을 받은 것 같았다.

별다른 생각 없이 관광 삼아 산티아고를 방문했다면 자세한 내용도 모르는 외국인이 함부로 한국을 평가한다고 무시해 버릴 수도 있었겠지만 서명숙씨는 그렇게 하지 않았다. 서명숙씨에게 헤니의 말은 마치 뭔가 위대한 존재가 자신에게 지치고 병들어 가는 고국의 사람들을 위해 공헌을 하라는 '계시'처럼 들렸다. 아마도 서명숙씨 자신도 언론인이라는, 둘째가라면 서러울 정도의 치열한 삶을 살아 오면서 무의식적으로 비슷한 생각을 많이 했는지도 모르겠다.

그래서 그는 여행에서 돌아와 자신의 고향인 제주도에 올레길을 만들기 시작한다. '올레'라는 말은 제주도 사투리로 '집에서 큰길로 나가는 작은 길'이라는 의미다. 나이 쉰이 넘어 잘나가던 언론사 편집국장을 때려치우고 이름 모를 잡초와 제주도 화산암에 묻혀 있던 그 작은 길들을 맨손으로 복원해 가면서 서명숙씨는 무슨 생각을 했을까? 이것을 잘만 만들어 내면 산티아고 순례길처럼 유명해지고 그 덕에 큰돈을 만질 수 있다고 마음속으로 계산기를 두드리고 있었을까? 그러기에 올레길은 비즈니스 측면에서 너무나 불확실성이 높았다. 비즈니스맨들은 그렇게 얘기했을 것이다. "누가 조그만 길을 걷자고 비행기 타고 제주도까지 오려고 하겠는가? 시설 좋은 리조트나 골프장이라면 모를까……." 하지만 그녀는 그저 현대인을 위한 힐링의 관점에서 접근을 했다.

지난 2007년 9월 8일 올레 1코스를 개장한 이래 대단하게 광고를 한 것도 아닌데 코스가 하나씩 열릴 때마다 올레꾼은 나날이 늘어났다. 그들은 한 번, 두 번, 세 번 거듭 올레를 찾았다. 당일치기로 내려오더니, 2박 3일, 3박 4일로, 심지어 일주일씩 다녀가는 올레꾼도 생겨났다. 그리고 많은 사람들이 그 길에서 지치고 상처 받은 심신을 치유하고 삶에 대한 새로운 시각을 얻어 갔다.

제주 올레길은 아주 오래전부터 제주도에 그냥 있었던 것이다. 물론 서명숙씨의 손에 의해 재정비된 것은 사실이지만, 쿠텐베르크의 인쇄술이 그랬던 것처럼 서명숙씨가 최초로 만든 것은 아니다. 그러나 그전에 있던 올레길은 단순히 '집에서 큰길로 나가는 통로'의 역할만을 했으나 서명숙씨가 새롭게 정비한 올레길은 '지치고 상처 받은 현대인의 삶을 치유하는' 전혀 새로운 역할을 하게 되었다. 올레길이 단순한 물리적 통로의 기능에서 영혼의 치유 기능으로 진화하게 된 것은 많은 조건이 맞아 떨어졌기 때문이다. 그것이 바로 천시다.

크고 힘센 나라 틈에 끼여 있는 작은 나라가 잘살아 보려고 얼마나 발버둥을 쳤던가? 그래서 잘살게 되었지만 가난을 벗어나기 위해 죽기살기로 노력했던 그 관성이 남아 있어 아직도 우리나라 사람들은 눈가리개 때문에 옆을 보지 못하는 경주마처럼 앞만 보고 달리기만 한다. 그러나 드러내놓고 말은 하지 않았지만 이미 많은 사람들이 치열한 경쟁에 피로를 느끼고 있었고 스스로를 위로하고 치유할 수 있는 기회를 원하고 있었던 것이다. 그때 서명숙씨는 산티아고에서 그저 들판에 버려져 있던 '길'이 피곤한 현대인들에게 치유의 방법이 될 수 있음을 깨닫게 된 것이다. 물론, 우연치 않게 만난 영국 여자 헤니의 도움 또한 컸다. 어쩌면 그녀도 올레를 재탄생시킨 천시의 일부일 것이다.

그 이후 제주 올레길을 벤치마킹해서 전국 지방자치단체들은 자신들의 지역에 제주 올레와 비슷한 치유의 길을 찾기 위해 혈안이 되었다. 지리산 둘레길을 비롯해 수많은 제2, 제3의 올레가 내륙에도 탄생하였다. 서울 동쪽 끝에 있는 우리 농네에도 한강 공원과 연결된 '그린 웨이'가 만들어질 정도이다. 요즘에는 수많은 사람들이 '올레'로 상징되는 자연의 길을 걸으면서 지친 심신을 달래고 있다. 국토의 가장 남단인 제주도 '올레'에서 시작된 어떤 힘이 전국적으로 거대한 세를 형성한 것이다. 나 또한 그 힘에 큰 영향을 받았다. 2009년 올레길을 경험한 후 나는 매일 우리동네 작은 숲길을 걷는다. 하루라도 빼먹으면 마치 끼니를 챙겨 먹지 않은 것처럼 허전하다.

이렇듯 한 개인이 천시를 만나려 해도 개인의 상상력은 물론이고, 한 사회의 문화, 역사적 조건이 맞물려야 한다. 그렇기 때문에 천시는 속성상 하늘이 내려주는 것이다. 물론 지와 형을 갖추고 소소한 시를 포착하여 성과를 축적하고 있으면 언젠가 천시가 오겠지만, 그것 역시 스스로 천시를 만든다는 뜻은 아니다. 그러므로 그것은 끈기 있게 기다릴 줄 알아야 하고, 또 왔을 때는 마치 독수리가 지상의 먹이를 낚아채듯 정확하게 잡을 수 있어야 한다. 그래야 세를 형성할 수 있다.

## 거대한 파도, 세(勢)를 일으켜라

그런데 기다려도 천시가 오지 않는다면? 이렇게 생각하는 사람들이 많을 것이다. 나도 그렇다. 나도 아직 내 인생에 천시가 왔다고 느끼지는 않는다. '오기는 오는 것일까?' 사람이라면 이런 의구심이 왜 들지 않겠는가. 아마도 아주 오랜 옛날 사람들도 그런 의구심을 가졌던 모양이다. 『주역』에 보면 천시를 기다리는 자세에 대해 잘 나와 있다. 우선은 천시를 기다리는 목적, 믿음, 자신감 등이 필수적이다. 사실 천시는 올 수도 있고 안 올 수도 있다. 또는 왔음에도 깨닫지 못할수도 있고, 깨달았으나 잡지 못하는 경우도 있다. 사람인 이상 사전에 알 수는 없다. 다만 천시를 만나기 전에 사람으로서 할 수 있는 전부는 자신에게 맞는 지地를 선택하고 10년이든 1만 시간이든 형形을 꾸준히 구축하는 것이다. 이때 추구하는 가치, 신념, 자신감 등이 매우 중요하다. 그런 것들이 있으면 없을 때보다 천시를 포착할 가능성이 더욱 높아진다. 그러므로 믿음과 자신감을 가지는 것은 시를 포착하는 데 있어 우월한 전략이다.

그러나 여기서 말하는 자신감은 복권은 사지도 않고 하느님에게 복권에 당첨시켜 달라고 빌면서 '나는 일생을 하느님을 모신 충실한 종이니까 반드시 복권에 당첨되게 해주실 거야.'라고 하는 막연한 낙관주의적 믿음이 아니다. 냉정한 현실을 직시하면서 실천적 노력이 병행되는 믿음과 자신감을 말한다. "하늘은 스스로 돕는 자를 돕는다."는 속담처럼 말이다.

그런 믿음과 자신감을 가지고 형을 쌓으며 기다린다면 천시를 만날 확률은 더욱 높아진다. 그러나 이것이 끝이 아니다. 그냥 수동적으로 기다린다고 그것이 찾아와주는 것이 아니다. 『주역』에서는 막연히 기다리기만 하는 것이 아니라 최종적으로 대업을 성취하기 위해 '실천적 모험'이 있어야 한다고 말한다. 그 글귀를 그대로 옮기면 비로 '리섭대천利涉大川'이다. 즉 큰 강을 건너야 이롭다는 의미다. 여기서 말하는 섭대천은 우리에게 용기 있는 모험을 요구한다. 김구 선생의[25] 스승인 고능선 선생이 말씀하셨듯이 "벼랑 끝에 매달린 손을 놓아야"

---

25 김구, 『백범일지』, 돌베개

한다. 아등바등 매달려 있던 삶을 놓아버리고 새로운 세상을 향해 과감히 강물로 뛰어들어 헤엄쳐가야 한다.

우선 땀을 흘려라, 그리고 믿어라. 언젠가 때가 오면 용기 있게 그리고 과감하게 박차고 나가야 한다. 천시는 가만히 있어도 모든 일이 저절로 풀리는 '때'가 아니다. 모든 일이 저절로 풀리는 것은 천시 이후에 오는 세의 단계이다. 과감하게 자신을 던져 큰 강을 건너겠다는 모험 정신이 없다면 천시를 포착할 수 없고 세를 일으킬 수도 없다.

세에 관해서는 『좋은 기업에서 위대한 기업으로』에서도 플라이휠flywheel을 돌리는 비유가 나온다.

> 계속 밀다 보면 플라이휠의 속도가 조금씩 빨라지기 시작한다. (중략) 이윽고 어떤 시점에서 돌파가 일어난다. 물체의 추진력이 당신을 도와 플라이휠을 밀어준다. 처음 돌릴 때보다 힘을 더 쓰는 것도 아닌데 플라이휠의 속도가 갈수록 빨라진다. 플라이휠을 한 바퀴씩 돌릴 때마다 그 힘이 이전에 쏟은 힘 위에 쌓여 당신이 투자한 노력을 늘려준다. 이제 타력을 정지시키는 게 거의 불가능해진다.[26]

짐 콜린스는 위대한 회사들의 경우, 아무리 극적이라 해도 단 한 번

---

26  짐 콜린스, 『좋은 기업을 넘어 위대한 기업으로』, 김영사

만에 위대한 회사로 도약하지는 않았음을 강조한다. 단 한 차례의 결정적인 행동, 원대한 혁신 프로그램, 혹독한 구조조정 같은 것으로 보통의 회사가 위대한 회사로 도약하는 것이 아니라, 마치 플라이휠을 돌리듯 필요한 행동 하나하나가 쌓여 결국은 플라이휠이 저절로 돌아갈 정도의 세勢를 형성하게 되고, 그런 경우에만 위대한 회사로 도약할 수 있었다고 말한다.

지地와 형形을 갖추고, 천시까지 잡았다면 드디어 세가 형성되기 시작한다. 이는 통상적으로 일의 진행이 커다란 힘의 흐름을 이루어 주변의 사소한 힘들이 저항을 하든 하지 않든 모두 한 방향으로 몰아가 버리는 힘의 작용을 의미한다. 이러한 세가 형성되면 그 안의 사람들은 기氣가 오르는데 이것이 바로 기세氣勢다. 손자孫子는 이러한 세를 "압도적인 힘이 가속도를 받아 움직임으로써 물리적, 정신적인 면에서 모든 것을 쓸어버릴 것처럼 적에게 가해지는 힘의 동적인 작용"으로 정의하고 있다.

이러한 세勢는 내 쪽에서 보면 선순환의 구조를 가지고 있어 시간이 지날수록 더욱 규모가 커지게 되고, 규모가 커질수록 더욱 상대를 압도하게 된다. 여기서 세의 규모가 커진다 함은 양적인 면에서 많아진다는 의미보다는 시간이 지날수록 내가 취할 수 있는 대안들은 많아지는 반면, 경쟁 상대가 취할 수 있는 대안은 적어지는 상황을 의미한다. 결국 세가 형성되면 성공이나 승리는 시간 문제가 돼버린다.

전쟁 전략가의 사례를 살펴보면, 칭기즈칸이 바로 이러한 세를 형성하여 대제국을 건설한 대표적 존재다.[27] 칭기즈칸은 25년이라는 짧은 기간 동안 로마군이 400년 동안 정복한 것보다 많은 땅과 사람을 정복하였다. 그냥 사람이 살지 않는 척박한 땅을 정복한 것이 아니다. 13세기에 가장 인구밀도가 높은 지역과 그들의 문명을 정복했다. 그가 굴복시킨 사람들의 숫자로 보나 합병한 나라들의 숫자와 정복한 땅의 면적으로 보나 칭기즈칸은 역사상 다른 어떤 정복자보다 두 배 이상을 정복했다.

일찍이 척박한 몽골 평원에 늑대의 먹잇감으로 버려졌던 테무진이라는 소년은 자신의 운명을 극복하기 위해 평범한 목동으로 살기를 거부하고 전사의 길로 들어선다(地의 선택). 칭기즈칸은 알렉산더나 나폴레옹 같은 영웅들과 비교해볼 때, 제대로 된 공식적 교육을 거의 받지 못했다. 알렉산더는 아리스토텔레스에게 직접 사사 받았고 나폴레옹도 프랑스 사관학교에서 공부를 했지만, 칭기즈칸은 40년 이상에 걸친 쉼 없는 전쟁 경험을 통해 배웠을 뿐이다. 그는 공식적인 교육보다는 끝없이 되풀이되는 실용적 학습, 실험적 적용, 꾸준한 수정을 통해 전쟁에 필요한 형(形)을 축적했다. 그리고 가장 절친한 친구였던 자무카의 부대와 결전을 치르고 몽골의 제왕, 즉 칸에 등극하게 된다. 준비된 테무진에게 시(時)가 온 것이다.

그는 13세기 신생 무슬림 국가인 호라즘과의 전쟁에 승리함으로써 세계를 정복할 수 있는 세(勢)를 형성한다. 칭기즈칸이 호라즘으로 원정

---

**27**　잭 웨더포드, 『칭기스칸, 잠든 유럽을 깨우다』, 사계절

을 시작했을 때 그의 군대는 15만에서 20만 명쯤 되었을 것이다. 반면 호라즘의 술탄인 무하마드 2세는 40만 명의 정예 병력을 거느리고 있었다. 또 자신의 영토에서 싸운다는 이점까지 누리고 있었다. 무하마드 2세가 믿었던 결정적인 요인은 사막과 강으로 둘러싸여 외부에서의 침입이 어려운 천혜의 자연환경이었다.

그러나 결과적으로 무하마드 2세는 칭기즈칸을 너무 과소평가했다. 칭기즈칸은 몽골 내부의 통일 전쟁을 치르면서 질서 없이 빠르기만 한 유목 군사를 규율과 전략을 수행할 수 있는 조직적 군대로 만들어 놓았다. 이렇게 잘 훈련된 군대를 데리고 칭기즈칸은 호라즘을 공격하기 위해 그 혹독한 키질쿰 사막을 직접 횡단하였다. 이것은 지금까지도 로마를 공포의 도가니로 몰아넣은 '한니발의 알프스 횡단'에 버금가는 사건으로 간주되고 있다.

도저히 넘어오지 못하리라 믿었던 사막을 가뿐히 횡단한 몽골군을 보는 순간, 무하마드 2세와 그의 추종세력들은 패닉 상태에 빠지게 된다. 이렇게 갑작스럽게 공포의 화신인 양 나타난 몽골군은 "항복하면 지금처럼 살 수 있지만 저항하면 몰살을 면치 못한다."라는 소문을 내어 적을 딜레마에 빠지게 했다.

호라즘은 몽골보다 불과 12년 더 오래된 신생 왕국이었다. 그러나 무슬림은 그 당시 문맹률이 가장 낮은 문화권이었다. 어느 마을을 가나 코란을 읽고 무슬림 법을 해석할 수 있는 사람들이 몇 명 정도는 있었다. 유럽, 중국, 인도가 지역 문명 수준에 이르러 있었다면 무슬림은 상업, 기술, 일반 학문의 높은 수준으로 볼 때 세계 탑클래스의 문명이었다. 결국 호라즘에서는 칭기즈칸의 활약이 문자화되어 무슬림 문명 전체로 퍼졌다. 그러므로 칭기즈칸은 단지 하나의 제국이 아니라 고대 무슬림 문명 전체를 공격한 격이었다.

칭기즈칸은 공포가 무슬림의 서기나 학자의 펜을 통해 가장 빠르게 퍼져나간다는 사실을 알았다. 무슬림의 학식 있는 사람들은 칭기즈칸과 그의 군대가 저지른 악행을 문자를 통해 퍼뜨리기 시작했고, 과잉 포장된 공포는 마치 산 위에서 굴러 내리는 눈덩이처럼 저절로 커져갔다. 어느 새 칭기즈칸은 강력한 여론 형성 무기가 된 것이다. 무슬림 지식인들의 편지는 몽골군의 선전용 전단이나 다름없었고, 전투에서 죽은 사람들의 수는 부풀려지기 일쑤였으며 칭기즈칸을 비롯한 몽골인들은 인간이 아닌 괴물로 표현되었다. 결국 공포는 시간이 지날수록 더욱 증폭되어 칭기즈칸의 입장에서는 선순환적인 거대한 세를 형성한 것이다.

호라즘과의 전쟁을 통해 선순환적인 세가 형성된 후, 끝까지 저항하겠다는 도시나 성이 현저히 줄었다. 치열한 전투 없이 무혈정복이 가능했다. 결국 그는 이러한 세를 몰아 4년에 걸친 원정에서 호라즘뿐만 아니라 중앙아시아 히말라야 산맥에서부터 카프카스 산맥까지, 인더스 강에서 볼가 강까지 접해 있는 모든 도시들을 정복할 수 있었다.

## 세(勢)가 아무리 좋아도 안주할 수 없다

다시 강조하지만 이러한 세勢는 그냥 형성되는 것이 아니다. 지地의 선택을 통해 자신의 전략적 위치가 명확해지고 여기에 형形을 구축함으로써 필요한 역량이 꾸준히 축적되어야 한다. 이 상태에서 시時를 만나 성공의 경험이 축적되어야 된다. 여기서 시는 단 한 번의 결정적인 시를 의미하는 것이 아니라, 여러 번의 작은 시를 의미한다. 여러 번의 작은 기회들을 통해 성공의 경험을 쌓으면 이것이 다시 지地와 형形에 영향을 준다. 이렇게 경험이 축적되다 보면 언젠가 일정한 선을 돌파하게 되는 천시를 포착하게 된다. 이때부터 세가 형성되는 것이다.

그러므로 '축적과 돌파'를 통해 세가 만들어진다고 할 수 있다. 일부 섣부른 전략가들은 지·형·시에 의한 축적의 과정을 건너뛰고 바로 돌파로 도약하여 손쉽게 세를 형성하고자 한다. 그러다 실망스런 결과가 나오면 이리저리 동요하며 일관된 방향을 유지하지 못하다가 결국 실패하게 된다.

이렇게 축적이 없이 돌파를 통해 손쉽게 세를 일으키려는 태도도 위험하지만 더 위험한 것은 세가 형성된 직후에 초심을 잃어버리는 것이다. 일단 세가 형성되기 시작하면, 주변의 혼란과 불안이 사라지고 새로운 질서가 생겨나기 시작한다. 자신이 마음먹은 대로 모든 것이 풀려간다. 어느 인생이나 마찬가지지만 이때가 가장 위험하다. 세가 형성되었을 때 안심하고 주저앉거나 안하무인眼下無人이 되면 하루 아침에 공든 탑이 무너질 수 있기 때문이다.

겉으로는 화려해 보이는 연예계에서 이런 현상이 가끔 목격된다. 무명의 가수 혹은 배우가 어느 날 신데렐라처럼 화려하게 무대의 정상에 등극하곤 한다. 그야말로 노래 한 곡, 영화 한 편으로 혜성처럼 스타의 반열에 오르는 것이다. 모든 것이 자신의 능력 덕분이라고 생각하는 젊은 스타는 이러한 인기가 영원히 이어지리라 착각하고 안하무인의 자세로 그 자리에 안주하려 한다. 그러다 보면 어느 날 자신의 주변에 아무도 없다는 것을 깨닫게 된다. 그 많던 팬들도, 매니저도 다 사라지고 혼자 쓸쓸하게 남아 현실과 마주하게 되는 것이다. 이것은 흔히 볼 수 있는 스토리다. 이런 스토리는 어린 나이에 출세하기 쉬운 소위 아이돌 가수들에게서 상대적으로 많이 나타난다. 요즘은 기획사에서 철저히 관리하기 때문에 그런 일이 드물겠지만 시스템이 잘 갖춰지지 않았던 시절에는 혜성처럼 나타났다가 혜성처럼 사라지는 아이돌 가수들이 꽤 있었다. 그런 스타들은 꾸준히 형을 축적하지 않은 상태에서 세를 만난 탓도 있지만 대부분 세의 단계에서 초심을 잃고 안하무인이 되는 것이다. 그러나 그런 태도는 오히려 세를 파괴하고 만다.

앞서 언급했던 유누스의 그라민 뱅크 사례도 마찬가지다. 그라민 뱅크는 2007년 이후에도 계속 성장하여 자회사가 50개 넘는 대기업으로 성장했고, 마이크로 크레딧이라는 아이디어는 빈곤한 남아시아 국가로 퍼져 나가 수많은 NGO들을 소액금융업자로 바꾸어 놓았다. 한마디로 전 세계적인 세(勢)를 형성한 것이다. 그러나 그렇게 되자, 부작용이 슬슬 고개를 들게 된다.

그라민 뱅크를 모방한 이들 소액금융회사 대부분은 부패한 업주에 의해 상식 이하의 불투명한 관리로 운영되었다. 소액금융의 기본 취지를 잊은 듯, 아무에게나 무차별적으로 돈을 대출해주기 일쑤였고, 마이크로 크레딧의 기본 원칙이라 할 무보증 체계도 지키지 않았다.

연이은 보증과 고금리로 세계 각지에서 빈민이 자살했다. "빈민이 일어설 기회를 만들어준다."는 허울 좋은 명목으로 운영되는 이 거대한 사업은 오히려 가난한 자, 특히 여성을 더욱 착취한다는 비판에 직면하게 되었다. 이 또한 세의 단계에서 초심을 잃었기 때문에 생긴 부작용이다.

세勢는 거대한 파도다. 그래서 세를 만난 사람은 파도를 타는 서퍼와 같다. 균형을 잘 잡으면 힘들이지 않고 파도를 타고 달릴 수 있지만 균형을 잃으면 깊은 바닷속으로 추락하고 만다. 거대한 파도를 만나기도 쉽지 않지만 그런 파도 위에서 균형을 잡기란 더욱 어렵다. 그러므로 세가 왔을 때 가장 조심해야 하는 것이다.

세의 단계에서 이러한 리스크를 피하려면 우선 상생을 첫 번째 도리로 삼아야 한다. 이 세상 어느 누구도 혼자 힘으로 세를 일으키지는 못한다. 비록 자신이 가장 큰 역할을 했다 하더라도 음지에서 묵묵히 주어진 임무를 수행한 다른 동료들이 있기 마련이다. 항상 그들과 세의 과실을 함께 나누려고 하는 자세가 중요하다. 또 아주 중요한 것이 아니라면 앞서지 말고 그저 자신의 자리에서 묵묵히 최선을 다하는 자세가 필요하다. 너무 튀지 말라는 말이다. 안 그래도 세가 형성되어 다른 사람들의 주목을 끌고 있는데 사사건건 나서서 감 놔라 배 놔라 하면 비록 자신이 옳다고 해도 곱지 않은 시선을 받게 된다. 그러므로 핵심 사항이 아닌 것들에 대해서는 양보를 원칙으로 삼아야 할 것이다.

그리고 마지막은 세의 단계에서 가장 중요한 자세다. 바로 다음의 지형시세를 준비하는 것이다. 지금의 세에 안주하려 하지 말고 그 다음 과정을 준비하는 자세가 반드시 필요하다. 지형시세는 한 번의 과정으로 끝나는 것이 아니다.

당신은 지금 어디에 있는가? 자신에게 맞는 생태적 틈새의 지地를 선택하였는가? 더 나아가 10년의 법칙을 지키며 웅녀처럼 열심히 형形을 쌓고 있는가? 소소한 시時를 포착했고 이제 천시를 만나기 위해 큰 강을 건너고 있는가? 혹시 세勢를 이루어 가만히 있어도 일이 술술 풀리는 경지에 도달했는가?

세상에 몇 사람이나 이런 지형시세의 과정을 다 거치는 것일까? 그것은 알 수 없다. 하지만 평생 자신의 지를 선택하지 못하고 방황하는 사람도 있다. 지는 선택했지만 형을 충분히 구축하지 못해 거기서 멈추는 사람도 있다. 때로는 시를 만나 성공의 기쁨도 맛보지만, 결국 천시는 만나지 못하고 적당한 선에서 멈추는 사람도 있다. 또 한 분야에서 대가가 되어 세를 이루는 사람도 있다. 그리고 몇몇 소수의 사람들은 남들은 한 번도 거치기 힘든 지형시세를 몇 번이나 거치면서 거듭 진화하는 경우도 있을 것이다.

자신이 어디에 있는지 깨닫는 것이 중요하다. 그리고 다음 단계로 넘어가기 위해 어떤 전략이 필요한지를 잘 판단해야 한다. 아직 지를 선택하지 않았다면 다르게 하기 전략으로 남들과는 다른 지, 그러면서도 자신의 타고난 기질과 본성에 맞는 지를 선택하기 위해 노력해야 할 것이다. 지는 이미 선택하고 형을 구축 중이라면 두 가지 방법이 있다. 지가 충분히 차별화되어 있다면 형에서는 더 잘하기 전략이 주효하다. 그러나 지가 차별화되어 있지 않아서 많은 경쟁자가 있다면 형에서는 다르게 하기 전략을 활용해야 한다. 그러나 어느 경우이건 웅녀처럼 10년 이상을 버틸 수 있는 끈기가 있어야 한다.

시는 포착하는 능력이 중요하다. 아무리 작은 기회라도 정확히 포착하여 자신의 것으로 만들어야 한다. 그러다가 결국 큰 강을 건너는 실험적 모험, 즉 섭대천涉大川해야 할 시점이 온다. 이때가 바로 천시이다. 이때는 믿음과 용기를 가지고 과감하게 몸을 던져야 한다.

세가 일어나면 모든 것이 그야말로 저절로 굴러간다. 그래서 어쩌면 이때가 가장 위험한 순간이다. 지·형·시의 단계를 거치면서 마음 졸이고 고생한 것을 이 단계에서 보상받기 때문에 여기에 안주하고 싶을 것이다. 그러나 정작 세의 단계에서는 다른 세상으로의 여행을 준비해야 한다. 새로운 시를 선택하는 것이다. 지금까지와는 전혀 다른 지가 될 수도 있고, 아니면 관련이 있는 분야에서 좀 더 심도가 있는 지가 될 수도 있다. 그리하여 또 다른 지형시세의 여정을 시작하는 것이다.

각각의 단계에서 다음의 핵심 메시지를 반드시 기억하자.

지: 자신의 생태적 틈새를 찾아라.
형: 1만 시간을 웅녀처럼 버텨라.
시: 믿음과 용기를 가지고 큰 강을 건너가라.
세: 안주하지 말고 다음 세상을 준비하라.

|  | 지(地) | 형(形) | 시(時) | 세(勢) |
| --- | --- | --- | --- | --- |
| 설명 | −이제 이 세상을 살면서 내가 어떤 영토에서 활동하고 뿌리를 내릴 것인가 정도에 대해서는 결정을 한 셈이 되는 것이다. | −형(形)은 어떤 지(地)를 선택하는가에 따라 많이 다를 수 있다.<br>−그러나 근본적으로 꾸준히 자신을 갈고닦고 수련하는 것은 공통적일 것이다.<br>−배워야 할 것이고 또 손에 익혀야 할 것이다. | −작은 시(時)라 할지라도 왔을 때는 놓치지 말고 잡아야 한다.<br>−그야말로 '문밖에서 행운이 노크를 하고 있는데, 뒤뜰에서 행운의 네잎클로버를 찾느라 그 소리를 듣지 못하는' 어리석음을 범해서는 안 된다. | −보이지 않는 이 기운은 나 자신에게서 나왔지만 이제는 나의 의지가 아닌 스스로의 의지로 움직이는 것처럼 느껴질 것이다.<br>−거대한 선순환의 세(勢)가 형성되면 이제 한 차원 더 높은 세계로 진화할 수 있다. |
| 메시지 | 자신의 생태적 틈새를 찾아라 | 1만 시간을 웅녀처럼 버텨라 | 믿음과 용기를 가지고 큰 강을 건너가라 | 안주하지 말고 다음 세상을 준비하라 |

Part V

# 내 삶의 전략가가 되기 위하여

## Chapter 1
# 전략적 유전자

만삭이 된 암컷 뻐꾸기 한 마리가 이리저리 분주히 날고 있다. 며칠 전에 봐둔 안성맞춤의 둥지가 잘 기억이 나지 않는 모양이다. 아기 뻐꾸기는 곧 나오려고 하는데 둥지를 빨리 찾아야 출산의 타이밍을 맞출 수 있다.

'그래, 저기야. 저곳이라면 우리 아기가 건강하게 자랄 수 있을 거야.' 원하던 둥지를 발견한 엄마 뻐꾸기는 이내 안도의 한숨을 내쉰다. 그렇지만 아직은 아기를 낳을 수 있는 처지가 아니다. 그 둥지에는 둥지의 임자인 다른 엄마 새가 자신의 알을 품으며 느긋하게 잠들어 있기 때문이다. 뻐꾸기는 둥지가 건너다보이는 나뭇가지에 앉아 둥지 주인인 때까치가 먹이를 사냥하러 가길 끈기 있게 기다리고 있다. '아가야, 잠시만 기다리면 포근한 둥지에 너를 낳아줄게……..' 뻐꾸기는 그렇게 혼잣말을 되뇌며 기회를 엿보고 있다.

이윽고 잠에서 깨어난 때까치는 출출한 허기를 달래기 위해 힘차게 날갯짓하며 벌레 사냥을 하러 둥지를 나섰다. 둥지에는 때까치가 며칠 전에 낳아 품고 있는 서너 개의 알이 남아있다. '지금이야!' 뻐꾸기는 속으로 외치며 잽싸게 날아올라 비어있는 둥지를 차지한다. 그리고 곧 자신의 알을 그 둥지에 낳고는 황급히 날아간다.

'아가야, 건강하게 자라렴. 엄마가 직접 너를 키우지 못해 아쉽지만, 우리 뻐꾸기는 다들 너처럼 남의 둥지에서 태어나고 자란단다. 엄마도 그랬지. 하지만 그렇다 해도 네가 뻐꾸기라는 것을 항상 기억해야 해. 엄마와 아빠를 통해 너에게 전달된 유전자는 네가 뻐꾸기로 살아가는 방법을 알려줄 거야…….'

벌레를 잡아 오랜만에 포식을 한 때까치는 아무 생각 없이 평소대로 자신의 둥지로 돌아온다. '어, 알이 더 늘었나? 그럴 리가 없지……. 에이, 그러든 말든 내 둥지에 있는 알이라면 다 내 새끼지 뭐.' 엄마 새는 부른 배를 지그시 누르며 알을 품고는 다시 잠이 든다. 몇 주가 지난 후, 도둑 출산을 한 뻐꾸기 알에서 귀여운 아기 뻐꾸기가 탄생한다. 그런데 이게 웬일인가? 눈도 뜨지 못한 아기 뻐꾸기는 무슨 꿍꿍이인지 둥지 속에 있던 원래 주인의 알들을 그 자그마한 몸으로 능숙하게 둥지 바깥으로 밀어내어 떨어뜨리는 것이 아닌가? 자신의 새끼라고 믿고 품어준 양어머니를 배신해도 유분수지, 어떻게 이럴 수가 있단 말인가. 게다가 알에서 갓 부화한 어리디 어린 것이 저런 행동은 어디서 배웠단 말인가?

뻐꾸기처럼 남의 둥지에 알을 낳는 탁란조托卵鳥의 습성이 바로 유전자가 가지고 있는 원시적 전략의 모범(?) 사례이다. 뻐꾸기의 유전자는 남의 둥지에 알을 낳고, 부화된 새끼는 다른 알들을 둥지 밖으로 밀어내는 등의 차별적 전략을 발전시켜 왔으며, 이것이 자연의 선택을 받아 오늘날까지 이어져온 것이다. 그래서 진화한 모든 생명체에게는 자신들의 생존과 발전을 위한 '전략적 유전자'가 있다고 말할 수 있다.

그렇다면 인간의 전략적 유전자는 무엇인가? 의문이 생기지 않을 수 없다. 서문에서도 이미 강조하였지만 전략은 특수 계층의 사람들에게만 필요한 것이 아니다. 평범한 사람도 자신의 인생을 살면서 전략을 훌륭한 도구로 활용할 수 있음은 지금까지 살펴본 바다. 자신의 삶에 전략을 활용하기 위해 꼭 근사한 학위가 필요한 것은 아니다. 그보다는 조상 대대로 물려받은 전략적 유전자를 깨워서 활성화시키는 것이 더욱 중요하다. 그러므로 우리는 몸속에 녹아 있는 전략적 유전자가 무엇인지 알아야 한다. 그리고 이를 어떻게 활성화해야 하는지도 알아야 한다.

## 방법론보다는 '사람'

전략은 그것을 만들어내는 방법보다는 전략을 만드는 사람에 의해 품질이 영향을 받게 된다. 전쟁 전략이건 비즈니스 전략이건, 심지어 개인의 인생 전략일지라도 기계적인 프로세스에 의해 공장에서 규격화된 공산품을 생산하듯이 만들어낼 수는 없다. 설사 그렇게 전략이 만들어진다고 해도, 그런 전략은 동일한 프로세스만 가지고 있다면 나의 경쟁 상대도 똑같이 만들어낼 수 있기 때문에 이미 '상대적 우위를 창출할 수 있는' 전략이라고 할 수 없다. 즉 전략은 전략가에게 내재되어 있는 역량에 많은 부분을 의존한다. 아무리 훌륭한 전략 구축 방법론과 도구가 있다고 해도 훌륭한 전략가가 없다면 훌륭한 전략은 만들어질 수 없다. 또한 방법론과 도구가 잘 갖춰져 있지 않더라도 훌륭한 전략가가 있다면 좋은 전략이 만들어질 수 있다. 물론 가장 좋은 것은 훌륭한 전략가가 방법론을 잘 갖추고 있는 경우일 것이다. 그러나 이때에도 방법론이 전략가의 역량을 방해하지 않을 정도로 충분히 유연해야 한다는 전제가 있다.

경쟁 상대가 누구인가에 따라 전략가에게 요구되는 역량이 다소 차이가 있기는 하지만, 항상 방법론보다는 사람이 더욱 중요하다. 우선 자신과의 경쟁을 보자. 과거의 자신보다 더 나은 오늘의 자신이 되기 위한 이 경쟁에서는 과거의 방식을 그대로 유지하려는 자신의 생물적 유전자gene와 문화적 유전자meme를 대상으로 싸워야 한다. 이때의 경쟁 상대는 나 자신으로 확실하고 또 움직이지 않기 때문에, 이기고 지는 것은 100퍼센트 나에게 달린 문제다. 자신과의 경쟁에서 이기기 위해 필요한 역량으로 대표적인 것을 꼽으라면 의지력, 실행력, 인내심 등이다. 다이어트를 예로 들어보자. 좋은 방법론이 있다면 그렇지 못한 경우보다 훨씬 나을 것이다. 하지만 한 번이라도 다이어트를 해 본 사람이라면 잘 알 것이다. 방법론보다는 의지와 실천, 그리고 인내가 더 중요하다는 것을.

　다음으로는 타인과의 경쟁이다. 타인과의 경쟁에서는 자신과의 경쟁에 필요한 역량에다 경쟁 상대를 이길 수 있는 '지혜', 즉 한자로 모謀라는 것이 더 필요하다. 사실 따지고 보면 인류의 발전사는 바로 이러한 모략謀略[28]의 창조와 실천의 역사라고 할 수 있다. 전략의 본질적 역량으로써 '꾀謀'라는 것은 가치중립적인 것이다. 다만 그것이 어떻게 활용되느냐에 따라 음모陰謀와 양모陽謀로 나눌 수 있을 뿐이다. 전쟁은 그것이 가지는 격렬함, 잔혹성으로 인해 비인간적이고 비겁한 속임수인 음모들이 난무했다. 그러나 비즈니스에서는 도덕적, 법적으로 하자가 없으면서도 경쟁 상대를 이길 수 있는 모략이나 경쟁 상대와 더불어 승리할 수 있는 더욱 차원 높은 모략인 양모가 발달한 것이다. 이러한 맥락에서 타인과의 경쟁에 필요한 핵심 역량 역시 방법론보다는 꾀謀 즉 '경쟁 상대가 알면서도 당할 수밖에 없는 고차원적 지혜'임을 알 수 있다.

　경쟁의 또 다른 상대는 미래의 불확실성이다. 미래의 불확실성을 유발하는 동인들과 경쟁을 할 때는 더더욱 방법론이 무색해진다. 보이지도 않는 상대와의 경쟁에서 정해진 설명서대로 움직이는 건 위험천만한 일이다. 이는 마치 지형지물이 나날이 바뀌는 산을 과거의 지형으로 그려놓은 지도에 의지해 등반하는 것이나 마찬가지다. 앞

---

[28] 차이위치우 외 34인, 『모략』, 들녘

서 말한 것처럼, 이때에는 직관력과 상상력이 매우 중요한 역량이다. 불확실동인을 직관적으로 파악하고 이것들이 만들어낼 수 있는 다양한 미래를 상상할 수 있어야 한다. 그 다음에 대응 전략을 개발하기 위한 지혜가 필요하다. 물론 실행을 위해서는 자기와의 경쟁에서 필요한 의지력, 실행력, 인내심의 역량이 모두 있어야 함은 두말할 나위 없다.

이렇듯 어떤 경우에나 전략을 만들어내는 과정은 과학이라기보다는 오히려 예술에 가깝다. 그러나 모든 예술이 그렇듯, 천재적인 예술적 역량은 예술가의 몸 안에 내재되어 있기 마련이다. 그러므로 그러한 역량을 어느 정도 타고나지 않는다면, 배우고 익히는 것만으로는 최고의 경지에 이르지 못하는 것이 사실이다. 하지만 전략은 나폴레옹이나 제갈량과 같이 타고난 역량으로 최고의 경지에 이른 전략가들만을 위해 존재하는 것이 아니다. 전략은 평범한 사람도 얼마든지 자신을 위해 활용할 수 있는 '삶의 도구'이다. 그렇다면 평범한 우리들은 어떻게 해야 각자의 삶에서 전략가가 될 수 있을까?

우선 타고난 전략가들처럼 최고의 경지에 다다를 수 없다고 지레 실망하여 포기할 필요 없다. 전략은 어려운 것이니 나 같은 보통 사람에게는 해당되지 않는 것이라고 생각할 필요는 더더욱 없다. 우리는 경쟁자를 파괴하는 무자비한 전략이 필요한 것이 아니다. 지금까지 살펴본 것처럼 경쟁의 상대성과 미래의 불확실성을 고려하여 자신과 주변 사람들에게 최선이 되는 선택을 내릴 수 있을 만큼의 역량만 있어도 충분하다. 그런 역량도 확보하기 쉬운 것은 아니지만 그래도 그 정도는 후천적 노력으로 충분히 키울 수 있다. 이미 수천 년 전략의 역사 동안 많은 전략가들이 연구하여 평범한 사람들도 전략적 역량을 배우고 익힐 수 있는 방법을 만들어 놓았다. 그런 방법 중 하나가 바로 역사 속 위대한 전략가들이 한결같이 갖추고 있었던 면후심흑面厚心黑을 익히는 것이다.

## 전략가의 유전자, 면후심흑

청나라가 종말을 고하고 서구 열강의 침입으로 혼란한 1912년 중국에 후흑厚黑이라는 두 글자를 들고 나타난 사내가 있었으니, 그가 바로 후흑학厚黑學의 창시자 리쭝우李宗吾다. 이 사람은 관중, 유방, 조조, 유비 등 중국의 2500여 년 역사에 나타난 모든 영웅들의 공통점을 찾다가 바로 면후面厚와 심흑心黑이 영웅들의 한결같은 특징임을 발견했다. 면후심흑面厚心黑이야말로 전략적인 리더들이 가장 기본적으로 갖춰야 할 역량, 아니 더 나아가 '유전자'라 할 수 있다.

면후, 즉 두꺼운 얼굴은 남들로부터 자신을 지키는 방패를 의미한다. 면후에 능한 사람들은 남들의 평가에 아랑곳하지 않고 자기 스스로 긍정적인 이미지를 만들어간다. 남들의 평가에는 악평뿐만 아니라 호평도 포함된다. 욕을 먹든 칭찬을 받든 면후한 사람들은 남들이 자신에게 가하는 한계를 거부하고, 심지어는 스스로가 자신에게 씌우는 한계도 거부한다. 이런 사람은 자신이 어떤 능력이나 가치가 있는 존재인지 따위에 의심을 품지 않는다. 스스로 보기에 자신은 완벽할 뿐이다. 보통 사람들은 자신에 대한 세상의 판단을 받아들이는 경향이 있다. 그러나 면후인들은 세상의 판단을 받아들이기보다는 오히려 남들에게 자신의 판단을 전달한다. 자신의 인생에 대한 주도권을 가지고 있어서 자존감도 무척 높다. 이러한 면후인들은 절대 거만하거나 공격적이지 않다. 오히려 면후인들 중에는 겸손하고 다소곳한 사람이 많다.

대표적인 사례를 꼽으라면 삼국지의 유비를 들 수 있다. 유비는 삼국지에 나오는 다른 인물인 조조, 손권과 비교해 가진 것 없이 초라하기 이를 데 없는 출발을 했다. 군사를 일으킨 후에도 한동안은 조조를 비롯해 여포와 유표, 손권, 원소 등에 신세를 지면서 명맥을 유지할 수밖에 없었다. 그러나 그는 남의 울타리에 얹혀살면서도 이를 전혀 수치로 생각하지 않았다. 게다가 영웅호걸을 자칭하면서도 쉽게 눈물을 보였다. 『삼국지연의』에서는 "그는 해결할 수 없는 일에 봉착하면 사람들을 붙잡고 한바탕 대성통곡을 하여, 즉시 패배를 성공으로 바꾸어 놓았다."라고 묘사했다. 그래서 "촉나라는 유비의 울음으로 만들어졌다."라는 비아냥도 받았다. 그러나 유비가 심약하고 감정적이라 울음이 많았던 것은 아니다. 쓰러져 가는 한나라 왕실을 재건하겠다는 자신의 목표에 대해 한 치의 의구심이 없었기에 그것을 추구하는 방법에 대해서 전혀 괘념치 않았던 것이다. 남에게 빈대 붙어 생존하거나, 그것도 어려우면 동정을 유발하고자 울음을 보여도 그런 일로 스스로 자괴감을 느끼지 않는 것은 바로 '얼굴이 두껍기' 때문이었다. 이것이 바로 면후이다. 면후인이었기에 유비는 열악한 상황 속에서도 남들이 무어라 손가락질 하든 자신의 가치에 대해 조금도 의심하지 않고 원대한 꿈을 추구할 수 있었다.

현대 인물 중에는 미국의 로널드 레이건 대통령을 예로 들 수 있다.[29] 레이건은 '신자유주의'의 선두주자로 사회주의와의 이념 전쟁을 승리로 이끈 위대한 리더로 인정받고 있지만, 행정가로서 그의 능력은 초라하기 그지 없었다. 실제로 보좌관들은 그가 복잡한 문제에 대해 언제 어디서 말실수를 할지 몰라 늘 긴장했다고 한다. 말실수를 할 때마다 레이건이 관련 문제에 대해 너무 무지하다는 사실이 드러나곤 했다. 하지만 정작 그는 자신이 위대한 정치인이라는 것을 믿어 의심치 않았다. 중요한 정책과 문제를 모른다 해도 기죽지 않고 매사에 적극적이었다. 그런 그의 자신만만한 답변은 국민들에게 신뢰를 심어주었다. 국내외 문제로 여러 해 동안 시달려온 국민들은 안도할 수 있었고, 다시 한 번 자신감을 가지게 되었다. 결국 국민들은 이러한 레이건의 면후에 전염되었고, 레이건은 성공한 대통령으로 임기를 마칠 수 있었다.

반면 심흑, 즉 검은 마음은 가슴에 품고 있는 비수 같은 것이다. 심

---

[29] 추진닝, 『승자의 심리학』, 씨앗을 뿌리는 사람

흑에는 두 가지의 의미가 있다. 하나는 과감하게 행동을 취할 수 있는 능력을 의미한다. 결단력 또는 추진력이다. 두 번째는 속이 검어서 보이지 않는다는 의미다. 어떤 생각을 하는지 알 수 없을 만큼 속이 검다는 뜻이다. 형체가 보이지 않고 수만 가지의 속셈이 있어 어떤 마음인지 알아채기 쉽지 않다는 것을 의미한다. 심흑의 소유자들은 모험을 두려워하지 않는 용기를 지니고 있다. 게다가 남들이 예측하기 어려울 만큼 다양한 아이디어를 창출해내는 창의력도 가지고 있다.

삼국지에서 유비가 면후의 대가였다면, 심흑의 대가는 단연 조조일 것이다. 조조가 동탁을 피해 도망가다가 자기 아버지의 친구인 여백사 집에 우연히 들르는 이야기에서 조조의 심흑을 엿볼 수 있다. 도망을 가던 몸이라 극도로 긴장한 탓도 있었으리라. 조조는 자신을 위해 돼지를 잡으려고 칼을 갈던 여백사의 가족들이 자신을 잡으려고 음모를 꾸미는 줄 오해하여 몰살하고 만다. 일이 잘못되었음을 알고 서둘러 집을 나서는데 멀리서 여백사가 손수 술을 사서 오는 것이 아닌가. 오랜만에 만난 친구의 아들에게 좋은 술을 대접하고 싶은 그는 자신이 직접 나가서 술을 사 온 것이다. 그런데 조조는 이 여백사마저 가차 없이 베어버린다. 그리고 피투성이가 된 채, 마치 미친 사람처럼 허공을 향해 그가 던진 한 마디가 있다. "내가 세상을 버릴지언정, 세상이 나를 버리지는 못하게 하겠다!" 여백사의 가족을 오해로 몰살하고 한 말이라 그 맥락에서는 도저히 좋다고 하지는 못하겠지만, 그 문장만 따로 놓고 본다면 진정 심흑의 대가다운 말임은 틀림이 없다.

그러나 심흑이 반드시 이처럼 부정적인 것만은 아니다. 가령 전쟁을 수행할 때, 쏟아지는 총탄 앞에서 "돌격 앞으로!"를 외치는 장교는 어떤가? 이 역시 '심흑'의 사례다. 부하들에게 목숨을 버리라고 명령하는 것과 같지만 마음이 약해서 그렇게 하지 못한다면 전쟁의 결과는 뻔하다. 경쟁력이 떨어져 적자를 보는 사업에서 철수하는 경영자도 마찬가지이다. 다른 대안이 없는 상황에서, 경영자가 마음이 약해 몇몇 직원들을 위해 계속 적자 보는 사업을 포기하지 않는다면 결국 회사 전체가 문을 닫고 더 많은 직원이 직업을 잃을 수도 있을 것이다. 대의를 위한 이런 결단력 역시 심흑의 결과이다.

그뿐만 아니다. 심흑은 무궁무진하고 변화무쌍한 전략적 아이디어를 창출하는 능력과도 관련이 있다. 여기서는 속이 검다는 것이 음흉하다는 단순한 차원의 의미가 아니다. 남들이 생각하지 못하는 아이디어를 생각해 낼 수 있음을 의미한다. 즉 일반인들의 범위를 벗어나는 혹은 일정한 패턴이 없는, 그래서 경쟁자들이 도저히 예측할 수 없는 경지에서 전략적 수數가 무궁무진한 상태를 의미한다.

# Chapter 2
# 면후面厚, 부동심과 인내심

어렸을 때는 누구나 친구들과 재미 삼아 눈싸움을 하곤 한다. 눈을 똑바로 뜨고 서로 노려본다. 먼저 눈을 깜박이면 지기 때문에 기를 쓰고 버틴다. 그런데 이 시시한 게임에 공통점이 있다. 항상 지는 사람은 웃고, 이기는 사람은 무표정하다는 것이다.

동물들에게도 이 눈싸움과 비슷한 싸움이 있다. 동물들은 앞뒤 안 가리고 물어뜯고 싸울 것 같지만 늘 그런 것은 아니다. 그들도 서로 피 흘리며 싸우지 않는 대신, 오랫동안 대치하면서 지구전을 펼칠 때가 많다. 지구전에서 승리하려면 사람의 눈싸움과 마찬가지로 경쟁자보다 1초라도 더 버텨야 한다. 그러나 아무리 시간이 남아도는 한가한 동물들이라 할지라도 경쟁자와 서로 째려보면서 평생을 보낼 수는 없을 것이다. 상대를 먼저 포기시키는 것이 유일한 승리의 길인데, 이를 위해서는 절대 자신이 포기하려는 눈치를 먼저 보여서는 안 된다. 기껏 상대가 포기하려고 마음을 먹었는데 자신이 얼굴을 찡그리거나, 수염을 움찔거려 포기하려는 눈치를 보이면, 상대는 '조금만 더 버텨보자'라는 생각이 들게 될 것이다. 이렇게 되면 이 지구전은 자신에게 불리하게 전개된다. 이런 이유로 자연적인 선택은 자신의 속마음을 표출하는 행위에 대해서는 불리한 피드백을 주게 되었다. 그로 인해, 동물들은 무표정한 얼굴을 가지는 쪽으로 진화하게 되었다. TV 프로그램인 〈동물의 왕국〉을 주의 깊게 보라. 대부분의 동물들은 얼굴에 표정이 없다. 이것이 다 진화의 산물인 것이다.

사람들도 마찬가지이다. '포커페이스'라는 말이 있다. 포커 게임을 할 때, 자신의 속마음이 읽히지 않기 위해서 어떤 경우에도 무표정한 얼굴을 유지한다는 의미다. 때로는 거짓 표정을 짓는 것을 포커페이스라고 하기도 하는데 이는 잘못된 것이다. 거짓 표정으로 상대를 한두 번 속일 수는 있지만, 이것이 반복되면 그 패턴 역시 상대에게 읽히고 만다. 그래서 거짓된 표정보다는 아무 표정도 짓지 않는 것이 훨씬 우세한 전략이 된다.

이처럼 유능한 전략가가 되기 위해서는 가장 기본적으로 얼굴을 두껍게 해야 한다. 즉 면후를 먼저 갖춰야 한다. 이는 손자孫子가 말한 "방어의 형形을 먼저 갖춰야 한다"는 것과 맥을 같이 한다. 얼굴을 두껍게 한다는 것은 다른 말로 표현하면, '흔들리지 않는 부동심과 끈질긴 인내'라 할 수 있다. 뜨거운 감정의 열기 속에서 차가운 이성을 유지하여 현실을 정확히 판단하고, 기회가 올 때까지 어려운 상황을 참고 견뎌낼 수 있는 역량이 합쳐져야 면후를 이룰 수 있다는 말이다.

이는 동서고금을 막론하고 어떤 전략가에게서든 볼 수 있는 공통적이면서 매우 중요한, 그리고 아주 기본적인 특성이다.

## 흔들리지 않는 부동심과 끈질긴 인내심

부동심이란 말 그대로 흔들리지 않는 마음이다. 이는 일종의 심리적 균형추다. 평범한 사람들은 치열한 경쟁 상황에서 감정이 격해지기 마련이다. 상황이 상황이니만큼 뇌 속에서 각종 호르몬이 과다 분비되어 쉽게 흥분상태가 된다. 누구나 그런 경험을 한 적이 있을 것이다. 낯선 사람과 사소한 말다툼을 할 때, 관공서나 레스토랑 등 서비스 기관에서 부당한 대우를 당했을 때 자기도 모르게 흥분상태가 된다. 이렇게 흥분을 유발하는 상황에서 사람들의 심리적 약점을 잡아주는 균형추가 바로 부동심이다.

부동심과 관련해서는 오래된 일화가 있다. 『장자莊子』의 달생편達生篇에 나오는 이야기인데, 기원전 8세기 중국 주나라의 선왕은 계투鷄鬪, 즉 닭싸움을 매우 좋아했다. 이 나라에는 싸움닭을 전문으로 훈련시키는 기성자라는 명인이 있었는데, 어느 날 닭 한 마리를 최고의 수준으로 훈련시키라는 왕의 지시를 받았다. 닭을 훈련시킨 지 열흘이 지나자 궁금해진 왕이 물었다. "이제 싸움에 내보내도 지지 않겠는가?" 기성자가 대답했다. "아직 멀었습니다. 지금은 저돌적으로 살기를 드러내며 끊임없이 싸울 상대를 찾고 있습니다." 왕은 의아하게 생각했다. 싸움을 할 준비가 되었다는 것처럼 들리기 때문이었다. 다시 열흘이 지난 뒤, 왕이 찾아가 물었다. 여전히 기성자는 "아직 멀었습니다. 다른 닭의 울음소리를 듣거나 그림자만 봐도 덮치려고 난리를 칩니다." 왕은 이번에도 의아했지만 기성자가 그 방면에는 명인인 만큼 믿고 기다리기로 했다. 또다시 열흘이 지났다. 기성자는 "아직 훈련이 조금 부족합니다. 여전히 다른 닭을 노려보거나 지지 않으려고 합니다." 그리고 또 열흘이 지나자 이번에는 기성자가 왕을 찾아가 말하기를 "대왕이시여, 오래 기다리셨습니다. 이제 소신이 맡은 닭을 훌륭한 전사로 훈련시켰습니다. 상대 닭이 아무리 소리치며 덤벼들 기세를 보여도 조금도 동요하지 않는 수준으로 발전하였습니다. 흡사 나무로 깎아 만든 목계木鷄와도 같습니다. 이는 덕이 충만하다는 증거로 그의 모습만 봐도 다른 닭들이 싸울 엄두를 내지 못할 것입니다."라고 하였다. 이 말에 왕은 크게 기뻐하며 "병법에도 싸우지 않고 이기는 것이 최상책이라 하였다. 그대를 나의 스승으로 모시리라."라고 했다. 여기서 말하는 목계의 마음, 즉 '목계지덕木鷄之德'이 바로 전략가가 갖춰야 할 흔들리지 않는 부동심을 말한다. 어떤 적 앞에서도, 어떤 위협적인 상황에서도, 또 어떤 급박한 상황에서도 마치 나무로 깎아 만들어 감정이 없는 사람처럼 흔들리지 않는 부동심이 있어야만 정확한 판단을 할 수 있고 또 자신이 준비한 대로 실행할 수 있기 때문이다.

『전쟁론』의 저자 클라우제비츠도 "냉철함은 예측 불가능의 영역인 전쟁에서 커다란 역할을 한다. 냉철함이야말로 예측 불가능성을 처리하는 극대화된 능력이다."라고 하여 전쟁과 같은 극단적 경쟁 환경에서 냉철함의 중요성을 역설하였다. 나폴레옹 역시, "최고 사령관의 으뜸 자질은 냉철한 두뇌를 지니는 것으로써 그 두뇌는 사물에 대한 인상을 정확하게 수용하고, 절대 격분하지 않으며, 좋거나 나쁜 소식에도 현혹되거나 도취되지 않는다."라고 하였다. 이 두 천재 전략가가 주장하는 바는 전략가는 긴장이 연속되는 경쟁 상황에서도 흔들리지 않는 부동심을 유지할 때 모든 외부 환경으로부터 초탈하여 전체 그림을 투명하게 바라볼 수 있다는 것이다.

면후의 다른 요소는 끈질긴 인내심이다. 흔들리지 않는 것만으로는 충분치 않다. 끈기 있게 참고 기다리는 것도 면후의 덕목이다. 이러한 인내심은 성급함으로 인해 어리석은 실수를 저지르는 것을 막아준다. 냉철함과 마찬가지로 인내 역시 하나의 기술이다. 저절로 생기는 것이 아니라 노력해서 익혀야 한다. 이러한 끈질긴 인내는 나에게 시간이 무한하다는 느낌을 가지는 데서부터 시작해야 한다. 천천히 시간을 두고 미래에 중요한 몇 가지 핵심요소만 잘 관리하면, 세상은 다시 나에게 유리하게 변하게 되어 있다고 믿어야 한다. 이러한 강한 신념이 없다면 끈기 있게 참는 것이 어려워진다. 그럼 성급해지게 되고, 그러한 성급함은 나약한 인간이라는 인상을 만들어낸다. 그것은 전략가에게 치명적인 장애물이다.

측천무후則天武后가 중국 역사상 최초로 여황제가 되었던 시절, 서슬 퍼런 권력자인 그녀가 아끼던 신하 중에 누사덕이란 사람이 있었다.

하루는 그의 아우가 대주자사라는 벼슬자리에 임명되었다. 동생이 부임지로 출발하기 전에 누사덕은 그를 불러 이렇게 물었다. "너와 내가 황제의 총애를 받아 다 같이 출세하니 주위의 시기와 음해가 있을 것이 불을 보듯 뻔하다. 그렇다면 그런 시기와 시샘, 그리고 음해를 피하기 위해서 어떻게 처신하면 된다고 생각하느냐?" 그러자 아우가 이렇게 답했다. "비록 남이 제 얼굴에 침을 뱉더라도 결코 기분 나빠하거나 화내지 않고 잠자코 닦아내겠습니다. 매사 이런 식으로 사람들을 응대해 결코 형님에게 걱정이나 누를 끼치지 않도록 하겠습니다."

하지만 아우의 이런 대답을 듣고 누사덕은 안심하기는커녕 더욱 걱정스러운 얼굴로 말했다. "내가 염려하던 바가 바로 그것이다. 만약 어떤 사람이 네게 침을 뱉는다면 그것은 네게 뭔가 단단히 화가 났기 때문일 것이다. 그런데 네가 바로 그 자리에서 아무 말 없이 침을 닦아버린다면 그것이 되레 상대의 기분을 거스르게 되어 그는 틀림없이 더 크게 화를 내게 될 것이다. 사실 침 같은 것은 닦지 않아도 그냥 두면 자연히 마르게 되는 것이니, 그런 때는 침을 닦아낼 것이 아니라 그냥 마르도록 참는 것이 상책이다." 이것을 사자성어로 '타면자건唾面自乾'이라 한다. 누군가 다짜고짜 자신의 얼굴에 침을 뱉었을 때조차도 부동심을 유지하는 것은 물론이고, 더 나아가 상대를 자극하지 않기 위해서 얼굴에 흐르는 침이 마를 때까지 인내하며 기다릴 수 있다면 면후의 최고 수준에 이르렀다 할 수 있다.

이렇듯 유능한 전략가들은 표정뿐만 아니라 내면의 감정을 통제할 수 있어야 한다. 쉽게 분노하거나 즐거워하는 것은 전략적으로 비생산적이다. 상황을 냉철하게 보고 끈기 있게 참아내지 못한다면 급변하는 상황을 통제할 수도, 대응할 수도 없기 때문이다.

## 자극과 반응 사이에 면후가 있다

부동심과 인내심으로 이루어진 면후는 치열한 전쟁이나 정치와 같은 대결경쟁에서만 활용되는 것이 아니다. 오히려 인간이 가장 고통스런 시기에 처했을 때 더욱 큰 위력을 발휘한다. 2차 세계대전 시 아우슈비츠 수용소로 끌려가 인간이 겪을 수 있는 가장 고통스런 시기를 보냈던 빅터 프랭클의 사례를 통해 그런 경우를 볼 수 있다. 그는 함께 갔던 부모, 아내, 형제, 친구들이 모두 죽고 혼자 생존하여 돌아와 『죽음의 수용소에서』라는 책을 썼다. 이 책에서 그는 "인간에게서 모든 것을 빼앗아갈 수 있어도 단 한 가지, 마지막 남은 인간의 자유는 주어진 환경에서 자신의 태도를 결정하고, 자기 자신의 길을 선택할 수 있는 자유"라고 했다. 그리고 그 말대로 실천하여 살아남았다. 실제로 극악무도한 나치들이 유태인들에게 음식은커녕 물도 하루에 한 컵밖에 주지 않았을 때도 빅터 프랭클은 절반은 마시고 절반은 세수와 면도를 위해 썼다고 한다. 목이 아무리 말라도 인간답게 살기 위해 세수와 면도를 부지런히 했다. 깨진 유리로 면도를 하다 보니 베이기도 했지만 어쨌든 그 덕에 다른 유태인보다 더 생기 있게 보여 마지막까지 가스실에 들어가지 않았다.

후에 빅터 프랭클의 이야기에 감동을 받은 스티븐 코비는 그의 책 『성공하는 사람들의 일곱 가지 습관』에서 "자극과 반응 사이에 선택의 공간이 있다."라는 유명한 말을 했다. 아우슈비츠와 같은 죽음의 수용소에서 주어진 온갖 고통스런 자극에 대해서도 동물처럼 수동적으로 반응하는 것이 아니라, 인간에게는 다르게 반응할 수 있는 선택 권한이 있고 그것은 누구도 앗아갈 수 없는 권한이다. 바로 이렇게 자극과 반응 사이 여러 개의 선택안을 가지고 있고 그것을 상황이 강요해서가 아니라 자신의 의지에 따라 적절히 선택할 수 있는 역량 또한 면후의 부동심이다.

베트남 전쟁 당시에도 비슷한 사례가 있다. 베트남군에 포로로 잡혀 8년간이나 학대와 고문, 죽음에 대한 공포, 가족에 대한 그리움, 그리고 지독한 습기와 해충에 시달리며 포로수용소 생활을 한 미국의 짐 스톡데일 장군은 그야말로 살아 있는 사례다. 그는 지옥과 같은 포로수용소에서 살아남지 못한 사람들은 비현실적인 낙관주의자들이라고 지적한다.

> 그러니까 '크리스마스 때까지는 나갈 거야.' 하고 말하던 사람들 말입니다. 그러다가 크리스마스가 그냥 지나갑니다. 그러면 그들은 '부활절까지는 나갈 거야.' 하고 기대합니다. 그러나 부활절도 그냥 지나가죠. 다음에는 추수감사절, 그리고 다시 크리스마

스를 고대합니다. 그러다가 상심해서 죽게 되죠.[30]

그러나 냉정한 현실주의자들은 끝까지 살아남았다. 그들은 '이번 크리스마스에는 나가지 못할 거야. 하지만 나는 언젠가는 반드시 집으로 돌아갈 거야. 그러기 위해 반드시 살아 있어야만 해.'라고 생각하는 사람들이다.

베트남 포로수용소에서 스톡데일 장군이 몸소 증명한 것은 가장 고통스러운 시기에도 결국에는 성공할 것이라는 강한 신념을 가지면서 동시에 그것이 무엇이든 눈앞에 닥친 현실의 고난 속에서 흔들리지 않는 부동심, 그리고 때가 오기를 참고 기다리는 끈질긴 인내심을 갖춘 자들만이 살아남을 수 있었다는 것이다. 전략가에게 요구되는 면후도 바로 이러한 정신적 역량, 즉 어떤 고난에도 쉽게 흔들리지 않으면서 끈질기게 버티고 또 버틸 수 있는 역량이다.

## 면후의 적, 자만과 예고

이러한 면후를 방해하는 장애물은 바로 전문가적 자만이다. 전쟁의 신 나폴레옹은 전문가적 자만으로 인해 무모하게 모스크바 진격을 감행해 나락의 길로 들어섰다.

---

[30] 짐 콜린스, 『좋은 기업을 넘어 위대한 기업으로』, 김영사

1811년 여름, 나폴레옹은 동맹 조약을 지키지 않는 러시아에게 본 때를 보여줘야겠다고 다짐한다. 수하의 많은 장군들이 넓고 광활한 러시아를 침공하는 데 따른 위험을 경고했다. 그러나 수많은 전쟁을 통해 단련된 전략가로서 나폴레옹은 확고한 자신감에 가득 차 있었다. 정보에 따르면 러시아 군대는 오합지졸이었고 장교들은 서로 권력 싸움에 빠져 있었다. 나폴레옹의 정예 부대와 맞붙게 되면 괴멸은 시간 문제였다. 이 모든 것이 사실이었지만 나폴레옹의 러시아 원정은 역사적 기록을 통해 알 수 있듯이 그야말로 치명적 결과를 낳았다. 오합지졸인 러시아 군대는 나폴레옹 군대와 싸울 생각은 하지 않고 계속해서 동쪽으로 후퇴만 했다. 후퇴하면서 지나가는 도시와 마을들을 철저히 파괴하였다. 마치 나폴레옹에게 러시아의 한 뼘이라도 넘겨주느니 내 손으로 파괴하고야 말겠다는 듯이 말이다. 나폴레옹 부대는 유령 같은 러시아 군대를 쫓아 황폐화된 도시와 마을을 따라 행군하느라 전투를 벌이기도 전에 이미 지치고 말았다.

그래도 나폴레옹은 러시아의 황제가 머물고 있는 모스크바를 공격하면 상황이 달라질 것이라고 믿었다. 모스크바는 러시아의 수도이자 심장이며 영혼과 같은 도시다. 차르(러시아 군주의 정식 명칭)가 그곳에 있는 한, 아무리 무지렁이들로 만들어진 오합지졸의 러시아 군대라도 목숨을 걸고 싸울 것이라고 믿었다. 나폴레옹이 치렀던 수많은 전쟁에서 적군들이 그렇게 대응했었기 때문에 전쟁 전문가로 볼 때, 러시아도 당연히 그럴 것이라고 확신했던 것이다. 그러나 러시아는 다르게 대응했다. 자신의 심장이자 영혼의 상징인 모스크바마저도 철저히 파괴하고 후퇴하였다. 러시아군은 후퇴하면서 약탈할 식량도 재산도 없는, 불에 탄 도시와 들판만 남겨 놓았다. 나폴레옹 군대가 신속한 이동을 위해 개인 식량을 제외한 대부분의 식량은 약탈을 통해 조달한다는 것을 그들은 이미 알고 있었던 것이다.

이 전쟁에서 45만 명의 나폴레옹 주력군 중 살아서 집으로 돌아간 사람은 2만 5천여 명 정도라고 한다. 나머지 병사들은 러시아군과의 전투에서 희생당했을까? 아니다. 길고도 긴 행군, 굶주림, 질병 그리고 러시아의 혹독한 겨울에 당했던 것이다. 연전연승으로 전쟁의 신이라는 반열에 오른 나폴레옹도 한순간의 전문가적 자만으로 인해, 자신이 그렇게 강조했던 면후의 냉철한 부동심과 끈질긴 인내심이 약해지면서 이런 치명적인 실수를 한 것이다. 수많은 전쟁을 치르고 수많은 승리를 하다 보니 나폴레옹도 전략가에서 전문가로 변한 것이다. 이후 나폴레옹은 몇 차례 힘겨운 시도를 했지만 결국 다시 전략가의 반열로 돌아오지 못했다.

전문가적 자만이 이러한 결과를 낳게 되는 것은 전략적인 판단이 필요한 상황에서 전문가적 판단을 사용하기 때문이다. 다시 말해, 자신이 처한 상황이 과거와 판이하게 다른 상황임에도 스스로는 현재 처한 상황이 익숙해 보인다고 생각하여 과거의 경험과 현재 상황 간의 차이를 놓치게 되는 것이다. 전문가들은 '자신이 익숙한 상황'에서 거의 본능적으로 올바르고 한 치의 실수도 없이 정확하게 일할 수 있는 사람들이다. 하지만 앞서 설명한 것처럼 전략가들은 매번 다르고 새로운 상황에서 당시의 TPO에 맞는 올바른 답을 찾아내는 사람들이다. 자신의 과거 경험을 통한 전문성에 의존하는 대신, 전략가에게 필요한 것은 모든 상황을 객관적이고 냉철하게 판단하여 사태의 본질을 밝히고 그에 맞는 해결책을 제시할 수 있는 역량이다.

그러나 전문가적 판단에 의존하게 되면 마치 최면에 걸린 것처럼 모든 것이 제대로 풀리고 있다고 느끼게 된다. 익숙한 상황에서 언제나처럼 숙련된 방식으로 생각하고 판단했다고 느껴지기 때문에 모든 것이 술술 흘러간다는 느낌이 든다. 그러다 보니 전문가적 자만을 그대로 방치하게 되고, 결국 과도한 에고$_{ego}$로 발전된다. 여기서 말하는 에고에 대한 실질적인 정의는 '개인적인 확신, 자신감 또는 자기 인식'이 아니다. 에고는 흔히 확신으로 위장하지만 한 껍질만 벗기고 보면 그것이 타인에 대한 우월감임을 간파할 수 있다. 에고가 있으면 특정 분야에서 모든 것을 그 어느 누구보다 많이, 그리고 정확히 안다고 생각하기 때문에 항상 자신만이 옳다는 착각에 빠진다.

에고는 자신에 대한 과도한 확신으로 상황을 냉철하게 볼 수 없게 한다. 즉 부동심을 불가능하게 한다. 또 상황을 잘못 판단하면 인내하지 않게 된다. 자신은 이미 익숙한 상황에 있다고 생각하기 때문에 참고 기다리지 않고 바로 행동으로 옮기게 된다. 특히 큰 성과를 창출했거나 조직에서 높은 지위에 오를수록 전문가적 자만과 에고는 자신도 모르게 자신을 마비시킬 수 있음을 깨달아야 한다. 나폴레옹의 사례만 보더라도 황제가 되기 전까지는 천재 전략가였던 그가 황제가 된 후, 점차적으로 에고에 갇혀 마침내 부동심과 인내심이 약해졌음을 알 수 있다.

반면, 나폴레옹과 같은 정복자였지만 칭기즈칸은 달랐다. 그는 유독 면후에 대해 많이 강조했다. 특히 자만심과 분노를 극복하는 것을 중요시해 다음과 같이 말했다. "자만심을 누르는 것은 들의 사자를 제압하는 것보다도 어려우며 분노를 이기는 것은 가장 힘센 씨름꾼을 이기는 것보다 어렵다." 또한 "이러한 자만심을 삼키지 못하면 남을 지도할 수 없다. 절대 자신이 가장 강하거나 똑똑하다고 생각하지 마라."라고 항상 자신은 물론, 자식과 부하들에게 주의를 주었다. "나는 나를 넘어서는 순간, 칸Khan이 될 수 있었다."라는 말을 통해 알 수 있듯이, 능력과 지위가 주는 에고를 극복했을 때 칭기즈칸은 단지 몽골을 통일한 훌륭한 존재the goodness에서 전 세계를 정복하고 200년 넘게 통치한 진실로 '위대한 존재the greatness'가 될 수 있었던 것이다.

## 어떻게 면후를 키울 것인가

자, 빅터 프랭클이나 스톡데일, 칭기즈칸은 어차피 비범하고 위대한 인물들이니까 그렇다 치자. 그렇다면 보통 사람들은 어떻게 해야 자만과 에고 등을 극복하고 부동심과 인내심으로 무장한 면후를 키울 수 있을까?

첫 번째 단계는 자신의 삶에서 면후가 얼마나 필요한 것인지를 스스로 깨닫는 것이다. 면후가 뛰어났던 역사적 인물들은 곤경과 시행착오를 통해 면후의 필요성을 절감했다. 그들에게는 면후라는 자질을 스스로 계발하지 않으면 몰락할 수밖에 없었던 상황이 지속되었기 때문에 스스로 노력하여 면후의 유전자를 몸 안에 배양한 것이다. 평범한 일상을 살아가는 우리는 역사 속의 인물들처럼 늘 그런 긴장된 상황에 놓여있는 것은 아니기 때문에 면후의 필요성을 절실하게 느끼지 못한다. 하지만 평범한 사람에게도 면후가 필요할 때가 많다. 사소하게는 가정에서 부부 싸움을 할 때부터, 크게는 사업 실패나 이혼 등으로 곤경에 처했을 때까지 삶의 많은 국면에서 면후가 필요하다. 유명한 러시아 시인 푸쉬킨의 시구가 떠오른다. "삶이 그대를 속일지라도, 슬퍼하거나 노여워 말라." 삶이 어렵고 고달파도 흔들리지 않는 부동심으로 현실을 직시하고 인내를 가지고 고통스런 날들을 기꺼이 견뎌내는 것, 그것이 바로 평범한 사람들의 면후다.

면후가 일상에서도 요긴한 전략적 유전자임을 깨달았다면 다음은 면후를 어떻게 훈련해야 할까에 대해 고민해야 한다. 네 가지 실천 방법을 살펴보자.

1. 제로베이스로 사고하라
2. 타인에 대한 의존도를 낮추어라
3. 갈등 상황을 피하지 마라
4. 몰입할 수 있는 습관을 키워라

평범한 사람들이 할 수 있는 가장 기본적이면서도 중요한 연습은 바로 '제로베이스 사고'를 익히는 것이다. 직장에 다니는 독자들은 한 번쯤 워크숍에 가서 브레인스토밍을 통해 아이디어를 모을 때 들어봤을 것이다. 자신이 가진 고정관념이나 선입견을 배제하고 그야말로 무無의 관점에서 생각할 수 있는 기술을 말한다. 보다 혁신적이고 창의적인 아이디어를 생각해내기 위해 활용할 수 있는 방법이다.

제로베이스 사고를 위해 현실에서 가장 손쉽게 활용할 수 있는 첫 번째 기술은 바로 '판단의 유보'다. 고정관념이나 선입견이 판단에 영향을 미치기 때문에 일단 판단을 잠깐 미루는 것이다. 이것을 습관처럼 길러야 한다. 새옹지마塞翁之馬라는 유명한 사자성어에서 알 수 있듯이 이것이 나에게 좋은 일인지 나쁜 일인지는 지금 당장 알 수 없기 때문이다. 직면하고 있는 상황에 대해 성급하게 판단하는 것은 면후의 핵심인 부동심과 인내심의 실천을 어렵게 만든다. 물론 감정을 있는 그대로 표출하면 순간적인 만족을 느낀다. 그러나 대개는 그 후에 훨씬 더 큰 대가를 치러야 한다. 누구나 한두 번쯤은 그런 경험을 했을 것이다. 그러므로 판단을 유보하는 것은 매우 중요하다.

우리나라 사람들은 흔히 다혈질多血質을 멋있다고 생각하는 경향이 있다. 사전에는 이렇게 설명되어 있다. '감정의 움직임이 빨라서 자극에 민감하고 곧 흥분되나 오래가지 아니하며, 성급하고 인내력이 부족한 기질.' 너무나 인간적이고 실수투성이라 마음이 끌릴 수는 있다. 요즘 영화에서도 멋있는 주인공들은 이런 좌충우돌의 다혈질들이다. 하지만 다혈질이야말로 성마른 동심動心이다. 그래서 매사를 감정적으로 판단하며 상황에 대한 통제력을 상실하게 되고 상황에 적절히 대응할 수도 없게 된다. 영화에서나 이런 유형의 사람들이 승리하지, 현실에서는 어림도 없다. 전쟁이나 기업과 같은 거창한 사례를 들 필요도 없다. 이웃집과 사소한 말다툼이 벌어졌을 때에도 마찬가지다.

제로베이스를 위한 두 번째 기술은 '자기 자신의 객관화'이다. 이는 현재와 거리를 두면서 과거와 미래에 대해 객관적으로 생각하는 것이다. 다소 어려운 표현인데, 쉽게 설명하면 이렇다. 이웃집 아줌마와 다툴 때, 주관적인 관점에서 아줌마의 말을 들으면 들을수록 화가 슬슬 치밀어 오를 것이다. 그러나 내가 당사자가 아니라 제3자— 이를테면 경비아저씨 —라고 생각하면서 이야기를 들으면 객관적인 관점을 확보할 수 있다. 이러한 자기객관화를 유지하려면 많은 사람들의 의견을 들으려고 노력해야 한다. 시간이 허락하는 한도 내에서 타인, 그 중에서도 당면한 사안과 이해관계가 없는 사람들의 솔직 담백한 의견들을 많이 들어야 한다. 그러므로 자기 자신의 객관화는 책상에 앉아 머리로만 하는 사고가 아니라 발로 뛰면서 몸으로 하는 사고라고 할 수 있다. 이것은 꾸준히 연습해야 한다.

면후를 위한 두 번째 방법은 타인에 대한 일방적인 의존도를 줄이고 스스로에 대한 의존도를 높이는 것이다. 타인에게 일방적으로 의존하고 있다는 느낌은 최악의 감정이다. 의존은 온갖 감정에 취약하게 만들어 심적 균형 상태를 위협할 수 있다. 인간관계에서도 그렇다. 도움을 받겠다고 생각하는 순간부터 관계의 노예가 된다. 대신 내가 도와줄 수 있다고 생각하면 타인에 대한 의존도는 낮아진다. 특히 직장에 다니는 경우에는 이 관점이 더욱 중요하다. 나는 그것을 '조직 의존도'라고 표현한다. 직장에서 자신의 경쟁력이 얼마나 높은가에 대해 많은 사람들이 궁금해 할 것이다. 그것을 측정하기 위해 동료와 비교하고 윗사람들의 평가 등을 신경 쓸 텐데, 그럴 필요 없다. 아주 단순한 한 가지, 조직 의존도가 얼마나 되는지를 보면 된다. 조직에 대한 나의 의존도는 낮고 나에 대한 조직의 의존도가 높으면 나는 경쟁력 있는 사람이다. 그러나 그 반대라면 동료들 사이에서 가장 뛰어나건, 상사들로부터 평가가 좋건 간에 경쟁력이 약한 것이다. 언제라도 조직이 필요 없다고 하면 스스로 살아갈 길이 없기 때문이다. 그러므로 타인에게 일방적으로 의존하지 않고 상호 의존하거나 자기 자신에게 의존하는 것은 면후를 위해 매우 중요한 일이다. 그래야만 타인에 의해 흔들리지 않고(부동심) 자신의 신념대로 묵묵히 길을 걸어갈 수 있기(인내심) 때문이다.

　타인에게 흔들리지 않는다는 것이 타인의 의견을 무시하라는 것은 아니다. 제로베이스 사고를 할 때 타인의 의견을 객관적인 관점에서 들어야 한다고 하지 않았던가. 타인에게 의존하면 객관적인 관점에서 들을 수 없다. 의존도가 높으면 높을수록 타인의 관점에 압도당할 수밖에 없다. 조직이나 타인에 대한 의존도를 낮추기 위해서는 체계적이고 치밀한 준비가 필요하다. 마음속으로만 '난 도움 따위는 필요 없어.'라고 한들 소용이 없다. 자신만의 탄탄한 필살기를 갈고닦는 사람만이 조직이나 타인에 대한 의존도를 낮출 수 있다. 조직 의존도를 낮춘다는 것은 조직을 배신한다는 의미가 아니다. 조직조차도 조직 의존도가 낮은 인재를 더 선호한다. 왜냐하면 조직 의존도가 낮은 사람들이야말로 경쟁력이 높은 사람들이기 때문이다. 스스로 조직 의존도가 어느 정도인지 평가해보려면 다음 질문에 답변을 해 보라.

현재 자신이 가지고 있는 능력으로 현 조직을 떠나서도 살아갈 수 있는가?

조직 의존도가 높은 경우는 현 직장을 떠나면 앞날이 막막한 사람이다. 조직 의존도가 낮은 경우는 다른 직장으로 쉽게 옮길 수 있는 사람, 즉 자신의 전문적 필살기가 있어 경쟁 기업이 탐내는 인재들이다. 또 조직 의존도가 더 낮은 사람은 다른 직장으로 갈 필요도 없이 조직을 떠나 혼자서도 가치를 창출할 수 있는 사람이다. 즉 자신이 가진 역량(스킬, 지식, 네트워크)을 활용해 가치를 창출하고, 그로 인해 적절한 수입이 창출될 수 있을 정도가 되면 조직 의존도는 매우 낮다고 할 수 있다.

세 번째는 갈등 상황에 스스로를 노출시켜 꾸준히 경험을 쌓는 것이다. 오해는 하지 마시라. 일부러 갈등 상황을 조장하라는 의미는 아니다. 직장에서나 가정에서나 삶의 모든 국면에서 갈등은 언제나 생긴다. 이런 상황에서 우리는 대개 두 가지 중 하나의 방법으로 대응한다. 감정적으로 대응하거나 아니면 회피하는 것이다. 그러나 이제부터 갈등 상황이 생겼을 때 당연히 감정적 대응은 지양해야 한다. 회피하는 것도 마찬가지다. 대신 당당하게 갈등 상황 속으로 들어가야 한다. 쉬운 예로 직장에서 옆자리 동료와 사소한 일로 갈등이 생길 수 있다. 동료는 늘 윗사람에게 생색나는 일만 하려고 하고 티가 잘 나지 않는 궂은 일은 언제나 여러분에게 미루는 얄미운 존재일 수도 있다. 여러분은 동료에게 신경질적으로 대하면서 싸우거나, 아니면 '내가 참고 말지' 하면서 피할 수도 있다. 지금까지 그랬다면 이제부터는 면후를 가지고 갈등 속으로 다시 들어가라는 것이다. 판단을 유보하고 자신을 객관화하면서 동료와 이 문제에 대해 대화를 나눌 수 있을 것이다. 물론, 그렇게 한다고 해서 언제나 여러분이 원하는 방향으로 갈등이 해결되지 않을 수 있다. 하지만 시행착오를 겪더라도 그것이 치명적인 것만 아니라면 −갈등 상황에 의도적으로 스스로를 노출하면 부동심과 인내심을 단련하는 데 많은 효과를 볼 수 있다. 갈등 상황이 유발하는 두려움이나 분노 등 부정적 감정에 당당히 맞서는 편이 이들을 애써 무시하거나 억누르는 것보다 낫다는 것을 경험할 수 있기 때문이다. 두려운 대상보다는 오히려 두려움 그 자체가 더 두려운 존재라는 말이 있다. 두려움은 발생하지 않은 미지의 것을 먹이 삼아 무성하게 자라나 결국 이성을 마비시킨다. 부동심과 인내심을 어렵게 만드는 것이다. 두려움에 맞서야만 하는 상황에 의도적으로 자신을 노출시키면 두려움에 익숙해지고 불안감은 무뎌질 것이다. 분노, 좌절도 마찬가지다. 다시 말해 두려워서 피하고 싶은 대상에 맞설수록 부동심과 인내심이 더욱 단련된다.

마지막으로 면후를 기를 수 있는 방법으로는, 갑자기 들이닥치는 심리적 공황에서 벗어나기 위해 몰입할 수 있는 단순한 습관을 한 가지 정도 가지면 좋다. 주변에서 벌어지는 상황에 두려움이나 분노를 느끼기 시작하면 상상력이 그 감정을 더욱 중폭시키게 된다. 이때 비교적 간단한 일, 이를테면 마음을 진정시키는 의식, 손에 익은 반복적인 일에 정신을 집중하면 평상심을 되찾을 가능성이 높아진다. 내 경우에는 동네에 작은 생태공원들이 많아 무조건 산책을 한다. 한 시간쯤 걷다 보면 감정은 가라앉고 어떻게 하는 게 최선인지 해결책이 대강 정리된다. 회사에서 곤란한 일이 발생했을 경우, 근처를 산책하는 것은 어렵지 않을 것이다.

어떤 일에 몰입해 있을 경우, 정신은 과도한 상상력이나 불안감이 들어설 여지를 주지 않는다. 세계적 심리학자인 미하이 칙센트미하이는 이러한 몰입 상태를 "어떤 일에 집중하여 내가 나임을 잊어버릴 수 있는 심리적 상태"라고 정의하였다. 인간은 긴급하게 해야 할 일이 없으면 염려와 근심, 실패와 미완성, 욕구 불만에 신경을 쓰기 마련이다. 그러나 몰입 상태에서는 이런 생각이 들어설 여지가 없다. 어떤 종류든 두려움이나 분노의 징후가 보이면 쉽게 몰입할 수 있는 사소한 일들을 습관이 되도록 연습해두는 것이 면후를 키우는 데 큰 도움이 된다.

| 면후(面厚) ||| 
|---|---|---|
| 개념<br>비중 | 냉철한<br>**부동심** | 끈질긴<br>**인내심** |
| 연습<br>방법 | 제로베이스 사고<br>(판단유보/ 자기 객관화) ||
| | 타인 의존도 줄이기 ||
| | 갈등 연습 | 몰입 습관 |

# Chapter 3
# 심흑心黑, 결단력과 비정형

엄마 새가 부지런히 먹이를 실어 나르면 둥지에서는 귀여운 아기 새들이 먹이를 달라고 짹짹거린다. 엄마 새는 잡아온 벌레를 아기들에게 사이좋게 나눠 준다. 이는 TV에서 가끔 볼 수 있는 장면이다. 이 장면을 보면서 '자연계에 존재하는 따뜻한 모성을 볼 수 있어 참 보기 좋다.'라고 생각했다면 정말, 크게 착각한 것이다.

엄마 새에게서 먹이를 받아먹기 위해 아기 새들이 얼마나 치열하게 전략을 펼치는지 알게 되면 환상은 싹 사라진다. 통상 어미는 각각의 새끼가 얼마나 배가 고픈지 알리는 신호를 기준으로 먹이를 분배한다. 이때 새끼들은 정직하게 자신의 허기진 상태를 알리려 들지 않는다. 새끼가 터무니없는 거짓 행동을 하면 어미가 알아차릴 수 있겠으나 정도가 약한 거짓말을 탐지하기는 매우 어려운 일이다. 자신의 생존 가능성을 높이기 위해 새끼들은 어미를 속일 기회를 놓치지 않는다. 그들은 실제 이상으로 배고픈 척하거나 과도하게 어리광을 부리거나 실제 이상의 위험에 처한 것처럼 보이려고 한다.

모든 새끼가 자신이 제일 배가 고프다고 매우 큰소리를 질러가며 속이려 할 것이고 결과적으로 가장 크게 우는 새끼가 먹이를 차지하게 될 것이다. 게임의 룰이 이렇게 되면 새끼들의 울부짖는 소리는 자신들의 천적을 집으로 불러들일 정도로 커진다. 마치 "뱀아, 뱀아, 사나운 뱀아, 우리 가족들을 잡아먹으러 오렴."이라고 말하듯이 말이다.

리처드 도킨스는 이러한 새끼의 행동이 몸값을 받지 못하면 자신과 함께 무고한 인질이 타고 있는 비행기를 폭파하겠다고 협박하는 납치 테러범 같다고 했다.[31] 다소 심한 비유이기는 하나 일리가 없는 것은 아니다. 아기 새 한 마리가 막무가내로 굴면 어미가 할 수 있는 유일한 수단은 그 새끼에 먹이를 줘서 조용히 시키는 것이다. 순진한 새끼들이지만 어미도 모르는 그들만의 시커먼 속을 가지고 있는 것이다. 그러나 어쩌랴, 이것도 새끼의 유전자 속에 이미 프로그램화되어 있는 원시 전략의 한 형태인 것을.

## 선제적이고 과감한 결단력

면후가 상대로부터 나를 방어할 수 있는 방패라면, 심흑은 상대의 허

---

[31] 리처드 도킨스, 『이기적 유전자』, 을유문화사

점을 향해 던지는 공격용 창이다. 그중 선제적이고 과감한 결단력은 자신의 행동이 남에게 어떤 영향을 미치든 관계없이 과감하게, 때로는 냉정하게 자신의 목적을 달성하기 위한 행동들을 선제적으로 실천에 옮기는 역량이다.

2차 세계대전을 승리로 이끈 영웅들 중에 아이젠하워 장군이 있다.[32] 그가 2차 세계대전 중 내린 가장 유명한 결단은 노르망디 상륙작전일 것이다. 전세를 역전시킬 결정적인 작전으로 200만여 명의 인원이 동원된 이 위대한 작전은 날씨에 엄청난 영향을 받았다. 작전은 여러 번 연기되어 1944년 6월이 되었다. 이제 더 이상의 작전 연기는 불가능하여 아이젠하워는 날씨에 따라 6월 5, 6, 7일 중 하루를 선택해야 하는 상황에 처해 있었다. 만약 그 사흘 중 어느 날도 날씨가 도와주지 않는다면 인류 역사상 가장 끔찍한 결과가 발생할 터였다. 아군의 피해도 피해지만 2차 세계대전의 전세는 나치에게 유리하게 굳어졌을 것이고, 인류의 역사는 전혀 다른 방향으로 흘러갔을 것이다. 이러한 압박감에서 그는 과감한 결단을 내려야만 했다.

임시 공격일로 정한 6월 5일은 승선을 비롯해 모든 공격 준비가 끝났지만 날씨가 너무 나빠 일단 대기 명령이 내려졌다. 6월 5일 아침 아이젠하워의 사무실에서는 기상학자를 비롯하여, 육해공 제독 등 관련자들 사이에 6월 6일을 결전의 날로 할 것인지에 대한 격론이 벌어졌다. 그러나 최종 결단은 아이젠하워의 몫이었다. 수만의 인명을 더

---

[32] 에드거 F. 퍼이어, 『영혼을 지휘하는 리더십』, 책세상

희생할 수도 있는, 그리고 인류 역사에 또 다른 변곡점을 가져올 마지막 결단은 오로지 아이젠하워의 몫이었다. 그해 4월부터 해온 수많은 예행연습을 되새기며, 날씨에 대한 모든 정보를 가늠해본 후 아이젠하워는 마침내 결단을 내렸다. 어떤 희생도 감수하겠다는 결연한 의지를 드러내며 과감하게 그러나 냉정하게 말했다. "그래, 진격이다."

아이젠하워의 이러한 결단은 적게는 수천 명, 많게는 수만 명의 목숨, 그리고 인류 역사를 좌지우지하는 결단이었다. 그러나 아무도 아이젠하워의 결단을 다른 사람의 생명은 안중에도 두지 않은 잔인한 결단이라고 하지 않는다. 2차 세계대전이라는 참혹한 전쟁을 끝내기 위해, 더 나아가 인류의 운명을 바로잡아 더 큰 희생을 막기 위해 아이젠하워는 수천, 수만 명의 희생을 더 낼 수도 있다는 것을 알면서도 결단을 할 수밖에 없었다.

선제적이고 과감한 결단력이 부족할 경우 어떤 결과를 맞이하게 되는지 살펴보면 전략가에게 이 역량이 왜 중요한지 알 수 있다. 『초한지』에는 유방에 의해 토사구팽兎死狗烹 당한 한신의 사례가 나온다. 항우를 무너뜨리고 천하를 차지한 유방에게 이제 가장 위협적인 존재가 된 것은 바로 천재 전략가이자 뛰어난 무사이기도 한 한신이었다. 어차피 경쟁 상대가 된 이상, 힘을 가지고 있을 때 독립을 해야 한다고 생각한 한신의 신하 괴통은 한신의 결단을 종용하기 위해 다음과 같이 말했다.

"망설이고 있는 호랑이는 벌만도 못하며, 제자리걸음만 하는 천리마는 늙은 말보다 못하며, 순임금, 우임금도 가만히 앉아만 있어서는 벙어리의 손짓만 못하다."는 말은 실천이 얼마나 중요한가를 잘 알려주고 있다고 하겠습니다. 공은 이루기 어려우나 잃기는 쉽고, 시기는 얻기 어려우나 놓치기는 쉬운 것입니다. 기회는 두 번 오지 않습니다. 제발 깊이 헤아려 주시기 바랍니다.[33]

이런 신하의 설득에도 한신이 유방에 대항하여 독립하지 못했던 것은 바로 선제적이고 과감한 결단력이 부족했기 때문이다. 한신은 주군으로 모시던 유방에 대한 인간적인 정情, 즉 부인지인婦人之仁을 뿌리치지 못했다. 정작 유방은 자신의 목에 칼을 겨누고 있는데 말이다.

전략가에게는 잘못된 결단보다 결단이 필요한 순간에 결단을 내리지 못하는 것이 더 나쁘다. 머뭇거리다 보면 결정적 '타이밍'을 놓치기 때문이다. 그러므로 어떤 경우건, 결단이 필요한 순간에 희생을 감수하더라도 경쟁자보다 선제적으로 과감하게 결단을 내릴 수 있는 역량은 필수적이다.

---

33  사마천, 『한 권으로 보는 사기』, 서해문집

## 유연하면서 민첩한 비정형

그렇다고 해서 선제적이고 과감한 결단력이 심흑의 전부는 아니다. 심흑의 또 다른 측면은 무궁무진한, 즉 '끝이 없고 다함이 없는' 마음이다. 심흑에서 '검다黑'는 믿을 수 없다는 부정적 의미보다는 간파할 수 없다는 의미로 변하게 된다. 경쟁 상대가 간파할 수 없는 마음이란 무궁무진한 마음을 의미한다. TPO에 따라 다양한 전략적 수數를 연속적으로 내놓을 수 있는 능력이다. 이를 '유연하고 민첩한 비정형非定型'이라 할 수 있는데, 이는 아무런 형태가 없다는 의미가 아니라 오히려 경우에 따라 모든 형태를 자유자재로 취할 수 있다는 뜻이다. 고정된 틀에 얽매이지 않은 마음은 물과 같아서 어떤 형태로든 모습을 바꿀 수 있다. 이렇게 끊임없이 변화하기 때문에 상대의 예측에서 자유로울 수 있는 것이다. 쉽게 얘기하자면, 심흑은 변칙적인 방법으로 '적의 뒤통수를 치는' 능력이라고 할 수 있다. 뒤통수를 친다는 말의 어감이 다소 부정적이지만, 사기꾼처럼 자신을 믿는 친구나 무고한 사람들의 뒤통수를 치는 경우에나 그렇다. 상대가 나의 공격에 대비해 뒤통수를 철통같이 방어하는 경쟁 상황에서 빈틈을 찾아내고 그곳을 집요하게 공략하는 수준이라면 가히 예술의 경지라 할 수 있을 것이다.

이러한 경지는 끊임없이 TPO에 맞는 전략을 창조하고, 민첩하게 변화할 수 있는 능력에서 비롯된다. 일정하게 지속되는 전략이 없고 또 다음 전략을 만들어가는 일정한 패턴이 없기 때문에 경쟁 상대는 전략가가 무엇을 도모하는지 알 수 없다. 그래서 그런 전략가를 상대로 경쟁할 때 무엇을 목표물로 삼아야 하는지 종잡을 수 없게 된다.

또다시 조조의 사례를 보자. 조조는 권력을 잡은 후 배경이나 도덕성보다는 역량에 주안점을 두고 인재를 모았다. 심지어 자신을 배신한 사람도 역량이 뛰어나 쓸모가 있다면 과감하게 발탁했다. 어차피 세상은 조조를 유비처럼 넓고 깊은 인덕仁德이 있는 사람으로 인정하지 않았기에 조조는 겉으로 보이는 인덕에는 관심이 없었다. 대신 자신의 대업을 성취하는 데 얼마나 도움이 되는 인재인가를 보고 사람을 뽑았으며 눈앞에 드러난 성과를 바탕으로 공평무사하게 보상을 했다. 삼국이 서로 자웅을 겨루는 혼란한 시기에 능력은 있으나 배경이 좋지 않아서, 또는 지은 죄가 있어서 세상에 나가지 못하던 숨은 인재들에게는 '묻지도 따지지도 않고' 오직 역량만으로 채용 하고 또 성과만으로 평가하는 조조는 훌륭한 대안이었다. 그러나 한편, 그 인재들의 입장에서는 황제도 아닌 조조에게 죽을 때까지 충성을 해야 할 이유가 없었다. 게다가 그들은 능력 면에서는 뛰어나지만 한결같이 자신의 주군을 배신한 경험을 비롯하여, 각종 불법을 저질렀던 터라 쉽게 믿을 수 없는 사람들이었다. 이러한 못 믿을 사람들 속에서도 자신의 지위를 굳건히 하고 그런 골칫거리들을 철저히 관리할 수 있었던 데에는 조조의 심흑, 즉 유연하고 민첩한 비정형이 큰 역할을 했다.

조조는 유능한 인재를 능력과 성과에 따라 성심성의껏 대하면서도 절대 자신의 속마음을 보이지 않았다. 그러다가 간혹 배신하거나 실수한 사람들에 대해서는 남들이 예측하지 못하는 시간과 장소, 그리고 방법으로 처벌을 하였다. 이를 통해 조조는 주변의 신하들에게는 도저히 예측할 수 없는 인물이 되었다. 조조는 신하들에게 오직 한 길, 즉 진심으로 충성하고 자신의 역량을 발휘하는 길만을 남겨두었다. 흠이 있으나 역량이 출중한 인재들에게 유일한 대안이 되면서도 절대 함부로 배신하고 빠져나갈 수 없도록 예측 불가능한 리더십을 발휘하여 그들을 통제했던 것이다.

조조가 보여준 예측 불가능한 리더십은 이미 춘추전국시대 책략가인 한비자가 강조한 바 있다. 한비자는 훨씬 오래전 자신의 저서를 통해 군주가 함부로 생각을 내보이게 되면 신하들을 통제할 수 없다고 하였다. 군주가 일정한 틀에 갇혀 습관적인 행동을 하거나 쉽게 자신의 생각을 겉으로 드러내게 되면, 신하들은 군주를 이용하고 자기 마음대로 행동할 수 있기 때문이다. 과거 군주의 입장에서는 경쟁 상대국의 군주만 자신의 적이 아니었다. 사실 가장 위협적인 적은 자신의 바로 턱 밑에 있는 잠재적인 적, 신하들이다. 한없이 인자하거나 한없이 억압적인 것으로는 신하를 제대로 통치하기가 어렵다. 그러므로 깊고, 무궁무진하고, 예측하기 어려운 지혜로 신하들을 다스려야만 한다. 이것이 심흑의 또 다른 측면, 즉 유연하고 민첩한 비정형인 것이다. 조조나 유방 같은 군주는 이러한 지혜를 발휘하여 당대에 내로라하는 인재들을 자신의 휘하에 두고 관리할 수 있었다.

한비자의 이러한 통찰력은 현대에도 그대로 적용된다. 물론, 현대

사회에서는 절대권력을 가진 군주는 없다. 그러나 공적이건 사적이건 조직의 리더들은 한비자의 예측 불가능 리더십을 염두에 둘 필요가 있다. 이때의 '예측 불가능성'이란 현대적 의미로 재해석하면, 정형화된 틀에 갇히지 않는 것을 의미한다. 나이 40대 중반을 넘은 기업 중견 간부급이 되면 대개 일정한 패턴을 보이게 된다. 일을 하는 방식이나 부하 직원들을 다룰 때나, 심지어 회식을 할 때도 정형화된 패턴에 갇히게 된다. 자신이 익숙해진 방식이 그만큼 편하기 때문이다.

나이가 들면 새삼 새로운 것, 다른 것을 시도하기 싫은 것은 인지상정이다. 하지만 그렇게 되는 순간 알게 모르게 주변 사람들은 그를 손쉬운 상대로 생각하게 된다. 예측 가능한 상대는 언제 어떻게 대처해야 할지 알기 때문에 아무도 예측 가능한 사람에게는 긴장하지 않는다.

그러므로 전략적 리더라면 스스로 변화를 꾀하여 부하 직원들이 그를 예측하기 어렵게 만들어야 한다. 그렇게 되면 리더의 심중을 파악하느라 스스로 긴장하여 제멋대로 떠들고 행동할 수 없게 될 것이다. 리더가 이렇게 예측 불가능해지면 부하 직원들은 오히려 그를 알 수 없는 신비로운 존재로 느끼게 된다. 이것이 바로 현대의 리더가 활용하는 심흑이다.

## 정형화되면 퇴화한다

대부분의 리더들은 젊었을 때 엄청난 창의력을 발휘해 새로운 가치를 창출하지만, 곧 보수적이거나 소유지향적으로 변하여 더 이상 새로운 가치 창출을 꿈꾸지 않게 된다. 특히 성공의 정점에 올라간 사람들 중에 이러한 모습을 보이는 경우가 많다. 성공을 향해 질주할 때는 유연하고 창의적이던 사람들도 성공의 정점에 다다르면 완고하고 구태의연해진다. 주로 큰 성공을 거둔 기업가나 정치가에게서 볼 수 있는 면모이다. 성공의 정점에 이르렀다고 생각하는 순간, 사람들은 더 이상 변화의 필요성을 느끼지 못한다. 자기 방식에 대한 신뢰가 너무 크기 때문에 항상 자신이 과거 해왔던 방식대로 하려는 관성을 갖게 되는 것이다.

미국이 오늘날과 같이 세계 경제의 슈퍼 파워가 된 것은 자동차 산업의 영향이 크다. 자동차의 대량 생산은 수천 개의 일자리와 원유, 철강, 타이어 등의 제조업을 성장시켰다. 게다가 자동차와 관련된 유지·보수, 교통, 금융, 보험 등의 서비스 산업도 성장시켰다. 더 중요한 것은 자동차가 도시 인프라에 대한 수요를 창출한다는 것이다. 도로, 교량, 교외 주택, 주차시설 등이 드넓은 미국 땅에 끊임없이 건설되었다. 이는 미국의 경제성장을 더욱 촉진했고, 과거 어떤 기술적 발전보다도 미국을 혁신시켰다. 이러한 혁신의 원동력이 바로 대량 생산 시스템으로 값싼 자동차를 만들어 세계 최초로 자동차를 대중화시킨 헨리 포드라 해도 과언이 아닐 것이다.

그러나 성공의 정점에 이르러 헨리 포드는 경직되기 시작했다. 자신이 밟아온 성공의 경로가 유일한 길이라 생각했던 것이다. 우선 그는 노동조합을 인정하려 들지 않았다. 당시 미국에는 노동운동이 한창이었고, 경영자들은 하나 둘씩 노동조합을 인정하여 노동의 민주화를 이루어가고 있었다. 그러나 포드에게는 기계보다도 못한 인간들에게 비싼 임금을 주는데 노동조합까지 만들어준다는 것은 이해할 수 없는 발상이었다. 이로 인해 노동자들과의 갈등이 심화된다. 또 자신의 뒤를 이어 회장 자리에 오른 아들과의 불화도 심했다. 에셀 포드는 헨리 포드의 유일한 자식이었는데, 그의 경영 철학은 아버지와 많이 달랐다. 특히 '모델 T'라고 하는 검은색 모자 같은 디자인만을 고집하는 아버지에게 에셀은 경쟁사인 GM처럼 다양한 디자인을 선보일 필요가 있다고 맞섰다. 하지만 헨리 포드는 자동차는 언제나 검은색 T 모델이면 충분하다는 고집을 꺾지 않았다. 아들이 암으로 죽는 바람에 80세의 나이로 다시 포드사의 회장을 맡게 된 헨리 포드는 아들이 추진하던 것을 모두 멈추고, 다시 자신의 방식대로 회사를 운영했다. 그러나 이미 세상은 변해서 디자인을 중시하는 GM과 같은 기업이 미국 자동차 시장을 이끌어가고 있었다.

너무나 위대한 성공을 했기 때문일까? 자신의 과거 성공 방식에 매료되어 그것 외에 다른 대안을 볼 수 없게 된 포드는 결국 스스로를 일정한 틀 속에 가두어버린 것이다. 이렇게 정형화되어 버린 포드는 세상의 변화에 적응하지 못하고 점점 퇴화되고 고립되어 외로운 말년을 보내게 된다. 그의 경우에는 세상의 공격에 맞설 수 있는 면후는 있었지만 변화하는 세상에 대응할 수 있는 심흑, 그중에서도 선제적이고 과감한 결단력은 충분했으나 유연하고 민첩한 비정형이 없었던 것이다.

앞에서도 언급했지만 사람들은 나이가 들면서 변화를 거부하고 자기만의 방식을 고집하기 쉽다. 시간이 갈수록 변화를 따라가기가 힘들고 귀찮기 때문이다. 게다가 요즘 세상이 얼마나 빨리 변하는가? 그런 속도를 따라간다는 것 자체가 불가능해 보인다. 그러니 그냥 하던 대로 하면서 살고자 하는 마음이 드는 것도 당연하다. 그러나 그런 생각에 굴복하면 예측 가능한 생각이나 행동을 하게 된다. 예측이 가능해지면, 누구에게나 손쉬운 상대가 되고 만다. 포드 사례에서도 알 수 있지만, 특히 나이가 들수록 유연하고 민첩한 비정형을 통해 스스로의 스타일을 지속적으로 바꿀 필요가 있다. 끊임없이 자신의 스타일을 흐름에 맞게 적응시키고 변화시킴으로써 과거의 습관들이 파놓은 함정을 피해야 한다. 훌륭한 전략가는 경쟁 상대가 그를 어떤 류의 인간인지 파악했을 때쯤, 전혀 새로운 존재로 변화해 있어야 한다는 말이 있다. 이것을 가능하게 하는 것이 바로 유연하고 민첩한 비정형이다.

예측이 가능한 사람들은 더 이상 필요 없어지면 제거의 대상이 될 뿐이다. '성실하게 살아왔는데'라고 속으로 되뇌며 명예퇴직을 당하는 사람들이 바로 생생한 사례이다.

## 마오쩌둥의 형체 없는 군대

의도적으로 주변 사람들을 동요시켜 상대방에게 불확실성과 두려움을 주입시킬 수 있는 능력을 가진 자가 주도권을 쥐게 된다. 이러한 예측 불가능성은 대체로 강력한 힘을 소유한 지배자들의 특성인 것처럼 여겨졌지만, 역사는 약자들 또한 그것을 활용해 커다란 성과를 거둘 수 있음을 증명하고 있다. 약자가 선제적이고 과감한 결단력과 유연하고 민첩한 비정형으로 승리한 사례는 역사상 중국의 마오쩌둥 만한 것이 없을 것이다.

정치가로서 마오쩌둥을 어떻게 평가하느냐는 의견이 분분할 수 있지만, 전략가로서 그에 대한 평가는 한결같다. 그는 1930년 12월부터 시작된 장제스의 국민당 정부군과 수차례에 걸친 대규모 전투에서 수적, 물적 열세에도 불구하고 게릴라전이라는, 당시 중국에서는 신개념의 전략으로 최후의 승리를 거머쥔 위대한 전략가다.

1920년대 중국을 양분하고 있던 정치 세력인 국민당과 공산당은 일본이라는 공동의 적에 대항하기 위해 두 차례에 걸쳐 '국공합작'이라는 협력관계를 이뤄낸다. 그러나 첫 번째 국공합작이 끝난 1927년에 국민당의 장제스가 돌연히 공산당에 대한 공격을 선언한다. 1930년 12월, 드디어 장제스의 10만 군대가 '제1차 폭도진압작전'을 펼치게 된다. 이때 마오쩌둥은 열악한 장비를 가진 4만의 홍군을 동원할 수밖에 없었다. 하지만 10대 4의 불리한 상황에서도 그는 게릴라전에 정통한 자신의 능력을 유감없이 발휘하여 장제스에게 영원히 잊지 못할 패배를 안겨주었다. 그 후 20여 년에 걸쳐 수차례 진압 작전이 펼쳐졌지만, 언제나 전쟁의 양상은 비슷했다. 장제스는 마오쩌둥의 군대를 간단히 해치울 수 있을 것이라 생각했지만 번번이 실패했다.

장제스는 왜 수적, 물적으로 형편없이 약한 상대에게 뼈아픈 패배를 그것도 한 번도 아닌 수차례 맛봐야 했을까? 여기서 전략가와 전략 전문가의 차이를 엿볼 수 있다. 당시 장제스의 국민당 군대는 독일의 군사고문단을 채용하여 고급장교를 양성하고 있었다. 독일 군사고문단은 주로 유럽의 야전에서 정정당당한 전투를 전개하는 정통적인 전투 방식의 전문가들이었다. 유럽은 평야지대가 많기 때문에 전투가 벌어지면 소총을 든 보병을 근간으로 하고 포병이 동원되는 등 공개적인 전면전 형태로 전투가 치러진다. 이런 전투 방식에 익숙해진 장제스는 마오쩌둥과 그가 이끄는 형체 없는 군대를 격파하기 위해서는 정통적인 방식과는 전혀 다른 전략이 필요하다는 사실을 깨닫지 못했다. 그는 전략가라기보다는 그저 독일식 전략에 정통한 전문가였을 뿐이다. 바로 이 차이가 전쟁의 승패를 결정짓는 중요한 요소가 되었다.

마오쩌둥은 처음부터 이렇게 공개적인 전면전에 뛰어난 국민당 군대에 대해 은밀한 게릴라전으로 대항할 생각이었다. 그는 적이 100명이고 자신들이 10명으로 병력 면에서 열세하지만, 100대 10으로 전면전을 하지 않고 1(적군) 대 10(아군)으로 자신들이 원하는 시간과 장소에서 치고 빠지며 100번 싸운다면 승리할 수 있다고 자신했다.

장제스는 정형화되어 있었지만 마오쩌둥은 비정형화를 추구했다. 마치 선사시대 인간이 맘모스를 사냥하듯 마오쩌둥의 게릴라들은 거대한 장제스 군대를 격파했다.

현실에서는 항상 클라우제비츠가 말한 것처럼 환경 속의 모든 요소와 '나' 사이에는 '마찰friction'이라는 것이 발생하기 마련이다. 이로 인해 애초의 계획은 무용지물이 되곤 한다. 이런 마찰은 현실에서는 불가피한 일이기 때문에 전략가는 이러한 마찰이 유발하는 변화를 따라잡고 미리 예측하지 못한 상황에 민첩하게 적응할 줄 알아야 한다. 변화하는 환경에 스스로를 적응시키면 시킬수록, 그 환경에 대한 전략가의 반응도 더욱 현실적이 될 수 있다. 그러나 과거의 이론과 경험에서 헤어나지 못할수록, 환경에 대한 반응이 부적절해진다. 그러므로 항상 자신의 마음을 한정된 틀 속에 맞추지 말고 형체가 없는 자유로운 상태로 두어야 한다. 그리고 때가 되었다고 판단되면 과감하게 결단하고, 선제적으로 행동할 수 있어야 한다.

## 어떻게 심흑을 키울 것인가

여전히 '심흑이 꼭 필요한 것일까?'라는 의문을 가지는 독자가 있을 것 같다. '면후는 감정을 통제하고 인내심을 키우는 것이니 보통 사람들에게도 유용해 보이지만, 심흑의 결단력이나 비정형은 그야말로 치열한 경쟁을 하고 있는 경우가 아니라면 꼭 필요한 것은 아니지 않을까?라고 생각할 법하다. 그 생각도 틀리지 않다. 앞에서도 언급했던 것처럼 면후가 방패라면 심흑은 창이다. 심흑은 상대를 공격하기 위한 것이다. 그러나 공격에는 여러 가지 의미가 있다. 꼭 자신의 이익을 위해 아무런 죄가 없는 사람들을 공격하는 것만을 뜻하지는 않는다. 한 개인으로서 자기가 살아가는 세상에 지배당하지 않기 위해 반드시 필요한 경우에 꺼내는 비수와도 같은 것이다. 때로는 품 속에 감춰둔 비수가 있다는 것만으로도 세상이 나를 함부로 대하지 못하게 만들 수 있다.

진정한 무사들이 꼭 누구를 공격하려고 검술을 익히지 않듯이 심흑도 반드시 누구를 공격하려고 익히는 것이 아니다. 심흑을 익히면 오히려 상대와 불필요한 접전을 피할 수 있을 것이다. 이러한 심흑도 평소 습관을 통해 익혀야 한다. 이를 단련하기 위한 세 가지 방법이 있다.

1. 기존 신념과 원칙에 의문 제기
2. 마음에 여유 공간
3. 최신 트렌드에 민감하기

첫째, 자신이 평소에 지녀온 신념과 원칙에 항상 의문을 품어야 한다. 나폴레옹이 천재성을 세상에 드러내며 연전연승을 하던 당시, "전쟁에서 그 어떤 원칙도 신봉하지 않는 것이 나의 원칙이다."라는 역설적인 말을 한 적이 있다. 전략가는 무원칙을 원칙으로 삼아야 한다.

전략에 불변의 법칙이나 시대를 초월한 규칙이 있다고 믿는 것은 경직되고 정적인 입장으로, 결국 실패의 원인이 된다. 이것은 앞서 '자신과의 경쟁'에서 강조했던 문화적 유전자인 밈meme과의 경쟁을 의미한다. 모든 것은 항상 변화해왔다. 그러므로 과거에 대해, 전통에 대해, 케케묵은 일 처리 방식에 대해 아무런 의심 없이 받아들이는 것을 경계해야 한다. 항상 주변에 일어나는 모든 현상이나 그에 대응하는 방식에 의문을 품는 습관을 가져야 한다. 적어도 하루에 세 가지 이상 자신이나 동료 등 타인의 일 처리 방식에 '왜?'라는 의문을 던지고 고민하는 습관을 들여보자.

둘째, 항상 마음에 여유 공간을 마련하고 활짝 열어둬야 한다. 어렸을 때는 늘 마음이 열려 있어서 새로운 경험과 교훈을 쉽게 받아들이지만 나이가 들어가면서 마음속에 새로운 경험과 교훈이 들어설 자리가 없어진다. 많이 배운 사람이라면 더욱 빨리 마음의 문을 닫는다. 그러나 공부에서는 둘째가라면 서러운 공자도 『논어』에서 '삼인행 필유아사三人行 必有我師'라 하였다. "세 명의 사람이 가면, 그중에 반드시 나의 스승이 있다."는 말로 세상에 공자를 가르칠 만큼 잘난 사람들이 많다는 뜻이 아니라, 비록 학식이 성인의 경지에 이르렀다 해도 배우려고만 한다면 산골의 무지렁이에게도 배울 수 있다는 의미다. 그러나 현실을 살아가는 우리는 얼마나 배움의 문을 빨리 닫아버리는가. 대학을 졸업하고 직장에 취직하고 나면 직장에서 필요한 지식과 정보 외의 것에는 무관심해지는 것이 보통이다. 특별한 동기가 없는 한 학창 시절에 그토록 좋아했던 소설책 한 권 읽기가 녹록하지 않다. 그러나 전략가들은 다르다. 그들은 늘 어린아이와 같은 마음 상태를 유지하기 위해 노력한다. 그들의 마음은 언제나 열려있고 충분한 공간이 있어서 주변 상황에 흥미와 호기심을 느낀다. 마음에 충분한 공간을 만들어두기 위해서는 과거의 불필요한 지식과 교훈들은 버려야 한다. 그리고 누구로부터든 필요한 지식과 정보를 배울 수 있도록 문을 활짝 열어두어야 한다. 인간의 지적 성장을 저해하는 가장 큰 이유는 바로 스스로가 닫아버린 마음의 문이라는 사실을 명심해야 한다. 지적으로 끊임없이 성장해야만 유연하고 민첩한 비정형을 키울 수 있다.

셋째, 최신 트렌드에 민감해져야 한다. 두 번째 조건과 비슷해 보이지만 큰 차이가 있다. 세 번째 조건은 '최신 유행'에 관심을 가지라는 의미다. 전쟁사를 연구해보면 새로운 전략이 과거의 강력한 전략을 궤멸시킨 사례가 많다. 기원전, 강력한 보병으로 위세를 떨치던 로마는 코끼리와 기마병을 앞세운 한니발의 새로운 전략에 한동안 패배를 거듭해야 했고, 13세기에는 러시아와 유럽의 중무장 부대가 몽골군의 기동력을 앞세운 새로운 전략 앞에 무력하게 무릎을 꿇었다. 1806년 신예 나폴레옹이 프리드리히 대제의 전쟁 수행 방식만을 고집하던 노쇠한 프로이센 장군들을 대패시킨 것도 새로운 전략이 과거의 성공적인 전략을 무대에서 은퇴시킨 사례다. 이 사례들을 살펴보면, 승리한 새로운 전략이라는 것은 그 당시 세상에 막 나타난 새로운 기술 혹은 새로운 사회질서를 활용한 것이었다. 그 당시로 봐서 절정에 달하지 않은 여러 트렌드를 감지하고 이것을 활용하여 새로운 형태의 전략을 만들어냈던 것이다.

오늘날에는 '이미 와버린 미래'라는 역설적 표현이 잘 어울리는 4차 산업시대에 새롭게 출현하는 기술들이 이에 해당한다. 사물인터넷이나 인공지능, 가상현실 같은 것들 말이다. 비록 직접 사용하지 않는다 하더라도 이런 것들이 개인의 삶과 사회에 미칠 파장 등에 대해 알고 있어야 한다. 그뿐만 아니라 아무리 평범한 직장인이라 하더라도 새롭게 재편되는 국내 사회질서, 세계 경제와 정치 질서에도 관심을 가지고 세상이 돌아가는 이치를 잘 파악해야 한다. 한 쪽에 너무 치우치지 말고 균형을 유지한 채 새롭게 드러나는 질서들을 주의 깊게 관찰할 필요가 있다. 그리고 항상 그런 질서에 대해 나의 대응 방안은 어때야 하는지 고민해야 한다. 출퇴근 시간 지하철에서 스마트폰으로 어제 보지 못한 드라마를 보지 말고 최신 트렌드에 대해 나름대로 분석하는 정도의 노력은 해야 한다.

이렇듯 전략가가 갖추어야 할 조건으로써 심흑이란 자신이 하고자 하는 바를 과감한 결단력으로 밀어붙일 수 있는 역량에서 출발하여 궁극적으로는 미음에 형제가 없어 경쟁 상대에게 절대로 간파 당하지 않으며, 또 전략적 아이디어가 무궁무진하여 언제나 예측할 수 없는 참신한 전략들을 창조할 수 있는 역량을 의미한다.

| | 심흑(心黑) | |
|---|---|---|
| 개념<br>비중 | 과감하고 냉혹한<br>**결단력** | 예측할 수 없는<br>**비정형** |
| 연습<br>방법 | 기존 신념과 원칙에 대한 의문 제기 | |
| | 마음에 여유 공간 | |
| | 최신 트렌드에 민감하기 | |

전략가가 면후를 완벽하게 갖추고 있으면 패배하지 않는다. 그러나 승리하려면 필히 심흑을 갖춰야 한다. 다시 말해, 면후는 전략의 필요조건이고 심흑은 충분조건이다. 역사적 사례를 봐도 알 수 있지만 승리는 면후 하나만으로도 안 되고 심흑 하나만으로도 안 된다. 항상 그 두 가지가 함께 있어야 한다. 축구나 야구와 같은 스포츠도 마찬가지다. 수비가 튼튼해야 공격도 효과를 보는 것이다. 공격만 잘하고 수비가 허술한 팀이나, 반대로 수비는 잘하는데 공격을 못하는 팀이 최종적으로 우승하는 경우는 거의 없다.

그러므로 심흑, 즉 결단력과 비정형이 효과를 보기 위해서는 면후의 부동심과 인내심이 전제되어야 한다. 다시 말해, 자신의 감정에 흔들리지 않고 절대 '수동적'인 상태가 되지 않는 면후가 갖춰져야 심흑이 제대로 작동할 수 있다. 감정에 흔들려 수동적으로 행동하면 이미 상대가 나를 간파하게 된다. 따라서 면후가 갖춰져야만 심흑도 제 기능을 발휘할 수 있다. 이렇게 되었을 때 비로소 어떤 상황에서도 전략적으로 판단하고 반응할 수 있는, 그리하여 적어도 세상으로부터 일방적으로 지배당하지 않는 '내 삶의 전략가'가 될 수 있다.

**에필로그**

# 뜻대로 되지 않는 세상에
# 징검다리를 놓으며

세상이 진공관처럼 되어 있다면 사람들의 의도와 결과는 동일할 것이다. 우리는 계획한 대로 실행하면서 의도한 대로 살 수 있을 것이다. 그러나 세상은 진공관이 아니다. 여름 한철 불어오는 아열대 태풍처럼 세상에는 거친 공기의 흐름이 있다. 그래서 우리네 삶에도 의도한 것과 실행되는 것 사이에 간극이 생긴다. 계획을 할 때는 결코 고려할 수 없었던 수많은 작은 상황들이 실행과 '마찰'을 일으키면서 모든 것이 목표에 못 미치게 된다. 그 마찰의 본질은 결국 '인간 대 환경 그리고 만인 대 만인의 상호작용'이다. 이 수많은 상호작용이 마찰을 일으킨다. '세상이 내 뜻대로 되지 않는' 이유가 바로 이러한 마찰 때문이다.

그러나 이러한 마찰로 인해 세상에는 질서라는 것이 생긴다. 질서의 시쳇말은 '게임의 룰'이다. 게임의 룰은 힘 있는 사람들에 의해 인위적으로 만들어지기도 하지만 인간 세상의 대부분 중요한 게임의 룰은 마찰에 의해 생긴다. 다시 말해 마찰로 생긴 '창발적(저절로 생기는) 질서'이다. 이 마찰의 개념을 이해하면 전략이 왜 필요한지 알 수 있다. 진공관 같은 세상에서는 계획만으로 충분하다. 그러나 마찰로 인해 창발적 질서가 생겨났다 사라졌다를 반복하는 진짜 세상에서는 계획이 무용지물이다. 힘 있는 사람들은 나타날 창발적 질서에 영향을 미치고자 한다. 스스로 게임 체인저가 되려는 것이다. 그러나 그것은 힘이 있는 사람들의 경우이다. 보통 사람들은 새롭게 등장한 창발적 질서에 적응하기 위해 전략이 필요한 것이다.

그러나 또다시 게임의 룰은 변하기 때문에 만들어진 대로 100퍼센트 온전하게 실행되는 전략은 없다. 그러면 전략을 만들 필요가 없는가? 그렇지 않다. 실행이 만들어 놓은 대로 안 된다는 것뿐이지, 전략을 실행하려면 '전략'이 있어야 하지 않겠는가. 다만 지나치게 정교하고 튼튼한 전략은 필요가 없다. 아무리 정교하고 튼튼해 봐야 현실과 마찰을 일으키기 시작하면 다 무너지게 될 뿐이다. 대신 나침반과 같은 방향, 그리고 그 방향으로 가서 성취할 목표와 이유 정도는 정해줄 수 있어야 한다. 그것도 없다면 어느 방향으로 왜 가는지도 모르고 가는 것이나 마찬가지가 될 것이다. 그것은 전략적 유연성이 아니라 그냥 무작위적 시도일 뿐이다.

방향과 목표 그리고 이유를 알면, 그때부터는 주어진 상황에 맞는 최적의 장소에 징검다리를 놓는다. 그리고 그 징검다리 돌 위에 서서 또 다음 돌 놓을 곳을 정해야 한다. 개인들의 '내 삶의 전략'이란 그렇게 하나씩 하나씩 징검다리를 놓으면서 선택한 방향과 목표를 향해서 가는 것이다. 때로는 좋지 않은 상황을 만나면 징검다리 돌을 전혀 엉뚱한 데 놓을 수밖에 없다. 잠시 둘러 가야 할 상황도 생기기 마련이지 않은가. 하지만 이때라도 방향과 목표를 알고 있다면 다시 다음 징검다리 돌을 놓을 상황에서 만회할 수 있다. 징검다리 돌을 놓아야 할 그때그때마다 우리에게는 전략적 지혜가 필요하다. 전략적 지혜를 활용하여 그 상황에서 가장 최적의 자리에 징검다리 돌을 놓는 것, 그것이 개인의 삶에서 전략이 실행되는 방식이다.

누구나 시원한 서해대교처럼 탁 트이고 튼튼한 다리를 건너 목적지로 가고 싶겠지만 현실에서 전략은 그런 대교의 형태로 실행되지 않는다. 누구나 자신의 징검다리 첫 번째 돌 위에 올라서기 전에 두 번째 돌을 어디에 놓을지 알 수 없는 운명의 징검다리를 만들어 멀고 먼 인생의 강을 건너가야 하는 것이다.

이 변변치 않은 책이 독자 여러분의 징검다리 돌을 놓는 데 조그마한 도움이 되기를 간절히 바랄 뿐이다.